Internet

Leichter Einstieg für Senioren

Leichter Einstieg für Senioren

Internet

Surfen, E-Mail, Chat & Co.

GÜNTER BORN

Markt+Technik

Bibliografische Information Der Deutschen Bibliothek
Die Deutsche Bibliothek verzeichnet diese Publikation in der Deutschen Nationalbibliografie; detaillierte bibliografische Daten sind im Internet über http://dnb.ddb.de abrufbar.

Umwelthinweis:
Dieses Buch wurde auf chlorfrei gebleichtem Papier gedruckt.

10 9 8 7 6 5 4 3 2 1

06 05 04 03

ISBN 3-8272-6524-X

ein Imprint der Pearson Education Deutschland GmbH,
Martin-Kollar-Straße 10–12, D-81829 München/Germany

Coverkonzept: independent Medien-Design
Coverlayout: Sandra Gramisci
Titelfoto: zefa
Lektorat: Birgit Ellissen, bellissen@pearson.de
Herstellung: Claudia Bäurle, cbaeurle@pearson.de
Satz: Ulrich Borstelmann, Dortmund
Druck und Verarbeitung: Kösel, Kempten (www.KoeselBuch.de)
Printed in Germany

Inhaltsverzeichnis

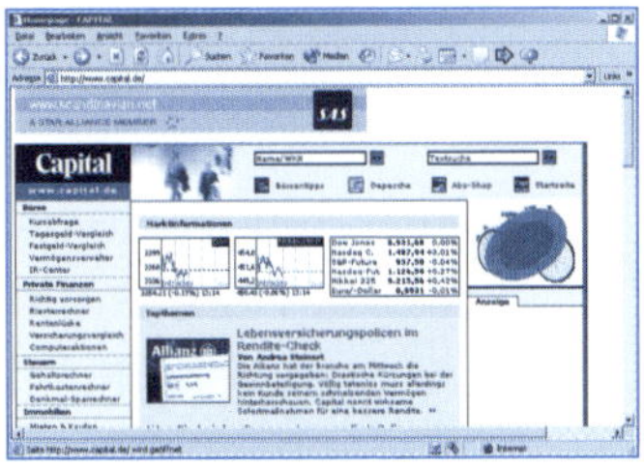

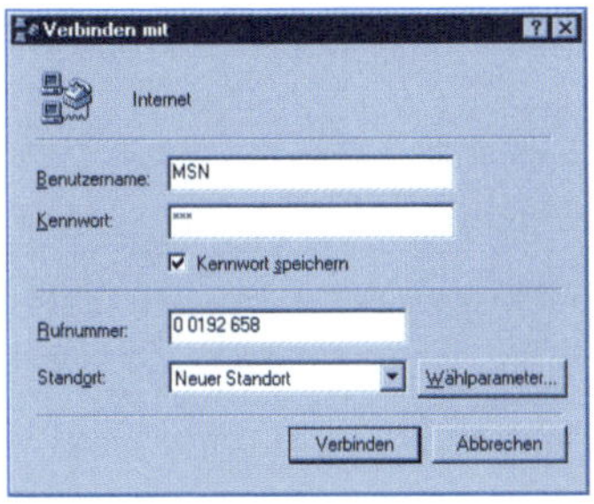

3 Ich bin drin – surfen im Internet 77

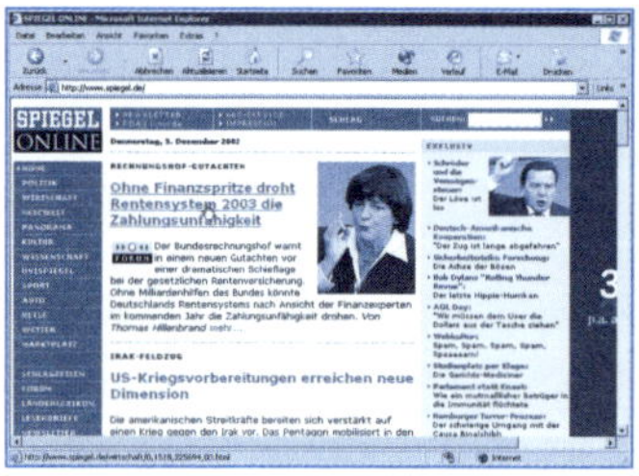

4 Im WWW sitzen Sie in der ersten Reihe 125

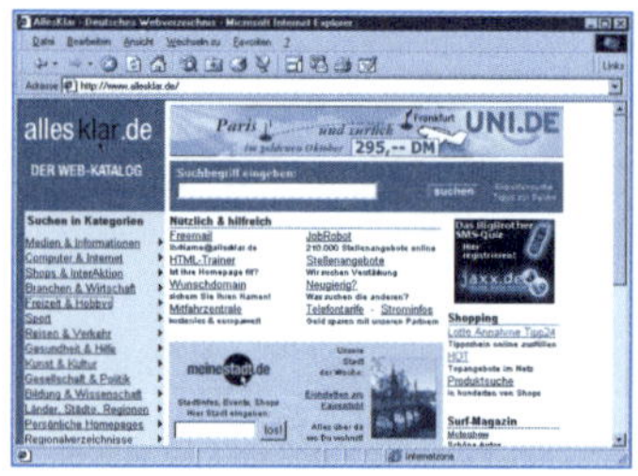

5 E-Mail für alle! 193

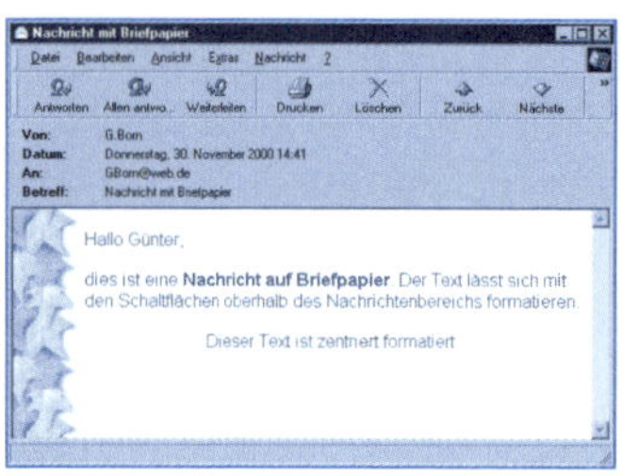

6 E-Mail smart genutzt 241

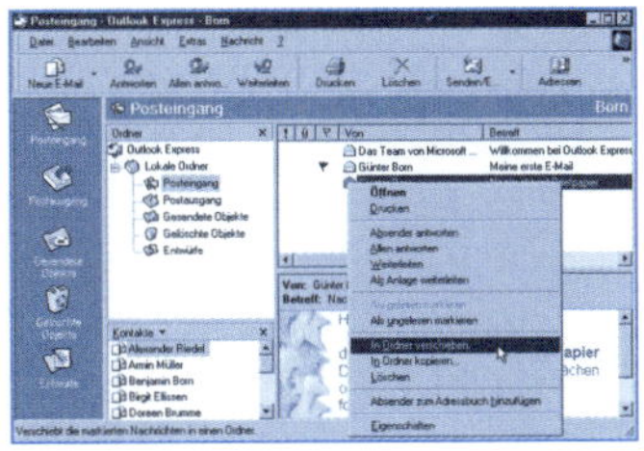

7 Chat, Foren und mehr 275

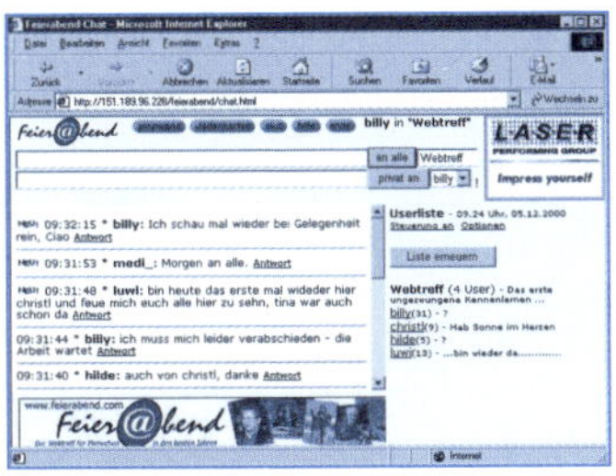

Anhang A: Kleine Hilfe bei Problemen 301

Lexikon 315

Stichwortverzeichnis 323

Liebe Leserin, lieber Leser!

Sie möchten das Internet mit all seinen Möglichkeiten kennen lernen? Dann kommen Sie mit auf die Reise in eine faszinierende neue Welt. Gerade für Menschen im »besten« Lebensalter eröffnen sich gänzlich neue Möglichkeiten und Chancen. Sie müssen für die Reise noch nicht mal das Haus verlassen – und das Internet schließt nie seine Tore.

Dieses Buch zeigt Ihnen, wie Sie ins Internet einsteigen und begleitet Sie, bis Sie wie ein Profi mit diesem Medium umgehen können.

Surfen im Web, der Austausch von E-Mails oder Chatten sind nach der Lektüre keine spanischen Dörfer mehr für Sie, sondern Funktionen, die Sie zukünftig nicht mehr missen möchten. Mit den Informationen und Schritt-für-Schritt-Anleitungen dieses Buchs ist der Einstieg ganz leicht und macht sogar Spaß. Nehmen Sie sich etwas Zeit und gehen Sie die Sache locker an. Vieles lernt sich durch Wiederholen quasi nebenbei.

Ich wünsche Ihnen viel Spaß und Erfolg im Internet.

gborn@mut.de

Haben Sie Mut!

Das Internet wird bisher vorwiegend von jüngeren Leuten unter 40 genutzt. Das finde ich äußerst schade. Selbst Baujahr 1955, eignete ich mir 1993 das nötige Wissen selbst an. Seit dieser Zeit habe ich die Entstehung des Internets (teilweise aktiv) mitbegleitet und eine faszinierende Welt kennen gelernt. Erfahrungsberichte von Seniorinnen und Senioren (von 50 bis über 90) zeigen mir, dass das Vorurteil »Internet ist nur was für Jüngere« so nicht zutrifft. Das Internet ist nicht geschlechtsspezifisch oder altersabhängig nutzbar, sondern bietet jedem etwas. Die Nutzung des Internets mit seinen Möglichkeiten wird künftig zum Alltag gehören und eröffnet gänzlich neue Perspektiven. Vor allem Ihnen, liebe Leserin – aber natürlich auch jedem interessierten Leser –, möchte ich Mut machen. Bisher ist noch kein Meister vom Himmel gefallen. Kommen Sie mit mir auf die Reise ins Internet.

So arbeiten Sie mit diesem Buch

Als Autor stehe ich natürlich vor dem Problem, dass die Zielgruppe der Leser ab 50 sehr unterschiedliche Interessen und Kenntnisse aufweist. Vor allem möchte ich in diesem Buch absolute Einsteiger(innen) und besonders Frauen ans Internet heranführen. Andererseits gibt es sicherlich Leser(innen) mit etwas Vorkenntnissen und die Kenntnisse nehmen mit der Zeit ja auch zu. Auch dann soll das Buch noch Helfer oder Ratgeber sein. Einige von Ihnen verfügen bereits über einen perfekt für das Internet vorbereiteten Computer und wollen gleich loslegen, während andere vielleicht schon an der Frage scheitern, was fürs Internet gebraucht wird oder wie der Computer ans Telefon angeschlossen wird.

Ich habe daher das Buch in mehrere Kapitel gegliedert, die unterschiedlichen Interessen gerecht werden. In **Kapitel 1** erhalten Sie einen **Überblick**, was sich eigentlich hinter dem Begriff Internet verbirgt, was Sie brauchen, um ins Internet zu gehen, und was zu beachten ist. Dort finden Sie auch einige Hinweise, falls Sie sich erst einen Computer zulegen möchten.

Ist Ihr Computer bereits für das Internet fertig eingerichtet, oder verfügen Sie über die »helfende Hand« von Bekannten, Söhnen und Töchtern etc. sind Sie natürlich fein raus. Dann können Sie sofort loslegen. Falls doch etwas übersehen wurde und noch nicht alles klappt, in **Kapitel 2** beschreibe ich die notwendigen **Schritte, um** den **Computer** für das **Internet fit zu machen**. Hier finden Sie bei Bedarf auch Hinweise, wie Sie welches Kabel gegebenenfalls selbst in die Telefondose einstöpseln. Leute mit etwas Erfahrung am PC können nachlesen, wie sich Modem oder ISDN-Karte in Betrieb nehmen lassen. In diesem Kapitel **zeige** ich Ihnen auch, **wie Sie** eine **Internetverbindung aufbauen und** später wieder **beenden**.

Ab **Kapitel 3** kann es dann wirklich losgehen. Sie lernen die ersten Schritte, um im World Wide Web zu surfen. Wir **besuchen ein paar Webseiten** und schauen uns etwas um. Sie lernen auch die kleinen Tricks, um Webseiten zu speichern, zu drucken oder später nochmals in Ruhe anzusehen.

Mit dem Internet sitzen Sie in der »ersten Reihe«. Nach den ersten Schritten möchten Sie sicherlich das »ganze Programm« erkunden. In **Kapitel 4** gebe ich Ihnen die notwendigen Hilfen an die Hand. Sie lernen, wie Sie **Webseiten** zu den für Sie interessanten Themen **suchen** und finden. In einem eigenen Abschnitt unternehme ich einen kleinen Streifzug durch interessante Webseiten. Probieren Sie die Seiten aus, um etwas mehr Sicherheit zu gewinnen. Ich habe aber darauf verzichtet, eine allzu große Zahl von Webseiten zu präsentieren. Einmal wissen Sie selbst viel besser als ich, was Sie im Web wirklich interessiert. Weiterhin ändern sich viele Webseiten fast täglich und jede detaillierte Beschreibung ist daher nach kurzer Zeit veraltet. Mit diesem Buch vermittle ich Ihnen das Wissen, um die benötigten Funktionen zu bedienen und weitere Erkundungen selbstständig zu unternehmen. Auf jeden Fall erhalten Sie einen ersten Eindruck, was das Web Ihnen bieten kann.

Nach der Lektüre der Kapitel 3 und 4 haben Sie quasi Ihren »Internetführerschein«. Internet ist aber mehr als das Ansehen von Webseiten. Elektronische Post ist das Zauberwort um schnell und komfortabel weltweit mit anderen Menschen zu kommunizieren. **Wie Sie an** ein eigenes **kostenloses Postfach im Internet kommen und** erste **elektronische Briefe verschicken**, lernen Sie in **Kapitel 5.**

Kapitel 6 zeigt Ihnen dann die »hohe Schule« der Postbearbeitung. Sie lernen **Adressbücher** zu **führen** sowie die ein- und ausgehende **Post** komfortabel zu **verwalten**. Den Kindern eventuell ein Foto per Internet zu **schicken** oder an eine Nachricht angehängte **Anlagen** auszupacken, ist nach Lektüre des Kapitels auch kein Problem mehr.

Manchmal möchte man einfach mal mit jemandem plaudern. Was aber, wenn man nicht mehr aus dem Haus kann? Oder Sie möchten vielleicht mit Menschen Kontakt aufnehmen, die in fernen Städten oder Ländern leben? In **Kapitel 7** zeige ich Ihnen, was sich hinter dem Begriff chatten verbirgt und wie Sie mit interessanten und netten Leuten in Kontakt kommen. Könnten Sie gelegentlich ein Faxgerät gebrauchen oder wollten Sie nicht immer mal Ihrem Enkel oder Bekannten einen Gruß per SMS aufs Handy schicken? Mit dem Wissen aus Kapitel 7 bekommen die Kids große Augen – und auch Sie sind ohne eigenes Handy per SMS erreichbar.

Die **Pannenhilfe** im **Anhang** zeigt, wie Sie kleinere Fehler beheben oder Windows für Ihre Bedürfnisse anpassen. Schlagworte brauchen Sie nicht zu schrecken, vieles wird im Text erklärt, Begriffe aus **der Computertechnik** schlagen Sie im Anhang im **Lexikon** nach.

TIPP

Bei Bedarf können Sie sich die wichtigsten Schritte auf einem Block mitschreiben und neben den Computer legen. Lassen Sie sich auch nicht verwirren, falls die Fenster auf Ihrem Computer nicht genau wie hier im Buch beschrieben aussehen. Sie benutzen dann eine andere Windows-Version. Mit den Erklärungen im Buch sollten Sie aber arbeiten können. Wenn etwas nicht auf Anhieb klappt: Versuchen Sie es später noch mal – vielleicht geht's dann und denken Sie dran: es ist noch kein Meister vom Himmel gefallen!

Das Internet im Überblick

Sie interessieren sich also für das Internet, haben bisher aber noch wenig Berührung mit diesem Thema gehabt? Sind Begriffe wie Internet, E-Mail oder World Wide Web noch »spanische Dörfer« für Sie? Keine Angst, hinter vielen Schlagwörtern versteckt sich häufig ziemlich Banales.

Möchten Sie sich zuerst etwas orientieren? Wenn man weiß, wo man hin will, kommt man schließlich schneller ans Ziel. In diesem Kapitel möchte ich mit Ihnen einen kleinen Streifzug durch die Welt des Internets unternehmen. Sie erhalten einen ersten Überblick, was zum Beispiel Internet, E-Mail oder World Wide Web sind. Nach der Lektüre werden Sie die wichtigsten Begriffe kennen gelernt haben. Sie wissen dann auch, was Sie alles brauchen, um das Internet nutzen zu können, und werden sehen, dass alles gar nicht so kompliziert ist.

Das lernen Sie in diesem Kapitel **1**

- Was ist das: das Internet?
- WWW, E-Mail – Hilfe, was bedeutet das alles?
- Was brauche ich fürs Internet?

Was ist das: das Internet?

Wenn Sie heutzutage eine Zeitung aufschlagen, Radio hören oder das Fernsehprogramm verfolgen, wird Ihnen oft das Schlagwort **Internet** begegnen. Der Begriff ist mittlerweile in die Alltagssprache eingegangen. Vielleicht wissen Sie aber gar nicht genau, was sich hinter diesem Schlagwort verbirgt und was man mit dem Internet machen kann.

FACHWORT

Das Wort **Internet** vereint die zwei Silben inter (für zwischen) und net (für Netz). Es handelt sich also um ein grenzüberschreitendes (oder internationales) Netzwerk. Ein **Netzwerk** verbindet mehrere Computer miteinander – beim Internet sind daher Computer verschiedener Länder untereinander verbunden. Dadurch lassen sich Daten zwischen ihnen austauschen.

- Das Internet ist nichts anderes als eine Ansammlung vieler tausend Rechner, die weltweit von Instituten, Behörden, Firmen und gelegentlich sogar Privatleuten betrieben werden.
- Das Besondere dabei ist, dass diese Computer durch Telefonleitungen, Datenkabel, Glasfaser oder Satellitenverbindung miteinander verbunden sind.

Ein Rechner in New York kann über diese Datenleitungen beispielsweise Daten mit einem Rechner in Paris, in Rom oder in Berlin austauschen.

Es mag ja interessant sein, wenn sich zwei Rechner »unterhalten« können. Aber was bringt Ihnen das? Kurz gesagt: Sobald Sie Zugang zu einem dieser Internetrechner erhalten, können Sie an diesem »Verkehr« teilhaben und alle anderen Computer im Internet (und damit auch die Benutzer dieser Rechner) erreichen.

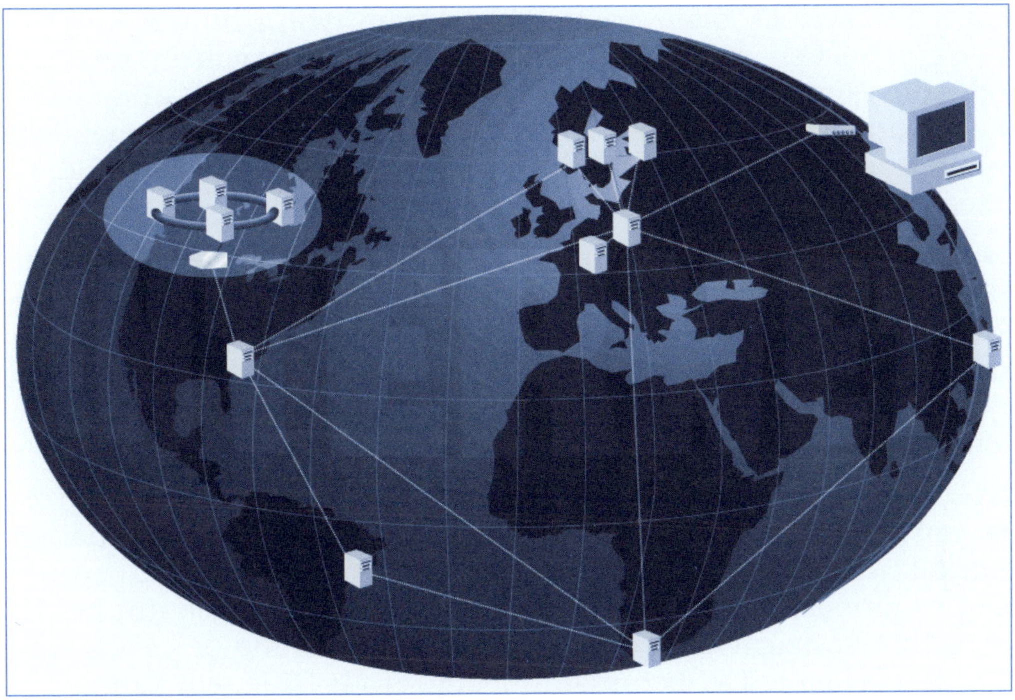

Was lässt sich mit dem Internet machen?

Wenn Sie sich mit dem Thema Internet beschäftigen, steht sicherlich diese Frage zuerst im Raum: Was kann man mit dem Internet machen und was hat es für Vorteile? Das Internet bietet Ihnen eine riesige Auswahl an Funktionen, die Sie nutzen können. Hier einige Beispiele:

- Schicken Sie Freunden, Bekannten, Behörden oder Firmen Nachrichten oder Dokumente (z.B. Fotos) per Internet zu.
- Nutzen Sie das Internet, um Informationen zu verschiedenen Themen (Reisen, Wetter, Finanzen, Politik, Unterhaltung etc.) abzufragen.
- Auch Einkäufe, das Abschließen von Versicherungen, Bankgeschäfte etc. sind mittlerweile per Internet möglich.
- Diskutieren Sie mit Gleichgesinnten interessante Themen.

Es ist also kein Problem, bequem aus Ihrem Wohnzimmer eine Reise zu buchen, die Wettervorhersage für Mallorca abzufragen oder die Fahrpläne der Bahn zu studieren. Selbst ohne konkrete Reisepläne ist es an trüben Wintertagen manchmal ganz erbaulich, per Internet Bilder der entferntesten Reiseziele abzurufen und die »Seele auf Wanderschaft« zu schicken.

Die Möglichkeiten des Internets sind fast grenzenlos, eine vollständige Aufzählung ist daher kaum möglich. Täglich ergeben sich Neuerungen. Seitdem auch Kommunen, Behörden und Firmen ihre Angebote per Internet zur Verfügung stellen, wird das Internet noch wichtiger. Vermutlich wird sich diesem Medium zukünftig kaum jemand mehr entziehen können.

Und außerdem: Internet tut richtig gut! Ihnen eröffnen sich ganz neue Möglichkeiten, um Zeit und Raum zu überwinden. Sie halten Kontakt zur Welt, ohne sich aus den eigenen vier Wänden bewegen zu müssen. Im Internet haben Sie einen Briefkasten mit persönlicher Postzustellung direkt in Ihrem Wohnzimmer – was zum Beispiel bei einer Gehbehinderung eine große Hilfe sein kann.

WWW, E-Mail – Hilfe, was bedeutet das alles?

Schwirrt Ihnen der Kopf von den vielen Begriffen wie WWW, Web, E-Mail, Browser, Postfach? Alles halb so wild. Werfen wir doch einfach mal einen Blick hinter die Kulissen.

Das Wort **Internet** stellt eigentlich einen **Sammelbegriff für verschiedene Funktionen** (auch **Dienste** genannt) dar. Statt »ich bin im Internet«, müsste es eigentlich präziser heißen, »ich nutze einen bestimmten Dienst im Internet«. Ein Großteil der Internetteilnehmer greift eigentlich nur auf zwei Möglichkeiten des Internets zurück: das Verschicken elektronischer Post und das so genannte »Surfen« im World Wide Web.

HINWEIS

Beim Internet ist es ähnlich wie bei der ehemaligen deutschen Bundespost. Diese bot unterschiedliche Dienste (Briefpost, Paketdienste, Geldtransfer und Telefon) unter einem Dach an. Und bei der Post haben Sie ja auch gesagt: »Ich verschicke einen Brief per Post«, und nicht »Ich nutze die Post«.

Statt allgemein von Internet zu reden, ist es hilfreicher, genau anzugeben, welche Funktionen des Internets gemeint sind. Für Einsteiger stellen die vielen **Fachbegriffe** wie E-Mail, WWW, Chat und Browser aber eine Hürde dar. Wie soll ich etwas benennen, was ich nicht kenne? Deshalb finden Sie nachfolgend eine kurze **Übersicht über die wichtigsten Funktionen** mit der Erläuterung der Fachbegriffe aus dem Bereich des Internets.

E-Mail, die elektronische Post

Haben Sie schon mal »gemailt«? Diese sprachliche »Krücke« ist typisch für die gegenwärtige Situation, in der englische Fachbegriffe, meist noch in abgekürzter Form, in den täglichen Sprachgebrauch Einzug gehalten haben. Dabei steckt gar nicht so viel dahinter – die Abkürzung »E-Mail« beispielsweise steht für den englischen Begriff »Electronic Mail«, also elektronische Post.

E-Mail ist nichts anderes als ein Dienst des Internets, mit dem man elektronische Post austauscht. Eine **E-Mail ist ein Brief**, der nicht auf Papier verfasst, sondern **im Computer** hinterlegt ist und per Internet in einer Art elektronischer Briefumschlag zum Empfänger transportiert wird.

Um eine Datei oder eine Nachricht an einen anderen Teilnehmer zu schicken, benötigt man ähnlich wie bei der Briefpost eine Empfängeradresse (diese wird zusammen mit der Absenderadresse zum Versenden der Nachricht verwendet).

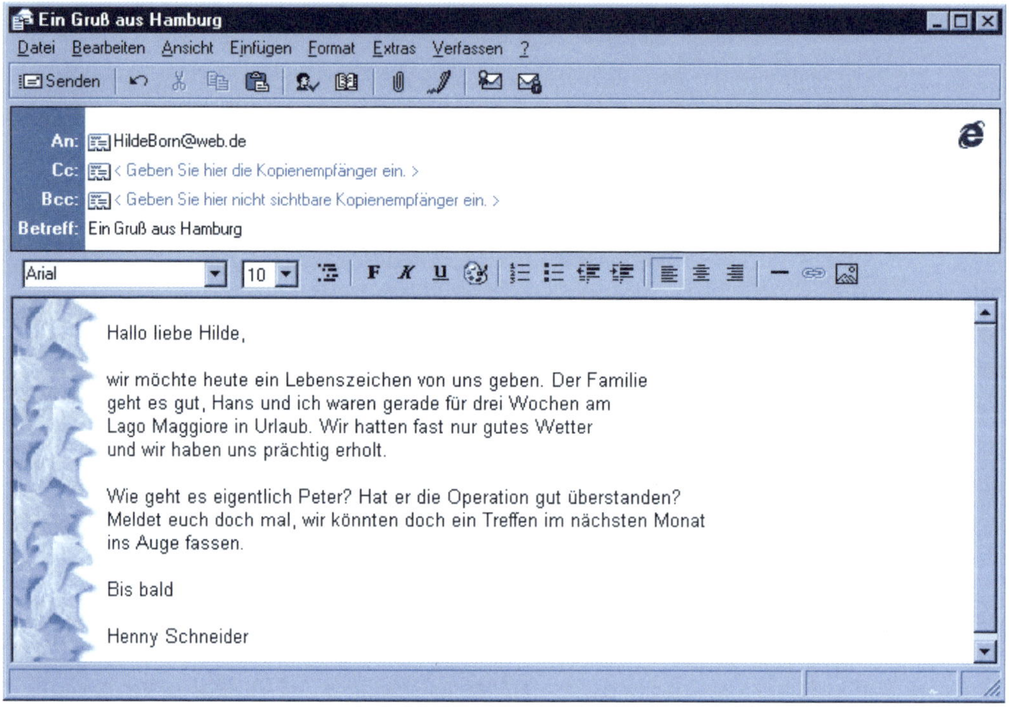

- Sie verwenden dann das E-Mail-Programm des Computers und geben den Empfänger der Nachricht sowie einen Betreff an.
- Anschließend tippen Sie den gewünschten Brieftext.
- Ist die Nachricht fertig, klicken Sie nur noch auf die Schaltfläche *Senden*.

Das E-Mail-Programm verpackt Ihren Text in einen elektronischen Briefumschlag und schickt die Nachricht als so genannte E-Mail an den nächsten Internetrechner. Das Internet sorgt dann dafür, dass dem Empfänger diese Nachricht in einem Postfach zugestellt wird. Der Empfänger kann die Nachricht per E-Mail-Programm aus dem Internet laden. Dann wird der Text automatisch aus dem »Umschlag« ausgepackt und lässt sich lesen, bearbeiten oder weiterleiten. Alles also (fast) wie bei einem normalen Brief, aber ohne den Gang zum Briefkasten.

Die Post per Internet hat gegenüber Brief oder Fax allerdings einige Vorteile:

- E-Mail ist preiswert; Sie zahlen nur die Teilnehmergebühren fürs Internet und die Telefonkosten zum nächsten Internetrechner.
- E-Mail ist schnell, denn eine Nachricht ist (weltweit) meist nach wenigen Minuten beim Empfänger.
- Einer E-Mail können Sie Dateien (z.B. Fotos, Musik etc.) anhängen, die mit der Nachricht weitergeleitet wird.

HINWEIS

Auf die Details (Geräteausstattung, E-Mail-Programme, Postfächer, Funktionen etc.) werden wir in den betreffenden Kapiteln noch im Einzelnen zu sprechen kommen.

Eine E-Mail kostet Sie nur Pfennige und ist äußerst bequem. Sie können E-Mails auch dann schreiben, wenn Sie gerade mal keinen Umschlag oder keine Briefmarke zur Hand haben. E-Mail-Versand ist, im Gegensatz zur Briefpost, rund um die Uhr möglich.

Das World Wide Web

Im Zusammenhang mit dem Internet werden Sie häufig auf das Kürzel **WWW** stoßen. Dieses Kürzel steht für **World Wide Web** (frei übersetzt: weltweites Netz). Das World Wide Web ist eines der populärsten Angebote des Internets, über das sich Millionen so genannter **Webseiten abrufen** lassen.

Diese **Webseiten** sind weltweit **auf** den im Internet angeschlossenen Rechnern (auch als **Webserver** bezeichnet) **gespeichert**. Was diese Webseiten enthalten, legt der Anbieter der Seiten fest. **Webseiten können** den aktuellen Wetterbericht, die Börsenkurse, die neuesten Nachrichten, Kochrezepte, Reisebeschreibungen, Werbung, Warenangebote und andere **Informationen enthalten**.

Um solche Seiten anzuzeigen, benötigen Sie ein spezielles als **Browser** bezeichnetes Programm. Der **Microsoft Internet Explo-**

rer ist der standardmäßig unter Windows benutzte Browser. Sie geben diesem Programm einfach die Adresse der Webseite an und dann ruft das Programm die Seite aus dem Internet ab und zeigt sie an.

Hier sehen Sie ein Beispiel für eine solche Seite, die eine Zusammenstellung verschiedener Informationen samt Werbung enthält.

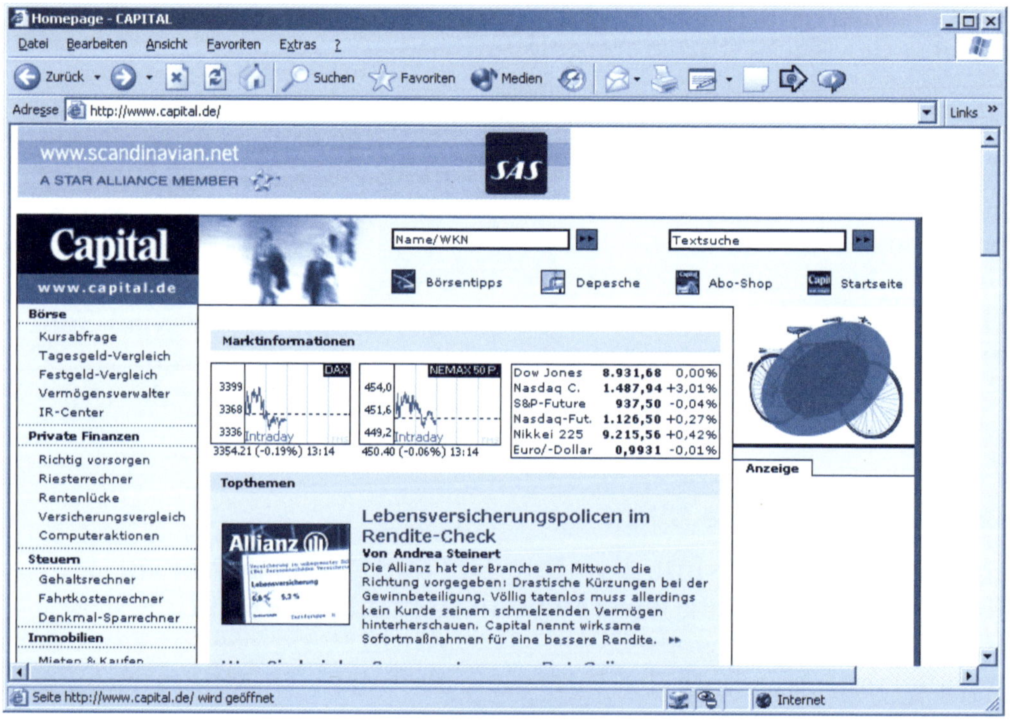

FACHWORT

Der Begriff **Browser** (sprich »Brauser«) leitet sich vom englischen Wort »to browse« ab, was so viel wie blättern, stöbern oder schmökern bedeutet. Programme zum »Blättern« bzw. »Schmökern« in den Webseiten werden deshalb als Browser bezeichnet.

Im Browser können Sie weitere Seiten abrufen und zwischen den besuchten Seiten blättern. Dies wird häufig auch als »**Surfen**« bezeichnet.

Chat, nur was für Plaudertaschen?

Chat (sprich »tschät«) ist das englische Wort für »schwatzen« oder »plaudern«. Im Internet gibt es eine als Chat benannte Funktion, die eine »**Unterhaltung**« zwischen Personen ermöglicht. Dazu gibt es zu den verschiedensten Themen so genannte **Chaträume**. Sie können einen solchen (virtuellen) **Chatraum** »betreten«, um mit anderen Teilnehmern über das vorgegebene Thema zu plaudern – oder neudeutsch zu »chatten«.

Das **Chatten** beschränkt sich allerdings auf den **Austausch kurzer Texte**. Beim Chatdienst findet diese Art der **Unterhaltung online** statt, d.h., alle **Teilnehmer müssen zur gleichen Zeit** im Internet **den Chatraum besuchen**.

FACHWORT

Online ist die Bezeichnung für den Zustand, bei dem eine Verbindung zum Internet besteht. Wird die Verbindung beendet, bezeichnet man dies als **offline**. Solange Sie online sind, fallen in der Regel Gebühren für die Telefon- und Internetverbindung an. Während dieser Zeit können Sie Informationen aus dem Internet abrufen, chatten oder Daten wie E-Mails zum Internet übertragen.

Auf der folgenden Seite sehen Sie den Schnappschuss eines Chatraums für Leute ab 40, den ich (Gast 81) besucht habe. Rechts werden die »Namen« aller Teilnehmer im Raum angezeigt. Teilnehmer in Chats benutzen meist Pseudonyme. Sofern Sie das nicht möchten, erfährt niemand Ihren wirklichen Namen, Ihr Alter, Ihr Geschlecht etc. Dadurch entfällt eine im täglichen Leben häufig empfundene Hemmung bei der Kontaktaufnahme – es ist daher keine Seltenheit, wenn Senior(inn)en mit Student(inn)en oder Kindern chatten. Links im Fenster tauchen die Textnachrichten der Chatter auf – in diesem Beispiel nicht gerade weltbewegend. Aber gelegentlich trifft man in Chaträumen sehr interessante Menschen und erfährt interessante Dinge. Daher ist das Chatten für viele Menschen eine reizvolle Möglichkeit zur Kommunikation. Lassen Sie es einfach mal auf ein paar Versuche ankommen!

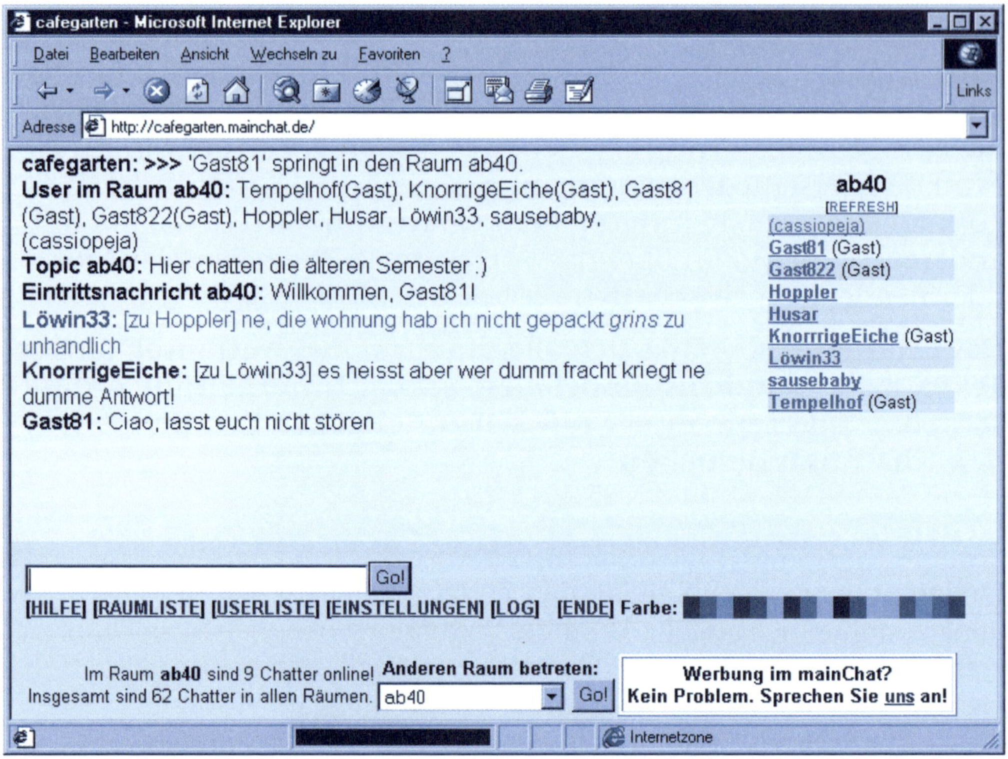

HINWEIS

Das Internet bietet Ihnen weitere Dienste an, beispielsweise das **File Transfer Protocol** (FTP), mit dem Sie Dateien auf Webrechner laden können. **Nachrichtengruppen** (auch als Diskussionsforen oder englisch **Newsgroups** bezeichnet) erlauben ebenfalls den **Austausch von Informationen** zu bestimmten Themen **per Internet**. Hierzu benötigen Sie ein spezielles Programm wie Outlook Express. Die Beiträge der betreffenden Gruppe sind dann für Wochen oder Monate vom betreffenden Server abrufbar. Leider finden aber viele Nachrichtengruppen in Englisch oder in anderen Sprachen statt und auch die Themen sind häufig sehr speziell (z.B. zur Computertechnik). Daher werden solche speziellen Dienste in diesem Buch nicht weiter behandelt.

Was brauche ich fürs Internet?

Sind Sie jetzt neugierig geworden? Möchten Sie das Internet selbst erkunden und endlich mitreden können? Um online gehen und das Internet mit den in diesem Buch beschriebenen Funktionen nutzen zu können, müssen bestimmte Voraussetzungen gegeben sein. Wenn Sie **Zugang** zu einem **Internet-Café** haben, müssen Sie hier **nicht weiterlesen**. Dann ist die »Technik« bereits vorhanden und Sie können **direkt** mit **Kapitel 3 loslegen**. Der **folgende Abschnitt skizziert** die **Voraussetzungen**, um von **zu Hause aus ins Internet** zu **gehen**. Sie finden eine kurze Übersicht über die erforderlichen Geräte sowie die benötigten Programme und Einrichtungen.

Ein Computer muss her

Zunächst brauchen Sie natürlich ein Gerät, auf dem Sie die Programme zum Anzeigen von Webseiten, zum Verfassen elektronischer Post und so weiter nutzen können. Wenn wir einmal von Handy, Fernseher oder zukünftigen Entwicklungen absehen, wird dieses Gerät typischerweise ein Computer (auch kurz als PC bezeichnet) sein. Ihr Computer sollte einige Mindestvoraussetzungen erfüllen, damit der Ausflug ins Internet gelingt und Spaß macht.

- Ein älterer Rechner sollte mindestens mit einem Intel Pentium 133 MHz Chip, 16 Megabyte Arbeitsspeicher (RAM), einer Festplatte mit 1 bis 2 Gigabyte Kapazität, einem Diskettenlaufwerk und möglichst einem CD-ROM-Laufwerk ausgestattet sein. Um Musik zu hören, muss im Rechner eine so genannte Soundkarte mit angeschlossenen Lautsprechern installiert sein.
- Besitzen Sie noch keinen Rechner, können Sie auch unter einem der vielen Komplettangebote wählen. Der Preis für ein solches Gerät richtet sich nach der geforderten Ausstattung. Sofern Sie den Computer nur für das Internet nutzen möchten, reichen schon preiswerte Geräte im Bereich von 1.000,- Euro.

Nach oben sind natürlich keine Grenzen gesetzt. Möchten Sie den Rechner beispielsweise benutzen, um DVD-Videos abzuspielen,

Bilder von Digitalkameras zu bearbeiten oder CDs zu erstellen, sollten Sie zu einem Gerät mit entsprechend besserer Ausstattung greifen. Bevor Sie sich für den Kauf eines Computers entscheiden, überlegen Sie, was Sie damit vorhaben. Lassen Sie sich im Fachhandel beraten oder konsultieren Sie den Titel »Computer – Leichter Einstieg für Senioren«.

Was brauche ich noch?

Um ein Schriftstück auch mal auf Papier auszugeben, sollten Sie den Computer um einen Drucker ergänzen. **Tintenstrahldrucker** sind für wenige hundert Euro zu haben. Sie erlauben sogar farbige Ausdrucke, allerdings sind die Verbrauchskosten für spezielles Fotopapier sowie für Tintenpatronen sehr hoch. Wer häufig drucken möchte, ist mit einem **Laserdrucker** oft besser dran.

Je nach Bedarf können Sie weitere Zusatzgeräte wie einen Scanner (erlaubt Fotos oder Dokumente in einer Art Kopierverfahren im Computer einzulesen), eine Digitalkamera etc. anschaffen.

Welche Programme brauche ich?

Natürlich soll der Computer nicht nur Ihr Haus zieren, sondern Sie wollen ihn auch nutzen. Sie benötigen also verschiedene Programme.

> **TIPP**
>
> Häufig wird bei Komplettangeboten schon die Software (z.B. Office-Programme zum Schreiben von Briefen, Grafikprogramme etc.) mitgeliefert. Diese Zugaben kosten manchmal auch ein paar Mark, sind aber auf jeden Fall preiswerter als nachträglich gekaufte Einzelprogramme.

- Der Rechner muss mit einem **Betriebsprogramm**, allgemein als **Betriebssystem** bezeichnet, ausgestattet sein. Meist kommt hier **Microsoft Windows** zum Einsatz. Die Windows-Version spielt keine größere Rolle, Sie können auf älteren Rechnern Windows 95,

Windows 98 oder Windows NT verwenden. Neuere Rechner werden mit Windows 2000, Windows Millennium, Windows XP oder Nachfolgeversionen ausgestattet.

- Um Webseiten aus dem World Wide Web abzurufen, brauchen Sie einen **Browser**. Wer Windows verwendet, findet den **Internet Explorer** bereits als kostenlose Zugabe vor.
- In Windows ist auch das Programm **Outlook Express** enthalten. Dieses Programm eignet sich sowohl zur Bearbeitung elektronischer Post als auch zur Teilnahme an Nachrichtengruppen.

Die Teilnahme an Chats erfordert kein eigenes Programm, die betreffenden Funktionen werden über Webseiten bereitgestellt.

HINWEIS

In diesem Buch wird davon ausgegangen, dass Windows auf dem Rechner installiert ist und Sie verfügen bereits beim Einschalten des Computers über die Software für das Internet. Lediglich bei älteren Rechnern mit Windows 95 bzw. mit Windows NT müssen Sie den Internet Explorer separat einrichten (dabei wird auch Outlook Express auf die Festplatte kopiert). Sie finden die neueste Version des Internet Explorer häufig auf den CD-ROMs von Computerzeitschriften oder im Internet auf den Webseiten der Firma Microsoft *(www.microsoft.com)*. Wenn Sie sich eine Installation nicht zutrauen, bitten Sie ggf. eine(n) Bekannte(n) um Unterstützung, denn auf die Beschreibung der Installation sowie auf die Behandlung anderer Internetprogramme (z.B. Netscape Navigator) muss an dieser Stelle aus Platzgründen verzichtet werden.

Modem, ISDN und Telefonanschluss?

An dieser Stelle wird es (leider) etwas technisch. Um auf das Internet zugreifen zu können, muss Ihr **Rechner per Datenleitung mit** dem **Internet verbunden** sein. Für den Privatgebrauch wird hierzu in der Regel eine Wählverbindung über den **Telefonanschluss** benutzt. Sie müssen daher den Rechner noch je nach

Art des Telefonanschlusses über (Analog-)Modem oder ISDN-Karte mit Ihrer Telefonsteckdose verbinden.

- Haben Sie einen einfachen Telefonanschluss, benötigen Sie ein so genanntes analoges **Modem**, welches Sie zwischen Rechner und Telefondose schalten. Das Gerät sollte dabei Übertragungsgeschwindigkeiten nach dem V90-Standard unterstützen. Solche Geräte erhalten Sie bereits für weniger als 50,- Euro im Fachhandel.
- Besitzen Sie einen ISDN-Zugang des Telefonanbieters (z.B. die Telekom in Deutschland), benötigen Sie eine so genannte **ISDN-Karte** oder ein spezielles **ISDN-Modem**. Die Karte wird üblicherweise im Rechner eingebaut; über sie wird eine Kabelverbindung zwischen der Karte und der ISDN-Anschlussdose hergestellt. Ein ISDN-Modem ist ähnlich wie ein analoges Modem ein kleines Kästchen, welches zwischen Computer und Telefondose geschaltet wird.

Mit einer ISDN-Karte der Fritz!CARD-Familie (Firma AVM) habe ich bislang unter Windows gute Erfahrungen gemacht. Eine interessante Alternative sind externe USB-ISDN-Modems. Ein solches Modem wird über einfache Anschlusskabel mit dem USB-Anschluss des Computers verbunden und erfordert es nicht, den Rechner zu öffnen. Der Fachhandel bietet nicht nur eine große Auswahl an Geräten, sondern sicherlich auch eine Beratung – lassen Sie bei Bedarf auch die Geräte vom Händler installieren.

FACHWORT

USB steht für Universal Serial Bus, eine Anschlusstechnik, mit der sich Geräte an den PC anschalten lassen (siehe auch Kapitel 2).

FACHWORT

Für interessierte Leser: Der Begriff **Modem** steht für Modulator/Demodulator, ein Verfahren, mit dem Rechnerdaten per Telefonleitung übertragen werden.

Analoge **Modems** werden als Einsteckkarte für den Rechner oder wie nebenstehend gezeigt als externes Gerät geliefert. Beim Kauf erhalten Sie die benötigten Anschlusskabel für Rechner und Telefonanschlussdose.

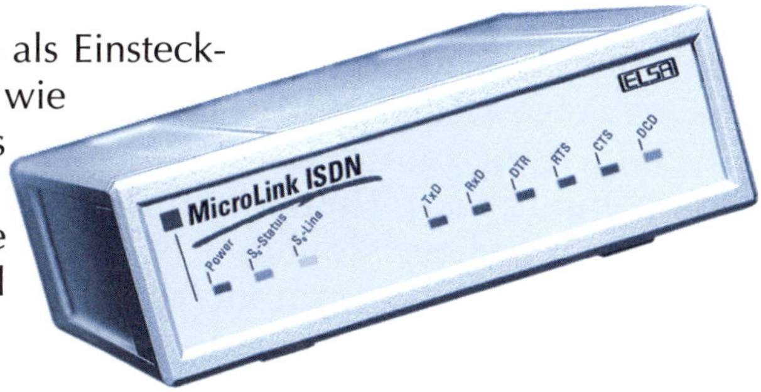

Ein analoges Modem nach dem V90-Standard schafft theoretisch eine Geschwindigkeit von 56.000 Kilobit pro Sekunde (tatsächlich arbeiten die Geräte aber meist mit ca. 40.000 Kilobit pro Sekunde). Die Angabe Kilobit pro Sekunde ist eine Maßeinheit für die Übertragungsgeschwindigkeit – je höher, desto besser.

ISDN steht für **Integrated Services Digital Network**. ISDN bietet gegenüber der herkömmlichen Telefontechnik einige Vorteile, wie drei Rufnummern auf zwei Leitungen. Ein ISDN-Anschluss bietet immer einen Datendurchsatz von 64 Kilobit pro Sekunde. Sie können mit ISDN also wesentlich schneller Daten zwischen dem Internet und Ihrem Computer austauschen als über ein Analogmodem.

Es gibt weitere Möglichkeiten zum Internetzugang. In einigen Gegenden (z.B. in der Schweiz) bieten Kabelnetzbetreiber einen Zugang per Kabelmodem an. Spezielle Satellitenkanäle erlauben den schnellen Empfang von Daten per Internet, für den Rücktransfer Ihrer Daten wird aber wieder das Telefonnetz benutzt. **ADSL** (bzw. xDSL) steht für **Asynchron Digital Subscriber Line** und ist eine Technik, mit der über eine Telefonleitung noch schnellere Datenübertragungsraten (im Megabitbereich) erreicht werden. DSL erfordert aber spezielle Geräte (DSL-Modems) sowie ein DSL-fähiges Telefonnetz.

Das sollten Sie auch noch wissen

Ein Rechner mit Windows, ein Modem bzw. eine ISDN-Karte sowie die mit Windows gelieferten Internetprogramme bilden Ihre Grundausstattung. Im nächsten Kapitel lernen Sie, wie Modem oder ISDN-Karte eingerichtet und per Kabel mit der Telefonanschlussbuchse verbunden werden. Wenn die Technik steht, ist noch eine Frage zu klären bzw. eine Entscheidung zu treffen. Über die Telefonleitung nimmt der Rechner Verbindung mit einem der Internetcomputer auf. Hierzu wählt Ihr Rechner (wie vor einem Telefongespräch) über Modem bzw. ISDN-Karte die Nummer der Gegenstelle des Internetcomputers. Die **Nutzung** des **Internets** ist aber **nicht kostenfrei**. Außerdem kann man sich nicht über die Telefonleitung bei einem x-beliebigen Internetrechner einwählen. Vielmehr gibt es Firmen, die einen **Internetzugang als Dienstleistung** gegen Bares anbieten.

HINWEIS

Sie kennen das bereits vom Telefon: Bevor Sie telefonieren können, müssen Sie erst einen Vertrag mit einer Telefongesellschaft wie der deutschen Telekom abschließen. Erst wenn der Anbieter die Rechnungsanschrift kennt, gibt er die Nutzung des Telefons frei.

Sie benötigen also einen Anbieter, als **Provider** (sprich »proweider«) bezeichnet, **der** Ihnen einen **Internetzugang bereitstellt**. Mittlerweile gibt es eine ganze Reihe solcher Anbieter, deren Angebote sich in verschiedene Kategorien unterteilen lassen.

- **Festvertrag mit Anmeldung:** Bei einigen Anbietern wie T-Online, America Online (AOL), CompuServe, Freenet etc. müssen Sie sich anmelden und einen Vertrag abschließen. Erst nach diesem Schritt wird der Internetzugang für Sie freigeschaltet. Die Kosten für einen solchen Zugang bestehen dann meist aus einer monatlichen Grundgebühr sowie einem zeitabhängigen Verbindungsentgeld.

- **Internet-by-Call:** Diese Variante ist am bequemsten und funktioniert ähnlich wie das Telefonieren mit Call-by-Call: Sie verwenden zur Verbindungsaufnahme mit dem Internet die Nummer spezieller Anbieter. Für die Dauer der Internetsitzung fallen dann (wie bei einem Telefongespräch) Verbindungskosten an. Diese werden in der Rechnung Ihrer Telefongesellschaft ausgewiesen und nach dem Begleichen an den Anbieter weitergeleitet.

Nutzen Sie die Variante, die für Sie am günstigsten und bequemsten ist. Um zu Beginn vielleicht nur mal ins Internet reinzuschnuppern, wird Internet-by-Call sicherlich interessant sein. Schon nach wenigen Minuten sind Sie im Internet und können loslegen (wie das geht, erfahren Sie im nächsten Kapitel). Sie zahlen nur, was Sie auch nutzen! Gefällt Ihnen der Anbieter nicht mehr (z.B. weil der Zugang häufig überlastet ist), können Sie ohne Vertragskündigung einen Alternativanbieter nutzen. Internet-by-Call ist zwar etwas teurer als Festverträge, das fällt aber bei »Wenig-Nutzern« kaum ins Gewicht. Ich selbst benutze daher in letzter Zeit fast ausschließlich diese Methode und picke mir jeweils den günstigsten Anbieter heraus.

HINWEIS

Für die Leser in der Schweiz und in Österreich gilt Ähnliches. Erkunden Sie sich im Fachhandel oder bei Ihrer Telefongesellschaft, welche Möglichkeiten des Internetzugangs es gibt.

TIPP

Für »Vielsurfer«, d.h. Leute mit einer Nutzungsdauer von mehr als 50 bis 60 Stunden pro Monat, kann unter Umständen der Abschluss eines Pauschaltarifs bei einem Anbieter – auch als **Flat-Rate** (sprich »flätrait«) bezeichnet – günstiger sein. Allerdings sind Sie wegen der langen Vertragsbindungen dann auf die Solidität des Anbieters angewiesen. In Deutschland sind Arcor und T-Online bekannte seriöse Anbieter eines solchen Pauschaltarifs. Erkundigen Sie sich ggf. auch bei Ihrer Telefongesellschaft nach deren Angeboten.

Und das war's schon? Wenn Sie dieses Kapitel durchgelesen haben, haben Sie sich bereits einen groben Überblick verschafft. Sie kennen die wichtigsten Internetdienste und wissen, was Sie für den Zugang zum Internet benötigen. Im nächsten Kapitel erfahren Sie, wie Sie Modem oder ISDN-Karte installieren sowie die Kabelverbindung zur Telefonsteckdose herstellen. Außerdem richten Sie einen Internetzugang mit Internet-by-Call ein. Falls dies bei Ihrem Computer schon alles fix und fertig installiert sein sollte, blättern Sie einfach zu Kapitel 3 weiter und steigen direkt ins Internet ein.

Schritt für Schritt ins Internet

Vorsicht Technik! Ist Ihr Computer noch nicht für das Internet bereit? Dann können Sie sich den Computer über eine Fachfirma einrichten und auch den Anschluss an die Telefonleitung herstellen lassen. Dies ist sicherlich die einfachste und eleganteste Lösung und wird Ihnen auch von mir empfohlen.

Dieses Kapitel müssen Sie nur lesen, wenn Sie den Internetzugang selbst einrichten möchten oder sich für die technischen Hintergründe interessieren! Mit etwas Geschick und Zeit können Sie sich selbst die »Infrastruktur« für den Internetzugang bereitstellen. Wer es sich zutraut, Modem oder ISDN-Karte selbst einzurichten, wird auch das lernen. Für alle ist der letzte Abschnitt in diesem Kapitel interessant, der zeigt, wie eine Internetverbindung auf- und wieder abgebaut wird.

Das lernen Sie in diesem Kapitel

2

- Den Telefonanschluss herstellen
- Die Geräteinstallation unter Windows
- Den Internetzugang einrichten
- Die Internetverbindung auf- und abbauen

Den Telefonanschluss herstellen

Vermutlich werden Sie wie die meisten Leute Ihren Telefonanschluss zum Internetzugang verwenden. Ist auf Ihrem PC bereits alles fertig eingerichtet, können Sie diesen Schritt überspringen. Für alle anderen heißt es, die Kabelverbindungen zwischen Computer, Modem bzw. ISDN-Einheit und Telefonanschlussdose richtig herzustellen. Das ist nicht sonderlich schwer und wird nachfolgend für die jeweiligen Gerätetypen kurz dargestellt.

HINWEIS

Ich gehe davon aus, dass Sie wissen, ob Sie einen normalen Telefonanschluss oder ISDN besitzen, und dass Sie bereits die richtigen Geräte (Modem bzw. ISDN-Gerät) gekauft haben. Wenn Sie sich unsicher bezüglich der Art des Telefonanschlusses sind, an den nachfolgend gezeigten Telefondosen erkennen Sie, ob Sie einen ISDN- oder einen analogen Telefonanschluss haben.

Ein Modem anschließen

Benutzen Sie einen normalen, so genannten analogen Telefonanschluss, benötigen Sie auch ein analoges Modem, um ins Internet zu gehen. Analoge Telefonanschlüsse erkennen Sie an der benutzten Telefonanschlussdose, auch als **ADO** (steht für **A**nschluss**do**se) oder **TAE** (Abkürzung für **T**elefon**a**nschluss**e**inheit) bezeichnet.

Hier sehen Sie eine Telefonanschlussdose der Telekom, die unter dem Kürzel **TAE NFN** läuft. Die Buchstaben **NFN** stehen für die an den drei Anschlussbuchsen verwendbaren Gerätetypen (F= Fernsprecheinheiten wie Telefone, N = Nebengeräte wie Modem, Fax, Anrufbeantworter).

Um Verwechslungen auszuschließen, sind die Buchsen ähnlich wie ein Türschloss mit Aussparungen versehen. Der Stecker eines Telefonkabels passt also immer nur in die (mittlere) **F**-Buchse der Anschlussdose. Mit dem Modem wird Ihnen in der Regel ein für die **N**-Buchse passendes Kabel geliefert.

HINWEIS

Leider ist oft das mit dem Modem gelieferte Kabel zu kurz. Sie müssen dann den PC entweder in die Nähe der Telefonanschlussdose schieben. Oder Sie besorgen sich im Fachhandel ein längeres Kabel (achten Sie aber darauf, dass Sie kein Telefon-, sondern ein Modemkabel kaufen).

Das Modemkabel besitzt an einem Ende einen Stecker, der so wie hier gezeigt aussieht und in die N-Buchse der Telefonanschlussdose passt.

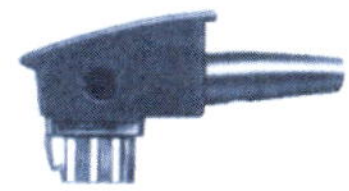

Stecken Sie diesen Stecker in eine der äußeren Telefonbuchsen der Telefonanschlussdose. Der in diesem Bild gezeigte mittlere Anschluss ist für das Telefon vorgesehen, der rechte Stecker gehört zum Modem. Notfalls müssen Sie probieren, in welche Buchse (die linke oder die rechte) der Stecker passt.

Das andere Ende der Modemleitung besitzt einen solchen Stecker, der in eine Buchse an der Rückseite des Modems passt. Stellen Sie auch diese Verbindung her.

Hier sehen Sie die Rückseite eines Modems. Das mittlere Kabel verbindet das Modem mit der Telefonanschlussdose. Links sehen Sie den Stecker mit dem Kabel für die PC-Verbindung, rechts den für die Stromversorgung.

Benutzen Sie ein externes Modem, wird vom Modemhersteller ein entsprechendes Anschlusskabel für die Verbindung mit dem PC mitgeliefert.

HINWEIS

Ist das Modem im Computer eingebaut, finden Sie die betreffende Anschlussbuchse an der Rückseite des Computers. Dann müssen Sie nur noch das Kabel einstecken.

Das Kabel besitzt an den Enden meist solche Stecker. Der eine Stecker passt auf die Buchse des Modems, das Gegenstück gehört zu einer Buchse an der Rückseite des PCs. Stellen Sie als Erstes die Kabelverbindung am Modem her.

Auf der Rückseite des PC-Gehäuses finden Sie ebenfalls Anschlussbuchsen, die mit »Serial 1« und »Serial 2« beschriftet sein können.

Es gibt schmale und breite Buchsen, wobei an älteren PCs eine Buchse bereits durch die Maus belegt ist. Stecken Sie das Ende des Kabels einfach in einen freien Anschluss. Sie können dabei eigentlich nicht viel falsch machen, da die Buchsen am PC mit Stiften belegt sind und genau zum Stecker des Modemkabels passen.

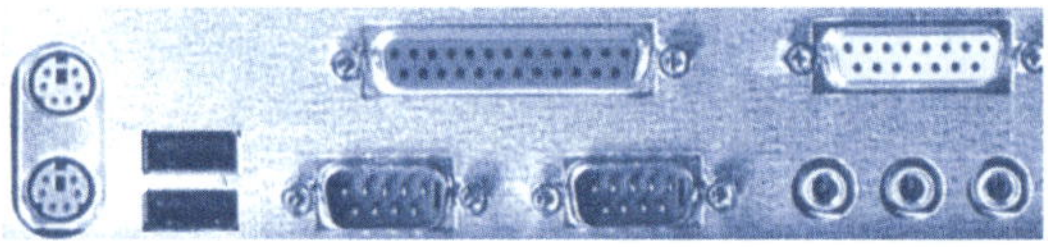

HINWEIS

Das war's schon. Falls Ihr Händler das Modem bereits am Computer angemeldet hat, können Sie jetzt zum Abschnitt über das Einrichten der DFÜ-Verbindung weiterblättern. Haben Sie ein Gerät, das die so genannte USB-Technik verwendet, lesen Sie bitte auf den folgenden Seiten, wie dieses anzuschließen ist.

Einen ISDN-Anschluss herstellen

Die andere Technik, die zum Telefonieren benutzt wird, ist **IDSN**. Einen **ISDN-Anschluss erkennen Sie** an der Anschlussdose, die etwas anders als eine analoge TAE-

Dose aussieht. Hier besitzt die Dose zwei Buchsen zum Anschluss von zwei Geräten.

Wurde bei Ihnen ein normaler Telefonanschluss auf IDSN umgestellt, bleibt die herkömmliche Installation erhalten. Zwischen der vorhandenen Telefonanschlussdose der Telefongesellschaft und den ISDN-Geräten wird aber eine so genannte NTBA-Einheit (**NTBA** steht für **N**etzwerk **T**erminator **B**asis**a**nschluss) zwischengeschaltet.

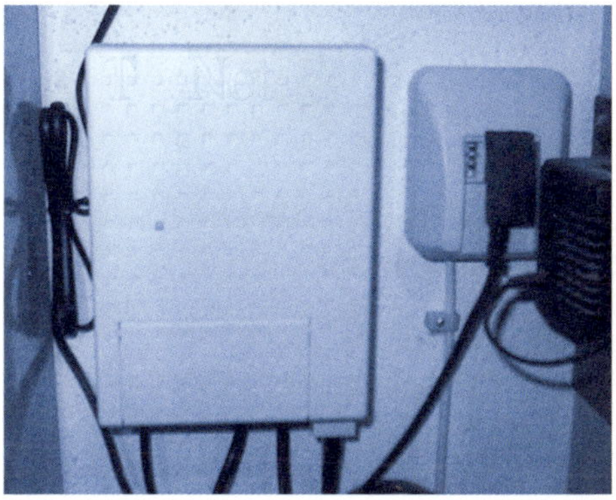

Diese Einheit stellt die ISDN-Anschlüsse bzw. die zugehörige Technik bereit, um ISDN zu nutzen. Der **NTBA** ist ein kleines Kästchen (hier links) und wird per Kabel mit der Telefondose (rechts zu sehen) verbunden. An der Unterseite finden Sie zwei ISDN-Anschlussbuchsen für ISDN-Geräte.

HINWEIS

Ob nun der NTBA im Keller des Hauses montiert und mit einer Telefonanlage verbunden ist oder in der Wohnung hängt, ist nebenrangig. Wichtig ist, dass Sie über ISDN-Anschlussbuchsen verfügen, an denen Telefone und weitere Geräte (wie eine ISDN-Karte oder ein ISDN-Modem) angeschaltet werden können.

Nutzen Sie eine DSL-Verbindung zum Internetzugang? Dann wird Ihnen von der Telekom ein so genannter **DSL-Splitter** geliefert. Das Eingangskabel des Splitters wird direkt in die Telefondose der Telekom eingesteckt. Der Splitter besitzt zwei Ausgänge. An einem Ausgang steht der gewohnte Telefonanschluss zur Verfügung, d.h. Sie müssen die Telefonanlage oder das Telefon (bzw. den NTBA) mit diesem Ausgang verbinden. Der zweite Ausgang des Splitters ist über ein mitgeliefertes Kabel mit einem so genannten **DSL-Modem** zu verbinden. Das DSL-Modem wird seinerseits mit dem Computer (entweder über ein USB-Kabel oder den Netzwerkanschluss) verbunden.

Sofern Sie also über einen ISDN-Anschluss verfügen, müssen Sie eine ISDN-Karte oder ein eventuell vorhandenes ISDN-Modem verwenden. Der Anschluss zwischen ISDN-Gerät und ISDN-Anschlussbuchse erfolgt über ein ISDN-Kabel. Dieses Kabel wird vom Hersteller des ISDN-Geräts mitgeliefert.

Hier sehen Sie den Anschlussstecker eines ISDN-Kabels, der in die ISDN-Anschlussbuchse einzuführen ist.

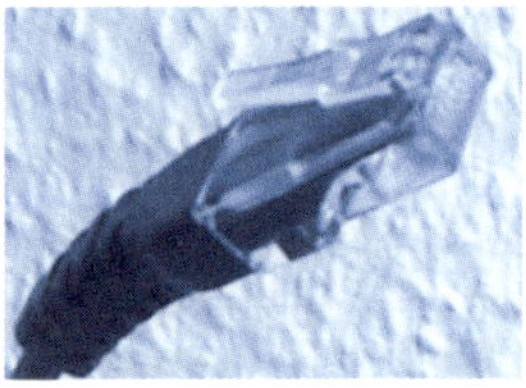

Suchen Sie eine freie ISDN-Telefonanschlussbuchse und schieben Sie den Stecker des ISDN-Kabels in diese Buchse ein. Die Form des Steckers ist kodiert, so dass eine Verwechselung mit anderen Anschlüssen nicht vorkommen dürfte.

Das andere Ende des ISDN-Kabels weist ebenfalls einen ISDN-Stecker auf. Schieben Sie diesen Stecker in die ISDN-Anschlussbuchse der ISDN-Karte oder des ISDN-Modems.

HINWEIS

Wenn Sie eine ISDN-Karte haben, sind Sie jetzt mit dem Anschließen fertig. Bei einem ISDN-Modem ist noch die Verbindung zwischen Gerät und PC herzustellen. Dies erfolgt wie beim Modem oder wie nachfolgend beschrieben per USB-Kabel. Bei ISDN-Geräten müssen Sie dann – sofern der Händler dies nicht bereits getan hat – die Software unter Windows installieren.

Eine ISDN-Karte einbauen

Eine ISDN-Karte sollten Sie nicht zuletzt wegen der Garantie und der nicht ganz leichten Installation tunlichst vom Händler einbauen und einrichten lassen. Sie sparen sich dadurch wahrscheinlich viel Zeit und Ärger! Die Alternative wäre ein ISDN-Modem, das lediglich per Kabel angeschlossen wird. Wer die Karte dennoch selbst einbauen möchte: Als Erstes benötigen Sie die richtige Steckkarte für Ihren Computer.

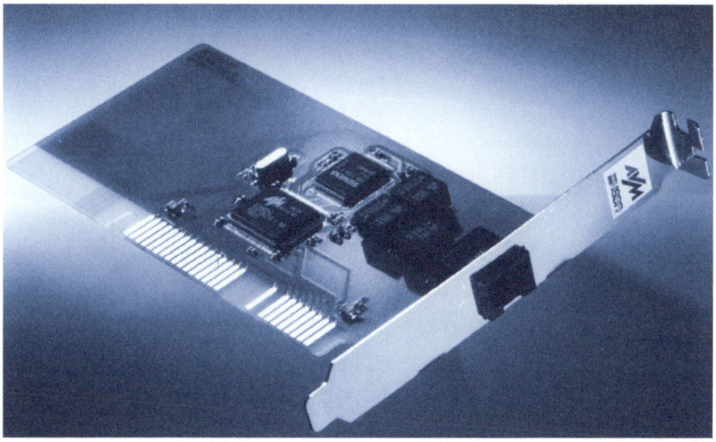

Es gibt **Steckkarten für** den älteren **ISA-Bus** sowie Steckkarten die für den neueren **PCI-Bus** ausgelegt sind. Hier sehen Sie eine Fritz-ISDN-Karte der Firma AVM. Das Blech der Rückseite enthält die ISDN-Anschlussbuchse.

Sie müssen den **Rechner von der Stromverbindung trennen**, das Gerät aufschrauben und die Karte auf einen freien Steckplatz einbauen. **Achten Sie** auf jeden Fall **darauf, dass Sie nicht statisch aufgeladen sind**, da sonst beim Einbau Teile der Karte oder des Rechners zerstört werden können! Konsultieren Sie ggf. die Handbücher des Herstellers dieser Karte, ob es bestimmte Bedingungen zu beachten gilt (z.B. die Karte nicht neben den Grafikadapter einzusetzen).

Der Anschluss bei USB-Geräten

Um möglichst einfach Geräte wie Maus, Scanner, Tastatur, Modem etc. an einen PC anzuschließen, wurde vor einigen Jahren die so genannte **USB-Anschlusstechnik** entwickelt. Diese besitzt den weiteren Vorteil, dass sich Daten viel schneller als bei den älteren seriellen Datenleitungen (wie oben beim Modem gezeigt) übertragen lassen. ISDN-Modems, viele moderne analoge Modems und auch andere Geräte sind daher für die USB-Schnittstelle ausgestattet. Falls Sie über ein solches Gerät verfügen, benötigen Sie am

Computer eine freie USB-Anschlussbuchse sowie ein spezielles USB-Anschlusskabel (das den Geräten beigelegt ist).

Neuere PC bieten meist zwei oder mehr USB-Anschlussbuchsen, so dass Sie einen Ausgang verwenden können, um ein Modem anzuschließen.

Die Verbindung zwischen USB-Geräten und einem USB-Anschluss erfordert spezielle USB-Kabel, die mit einem solchen Stecker versehen sind.

Durch die entsprechende Kodierung der USB-Stecker kann beim Anschließen eigentlich nichts schief gehen. Verbinden Sie also (sofern erforderlich) das eine Ende des USB-Kabels mit dem (ISDN-)Modem.

Das andere Kabelende verbinden Sie mit der passenden USB-Buchse am PC.

HINWEIS

Probleme bereiten zu kurze Kabel oder die Fälle, wo kein freier USB-Anschluss mehr am PC vorhanden ist. Sind alle USB-Buchsen am PC belegt, benötigen Sie eine als **USB-Hub** bezeichnete Verteilerstation (als Steckkarte für den PC oder als externes Kästchen im Fachhandel erhältlich).

Dann führt ein Kabel vom USB-Anschluss des PCs zur Verteilerstation (**USB-Hub**). Die Verteilerstation bietet dann vier neue USB-Buchsen für Geräte.

Durch Verwendung mehrerer USB-Hubs können Sie übrigens bis zu 127 Geräte an einen Computer anschließen.

Die Geräteinstallation unter Windows

Bevor Sie ein Modem, eine ISDN-Karte oder ein anderes Gerät verwenden können, muss Windows diese Komponente erst einmal erkennen. Konkret heißt das, Windows benötigt ein spezielles Programm – allgemein als **Treiber** bezeichnet – mit dem es das Gerät steuern kann. Das Einrichten des Geräts unter Windows samt Kopieren der Treibersoftware wird auch als **Installieren** bezeichnet. Die Installation der Gerätetreiber hängt von den verwendeten Geräten ab und sollte durch den Händler der betreffenden Geräte bei deren Einbau vorgenommen werden. Haben Sie das Gerät im Kaufhaus oder einem größeren Elektronikmarkt erworben, müssen Sie diese Installation selbst vornehmen. Nachfolgend lernen Sie die verschiedenen Varianten kennen.

ACHTUNG

Auch an dieser Stelle muss wieder ein deutlicher Hinweis ausgesprochen werden. Die nachfolgenden Ausführungen sind für Sie nur relevant, wenn die Geräte wie Modem oder ISDN-Karte noch nicht im Computer eingerichtet sind. Wer sich mit Windows und Computern allgemein nicht besonders gut auskennt, für den gilt: Finger weg! Überlassen Sie die Installation der betreffenden Komponenten unter Windows dem Fachmann. Falls Sie unbedingt selbst Hand anlegen möchten, lesen Sie die Anleitungen des Geräteherstellers. Dieser legt in der Regel mit den Disketten oder CD-ROMs eine kurze Beschreibung mit Hinweisen zur Installation der Treiber bei. Manchmal gibt es auch ein Installationsprogramm, welches die erforderlichen Schritte automatisch durchführt. Die folgenden Ausführungen skizzieren nur die prinzipielle Vorgehensweise.

Ein Modem einrichten

Bevor das Modem benutzt werden kann, muss die zugehörige Treibersoftware unter Windows eingerichtet sein. Ist dies noch nicht der Fall, können Sie die Installation der Modemtreiber selbst vornehmen. Hier die Schritte unter Windows 98 – für andere Windows-Versionen gilt Ähnliches.

1 Stellen Sie sicher, dass das Modem wie oben beschrieben angeschlossen und eingeschaltet ist.

2 Wählen Sie im Windows-Startmenü die Befehle *Einstellungen/Systemsteuerung*.

3 Doppelklicken Sie im Fenster der Systemsteuerung auf das Modemsymbol.

Ist noch kein Modem installiert, startet Windows automatisch einen Assistenten, der Sie durch die Schritte der Modeminstallation führt.

Andernfalls öffnet Windows durch einen Doppelklick auf das Modemsymbol der Systemsteuerung das Eigenschaftenfenster des Modems mit den Registerkarten *Allgemein* und *Diagnose*. Auf der Registerkarte *Allgemein* finden Sie dann eine Liste aller bereits installierten Modems.

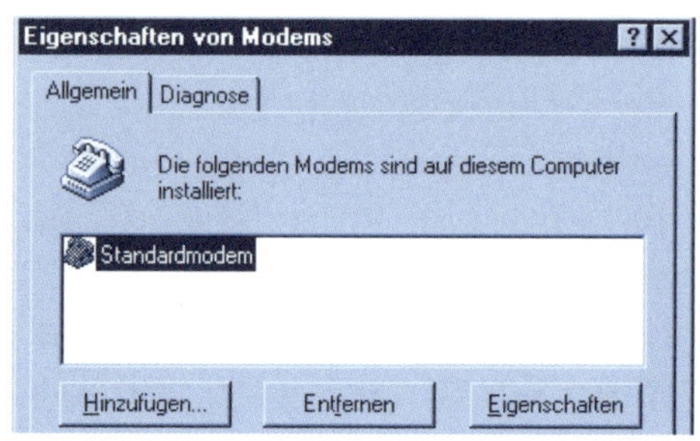

HINWEIS

Zur Installation des neuen Geräts müssen Sie jetzt den Assistenten aufrufen.

4 Klicken Sie auf der Registerkarte *Allgemein* auf die Schaltfläche *Hinzufügen*.

Der Assistent zur Modeminstallation zeigt in einzelnen Fenstern, was er gerade tut. Im ersten Dialogschritt fragt der Assistent, ob Sie das Modem wählen möchten. Falls Sie genau wissen, um welches Modem es sich handelt, können Sie die Modemprüfung übergehen.

In der Regel können Sie Windows aber die Modemerkennung überlassen.

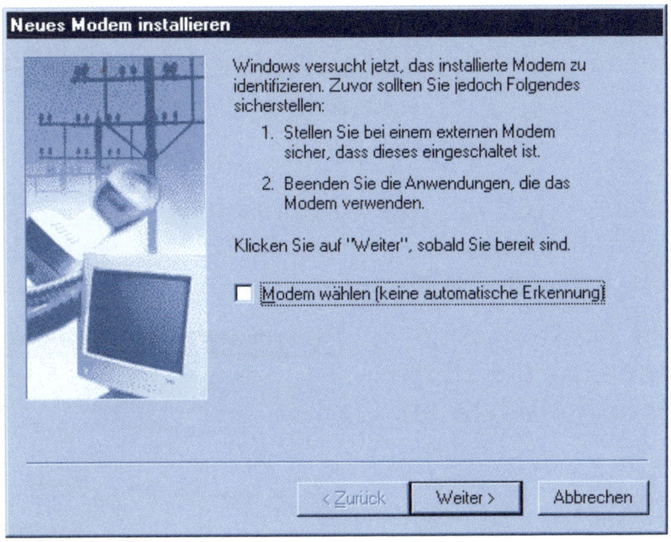

5 Belassen Sie das Kontrollkästchen *Modem wählen* unmarkiert und klicken Sie auf die Schaltfläche *Weiter*.

Dann zeigt der Assistent dieses Dialogfeld. Während die Lämpchen am Modem blinken, zeigt der Assistent im Feld *Status*, was gerade passiert.

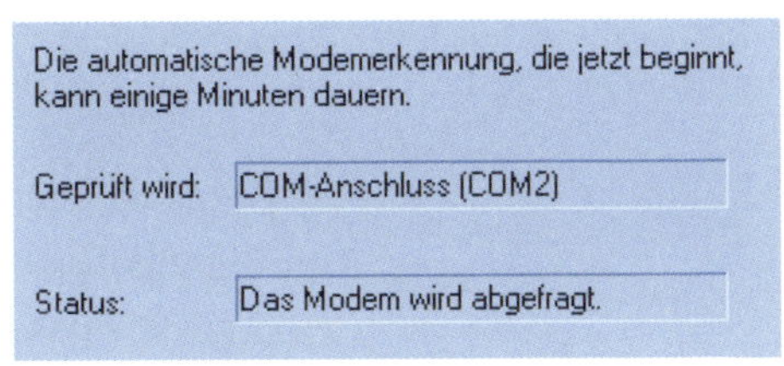

Wurde ein Modem gefunden, zeigt der Assistent dessen Typ im dritten Dialogschritt an.

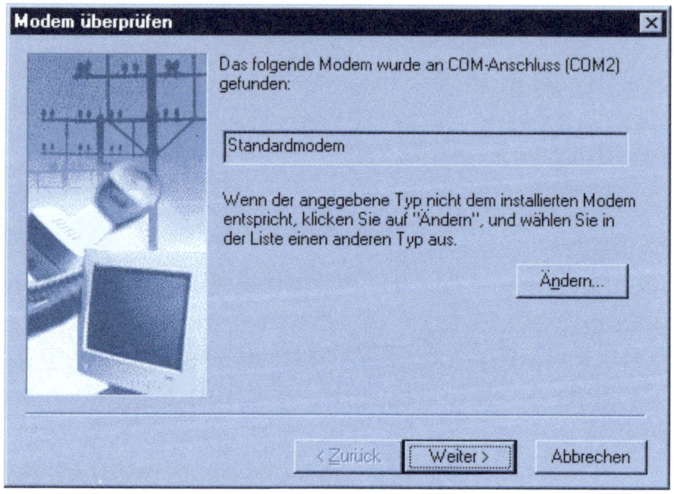

6 Stimmt der Modemtyp, klicken Sie auf die Schaltfläche *Weiter*.

Sofern Windows das Modem nicht richtig erkennt, müssen Sie den Typ selbst auswählen. Hierzu klicken Sie im Dialogfeld auf die Schaltfläche *Ändern*.

Der Assistent zeigt eine Liste der Hersteller und Modelle an.

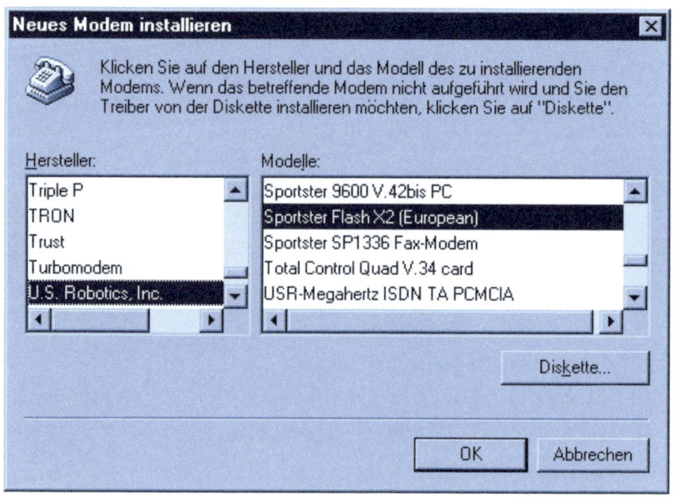

7 Wählen Sie in der linken Spalte den Hersteller des Modems.

8 Wählen Sie in der rechten Spalte den Modemtyp und klicken Sie auf die Schaltfläche *OK*.

HINWEIS

Verfügen Sie über eine Diskette oder CD des Modemherstellers, können Sie diese in das Laufwerk einlegen und die Schaltfläche *Diskette* anklicken. Windows öffnet ein Dialogfeld, in dem Sie das Laufwerk und ggf. den Ordner mit den Dateien des Modemherstellers angeben.

Auch in diesem Fall kommen Sie beim Schließen dieser Dialogfelder zu Schritt 6 zurück. Sobald Sie auf die Schaltfläche *Weiter* klicken, beginnt Windows mit dem Kopieren des Modemtreibers.

9 Erscheint im Dialogfeld die Schaltfläche *Fertig stellen*, wählen Sie diese per Mausklick an.

Der Assistent installiert anschließend den benötigten Treiber für das Modem.

Wenn Sie jetzt die Registerkarte *Allgemein* ansehen, sollte diese einen neuen Eintrag für das gerade installierte Modem aufweisen. Hier wurden zwei Standardmodems installiert.

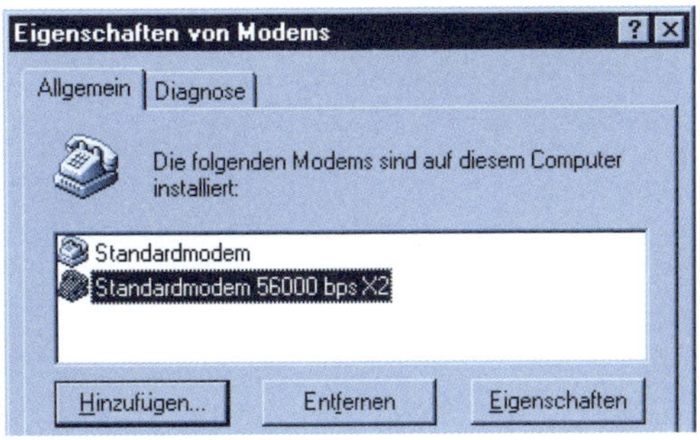

Anpassen der Modemeinstellungen

Haben Sie ein Modem den obigen Schritten entsprechend installiert? Oder ist das Modem bereits eingerichtet? Dann können Sie bei Bedarf die Modemeinstellungen für das Gerät überprüfen und ggf. anpassen.

1 Öffnen Sie wie oben beschrieben das Ordnerfenster der Systemsteuerung und doppelklicken Sie auf das Symbol *Modem.*

2 Auf der Registerkarte *Allgemein* wählen Sie einen Eintrag für das Modem und klicken dann auf die Schaltfläche *Eigenschaften.*

Windows öffnet das nebenstehend gezeigte Eigenschaftenfenster mit der Registerkarte *Allgemein.*

Über den Schieberegler *Lautstärke* können Sie bei einigen Geräten die Lautstärke des Modemlautsprechers einstellen.

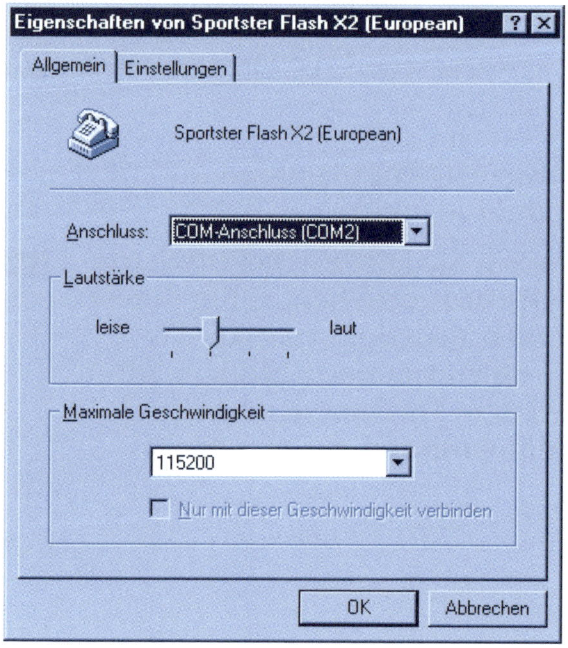

HINWEIS

Achten Sie darauf, dass auf der Registerkarte *Allgemein* das Feld *Maximale Geschwindigkeit* den größten Wert zeigt. Nur dann ist sichergestellt, dass das Modem die Daten auch schnell genug überträgt.

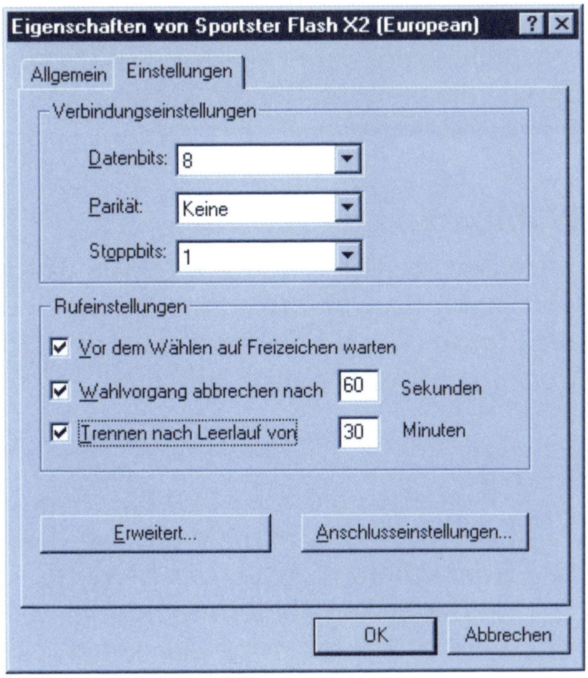

Interessant sind auf der Registerkarte *Einstellungen* die Optionen der Gruppe *Rufeinstellungen*.

Dort können Sie beispielsweise die Optionen *Wahlvorgang abbrechen nach* und *Trennen nach Leerlauf von* markieren und Werte zuweisen.

Dies bewirkt, dass bei besetzter Gegenstelle der Wahlvorgang abgebrochen und eine nicht benutzte Verbindung nach einer Wartezeit getrennt wird.

Das schützt Sie davor, dass eine vergessene Onlineverbindung über Stunden bestehen bleibt. Spätestens nach Ablauf der Wartezeit beendet Windows die Verbindung.

Die geöffneten Registerkarten schließen Sie über die *OK*-Schaltfläche.

TIPP

Besitzen Sie eine Telefonanlage und bekommt das Modem keine Verbindung? Dann löschen Sie versuchsweise die Markierung des Kontrollkästchens *Vor dem Wählen auf Freizeichen warten*. Das Modem beginnt, direkt zu wählen, und kann dadurch u.U. erst die Ziffer (z.B. 0) zur Amtholung absenden.

Informationen zu den einzelnen Optionen erhalten Sie übrigens, wenn Sie rechts oben in der Fensterecke des Dialogfelds auf die Schaltfläche mit dem Fragezeichen klicken und dann auf das entsprechende Element der Registerkarte.

Wählparameter setzen

Betreiben Sie Ihr Modem an einer Telefonanlage oder möchten Sie weitere Optionen einstellen, ist die Schaltfläche *Wählparameter* auf der Registerkarte *Allgemein* (Eigenschaftenfenster *Eigenschaften von Modems*) mitunter ganz hilfreich.

1 Gehen Sie wie oben beschrieben vor und öffnen Sie das Eigenschaftenfenster der Modems (in der Systemsteuerung auf das Symbol *Modem* doppelklicken).

2 Klicken Sie in der Registerkarte *Allgemein* des Eigenschaftenfensters *Eigenschaften von Modems* auf die Schaltfläche *Wählparameter*.

Auf der Registerkarte *Standorte* des Eigenschaftenfensters *Wählparameter* finden Sie unter *Standortoptionen* einige interessante Einstellungen.

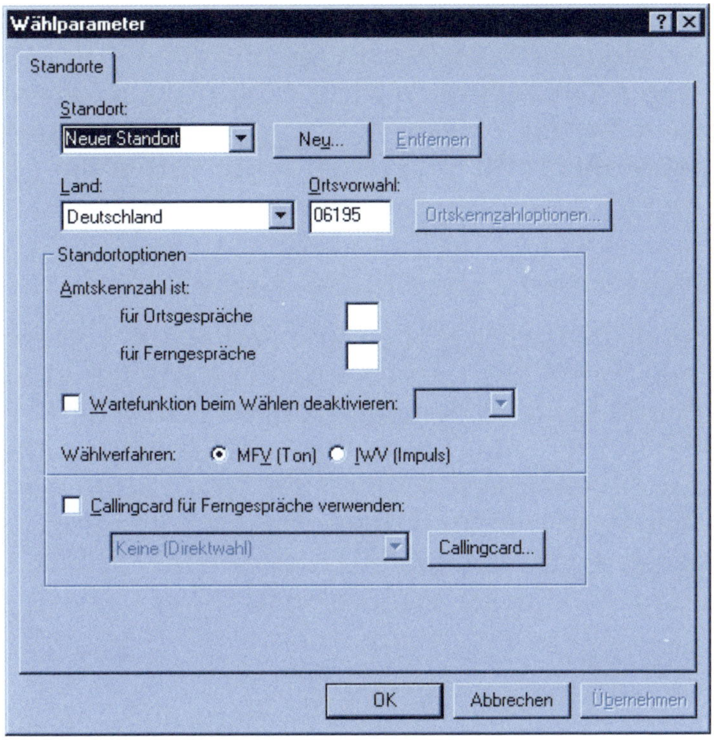

Benötigen Sie beispielsweise eine Ziffer zur Amtholung, können Sie diese Ziffer (z.B. 0) in den betreffenden Feldern für Ortsgespräche und für Ferngespräche eingeben.

Auch die Umstellung des Wählverfahrens zwischen Ton- und Impulswahl ist über die Optionsfelder *Wählverfahren* möglich.

TIPP

Sollte es Probleme mit dem Modem geben, überprüfen Sie bitte, ob die Einstellung auf *MFV (Ton)* gesetzt ist. Die meisten Telefonanlagen arbeiten heutzutage mit diesem und nicht mehr mit dem älteren Impulswahlverfahren. Sie hören übrigens beim Wählen Ihres Telefons, welches Verfahren benutzt wird. Bei der langsamen und älteren Impulswahltechnik ist während des Wählvorgangs ein Knacken zu hören. Bei der moderneren Tonwahltechnik hören Sie beim Wählen verschieden hohe Töne und das Wählen geht auch wesentlich schneller.

An dieser Stelle möchte ich die Einführung in die Konfiguration des Modems beenden. In vielen Fällen müssen Sie sich um die obigen Einstellungen nicht kümmern, da Windows automatisch die richtigen Vorgaben verwendet. Falls es mit der Inbetriebnahme des Modems nicht klappen sollte, bitten Sie ggf. einen Bekannten oder Fachhändler, das Gerät einzurichten.

Einrichten einer ISDN-Karte

Bei ISDN-Karten gibt es eine Reihe von Anbietern am Markt. Die Installation des Treibers und der Karte hängt häufig vom Anbieter ab und sollte in den zugehörigen Handbüchern beschrieben sein. Der Händler, der Ihnen die Karte einbaut, sollte auch die Installation übernehmen. Falls Sie die Installation nicht dem Fachhandel überlassen möchten, lesen Sie den folgenden Abschnitt. Dort skizziere ich kurz die Installation einer Fritz!CARD-ISDN-Karte der Firma AVM unter Windows 98.

1 Bauen Sie die Karte bei abgeschaltetem Rechner und gezogenem Stecker ein.

2 Schalten Sie den Rechner ein, lassen Sie Windows hochfahren und legen Sie die Hersteller-CD-ROM in das Laufwerk ein.

Bereits beim Windows-Start wird die ISDN-Karte erkannt. Dann startet der Assistent zur Treiberinstallation und führt Sie durch die einzelnen Schritte.

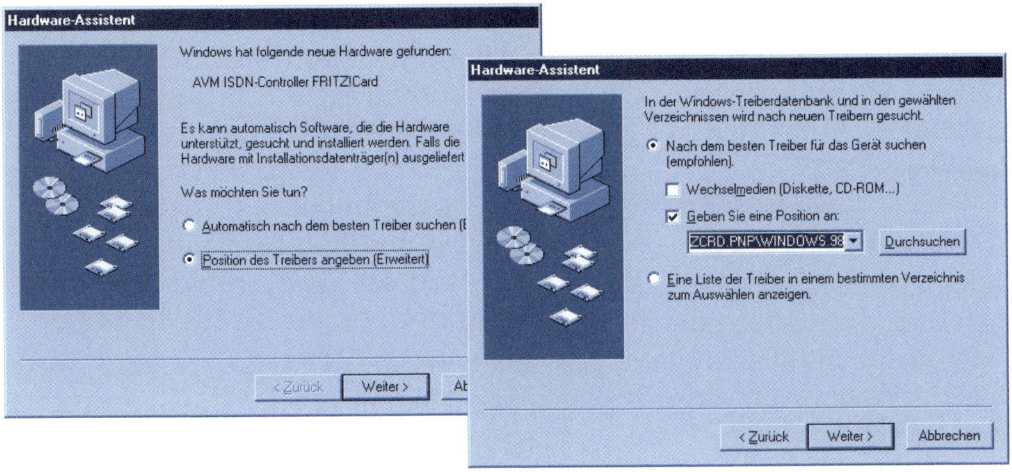

Über verschiedene Optionen können Sie die Position des Treibers auf der CD-ROM angeben. Die Schaltfläche *Weiter* führt Sie zum jeweils nächsten Dialogschritt.

Sie können diesen Installationsschritt aber auch abbrechen und das Setup-Programm von der CD des Herstellers verwenden.

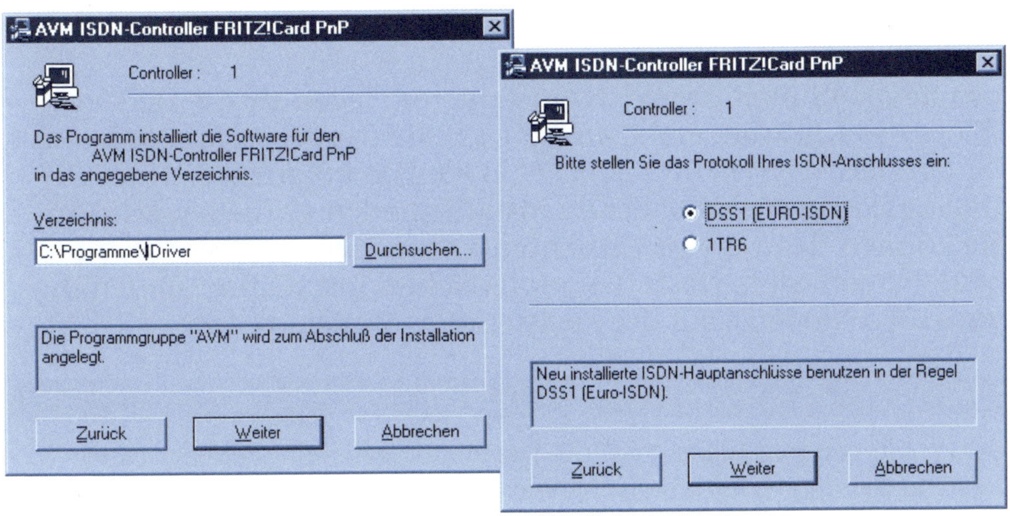

Im ersten Schritt müssen Sie das Installationsverzeichnis für die Treiber angeben bzw. bestätigen. Über die Schaltfläche *Weiter* gelangen Sie zum zweiten Dialogfeld, in dem Sie das Protokoll für den ISDN-Anschluss auf DSS1 (EURO-ISDN) setzen. Über die Schaltfläche *Weiter* wechseln Sie zu den Folgedialogen, in denen das Programm die Einstellungen des Adapters anzeigt. Sobald das Setup-Programm endet, ist die Installation abgeschlossen.

HINWEIS

Bei der Installation einer Komponente kann es erforderlich sein, das System einmal oder mehrmals neu zu starten. Die Installationssoftware gibt Ihnen in Dialogfeldern entsprechende Hinweise.

Leider reicht es nicht, den Treiber für die ISDN-Karte zu installieren. Sie benötigen vielmehr weitere Programme, die diese Karte wie ein Modem an die Anwendungen anbinden. AVM bietet hierzu zwei Varianten:

- AVM ISDN CAPI-Port-Treiber: Diesen Treiber stellt Windows für virtuelle Modems bereits, die sich durch Anwendungen nutzen lassen.
- AVM ISDN NDIS-WAN-Treiber: Es wird ein Netzwerktreiber für die Kommunikation installiert.

Um den CAPI-Port-Treiber zu installieren, legen Sie die Hersteller-CD in das Laufwerk ein. Dann starten Sie das Programm *Setup.exe* im Ordner *WINPORT\CAPIPORT.W98*. Das Programm öffnet ein Dialogfeld zur Auswahl der zu installierenden virtuellen Modems. Sie können dann die gewünschten Komponenten auswählen und installieren lassen. Nach der erfolgreichen Installation stehen die virtuellen Modems auf der Registerkarte *Modems* bereit.

HINWEIS

Bei Problemen konsultieren Sie die Installationsanleitung, die der Hersteller AVM mit den ISDN-Karten mitliefert. Oder Sie lassen sich die ISDN-Karte von einem Fachhändler einbauen und für den Internetzugang vorbereiten. Dann sparen Sie sich die obigen Schritte und ggf. viel Ärger.

Eine USB-Komponente einrichten

Wenn Sie ein USB-Modem unter Windows 98, Windows Millennium etc. einrichten möchten, gehen Sie in folgenden Schritten vor:

1. Legen Sie die CD-ROM des Herstellers mit dem Treiber in das Laufwerk ein.

2. Schließen Sie das USB-Gerät über die USB-Kabel an die USB-Eingänge des Rechners an (siehe oben).

Windows erkennt jetzt das Gerät und startet einen Assistenten, der Sie durch die Schritte zum Einrichten des USB-Gerätetreibers führt. Beantworten Sie ggf. die Fragen in den Dialogfeldern. Wird das Gerät nicht erkannt, starten Sie Windows einfach neu. Dann sollte der Assistent zum Einrichten der Hardware aufgerufen werden.

HINWEIS

Unter Windows 95 sollten Sie nach Möglichkeit keine USB-Geräte einsetzen, da diese durch das Betriebssystem noch kaum unterstützt werden und es häufig zu Problemen kommt. Werfen Sie auch einen Blick in das Installationshandbuch des USB-Geräts. Meist ist dort beschrieben, wie Sie es unter Windows 98 und nachfolgenden Versionen einrichten. Da der Ablauf der Installation vom Gerät abhängt, kann an dieser Stelle keine detaillierte Anweisung gegeben werden. Bitten Sie notfalls Bekannte oder einen Fachhändler, das Gerät zu installieren.

Den Internetzugang einrichten

Sobald die Hardware samt Treibern eingerichtet ist und die Verkabelung gemäß der obigen Beschreibung vorgenommen wurde, ist Ihr Computer internetfähig. Jetzt müssen Sie nur noch Windows beibringen, wie die Verbindung zum Internet hergestellt werden soll. Konkret bedeutet dies, Sie geben die anzuwählende Telefonnummer für den Internetzugang sowie das zu benutzende Modem an. Je nach Provider müssen einige zusätzliche Einstellungen vorgenommen werden.

Das Einrichten des Internetzugangs kann über mehrere Wege erfolgen. Wenn Sie mit Providern wie T-Online oder America Online (AOL) arbeiten, stellen Ihnen diese eine CD-ROM mit Zugangssoftware bereit. Dann brauchen Sie nur noch ein Installationsprogramm auszuführen, das alle erforderlichen Einstellungen vornimmt. Ähnliches gilt für Anbieter wie 12Move, Tiscali etc., deren CD-ROMs eine installierbare Version des Internetzugangs enthalten.

Leider habe ich an dieser Stelle ein Problem: Ich möchte möglichst vielen Anwendern, unabhängig vom gewählten Provider, den Weg ins Internet zeigen. Die Zugangssoftware von AOL und T-Online ist jedoch sehr speziell und wird daher in diesem Buch nicht beschrieben. Ähnliches gilt für die Installationsprogramme anderer Anbieter.

Daher habe ich einen anderen Weg gewählt, den ich seit mehreren Jahren recht erfolgreich selbst beschreite. Die Verbindungsdaten für den Internetzugang werden in Windows durch eine spezielle als **DFÜ-Netzwerk** (**DFÜ** steht für **D**aten**f**ern**ü**bertragung) bezeichnete Funktion verwaltet und gespeichert. Viele Anbieter wie T-Online nutzen mit ihrer Software dieses DFÜ-Netzwerk. Daher können Sie solche Verbindungsdaten auch manuell eintragen und anschließend mit Programmen wie dem Internet Explorer oder Outlook Express arbeiten. Dann sind Sie unabhängig vom Internetprogramm des Anbieters und können bei Bedarf leichter wechseln bzw. auch mehrere Anbieter gleichzeitig nutzen – gerade bei der in Kapitel 1 bereits erwähnten Internet-by-Call-Technik eine feine Sache. Nachfolgend zeige ich Ihnen anhand eines Beispiels, wie Sie einen Internetzugang selbst einrichten.

HINWEIS

Mit Windows wird auch ein Assistent für den Internetzugang ausgeliefert, der beim ersten Start des Internet Explorer bzw. Outlook Express aufgerufen wird. Dieses Programm schlägt Ihnen vor, einen Internetzugang samt E-Mail-Konten automatisch einzurichten. Leider ist das Angebot des Assistenten nach meiner Erfahrung ziemlicher Unsinn. Daher mein Tipp: Brechen Sie den Assistenten sofort ab, die betreffenden Schritte führen wir manuell durch – und vor allem erst, nachdem wir wissen, was gebraucht wird.

Den Ordner mit den DFÜ-Verbindungen öffnen

Das Einrichten einer Internetverbindung erfolgt in einem eigenen Ordnerfenster, dessen Name von der verwendeten Windows-Version abhängt. Daher müssen Sie zumindest wissen, wie sich der Ordner öffnen lässt und wie das Ding heißt.

- In **Windows XP** öffnen Sie das Startmenü (über die Schaltfläche *Start* der Taskleiste). Wählen Sie den Eintrag *Verbinden mit* und klicken Sie dann im Untermenü auf den Befehl *Alle Verbindungen anzeigen*. Windows öffnet dann das Ordnerfenster *Netzwerkverbindungen*, in dem die Gruppe *DFÜ* angezeigt wird. Fehlt der Eintrag *Verbinden mit* im Windows XP-Startmenü, wählen Sie im Startmenü den Befehl *Systemsteuerung*. Im Fenster der Systemsteuerung wählen Sie *Netzwerk- und Internetverbindungen* und dann den Befehl *Netzwerkverbindungen*.
- Bei **Windows 2000** öffnen Sie ebenfalls die Systemsteuerung über das Startmenü. Dann wählen Sie das Symbol *Netzwerk- und DFÜ-Verbindungen* im Ordnerfenster der Systemsteuerung per Doppelklick an. Im dann angezeigten Ordnerfenster lassen sich die Internetverbindungen definieren.

- Verwenden Sie **Windows Millennium**, klicken Sie in der Taskleiste auf die Schaltfläche *Start* und wählen im Startmenü den Eintrag *Einstellungen/DFÜ-Netzwerk*. Anschließend steht das Ordnerfenster *DFÜ-Netzwerk* zum Einrichten der Internetverbindung bereit.
- Bei **Windows 95** oder **Windows 98** öffnen Sie ein beliebiges Ordnerfenster (z.B. auf das Desktop-Symbol *Arbeitsplatz* doppelklicken). Klicken Sie in der Symbolleiste *Adresse* des Fensters auf die Schaltfläche mit dem Pfeil, um die Liste zu öffnen. Wählen Sie dann den Eintrag *DFÜ-Netzwerk* in der Liste der Laufwerke, um das gleichnamige Ordnerfenster zu öffnen.

Das Ordnerfenster enthält in allen Windows-Versionen die Symbole der vorhandenen Verbindungen. Wurden noch keine Verbindungen eingerichtet, sollten Sie zumindest das Symbol *Neue Verbindung erstellen* im Ordnerfenster sehen. Bei Windows XP ist das Symbol ganz klein in der linken Spalte *Netzwerkaufgaben* zu sehen.

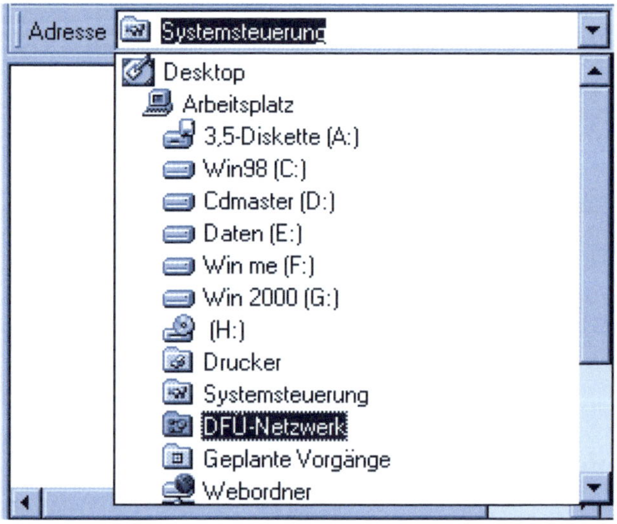

HINWEIS

Ein Eintrag im Ordnerfenster enthält alle Informationen, um eine Verbindung mit dem Internetrechner des Providers herzustellen. Zu diesen Informationen gehören die Telefonnummer zur Einwahl sowie Benutzerdaten wie Name und Kennwort. Ist eine solche Verbindung einmal eingerichtet, reicht ein Doppelklick auf das zugehörige Symbol, um die Internetverbindung herzustellen (siehe auch weiter unten).

Hilfe, bei mir fehlt das DFÜ-Netzwerk!

Konnten Sie die obigen Schritte nicht durchführen, weil bei Ihrem System der Eintrag *DFÜ-Netzwerk* nicht angezeigt wird? Nun, das **DFÜ-Netzwerk** ist in Windows 95 bzw. Windows 98 eine so genannte **optionale Windows-Komponente** und muss bei Ihnen nicht unbedingt installiert sein. Was Sie dann benötigen, ist die Windows-CD-ROM und ein bisschen Zeit.

1 Legen Sie die Windows-CD-ROM in das Laufwerk ein.

2 Wählen Sie im Windows Startmenü die Einträge *Einstellungen/Systemsteuerung*.

3 Doppelklicken Sie im Ordnerfenster *Systemsteuerung* auf das Symbol *Software*.

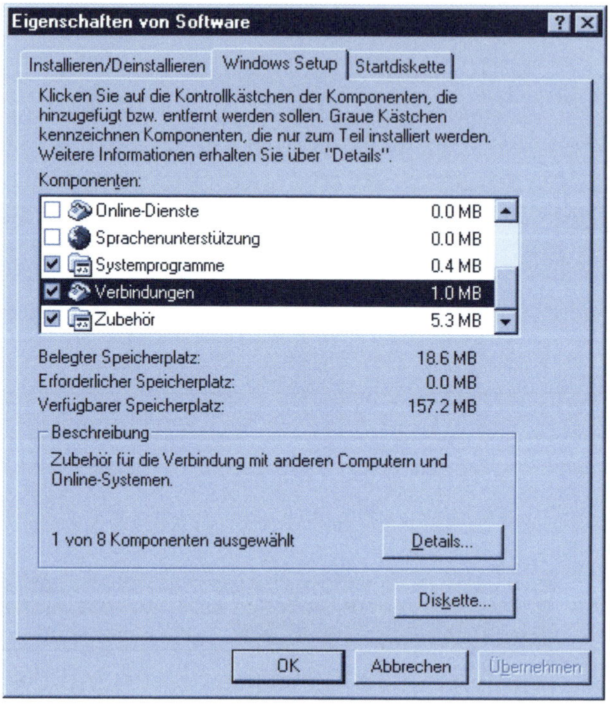

4 Wählen Sie auf der Registerkarte *Windows-Setup* den Eintrag *Verbindungen* mit einem Mausklick an.

5 Klicken Sie auf die Schaltfläche *Details* der gleichen Registerkarte.

Windows öffnet jetzt das Dialogfeld *Verbindungen*.

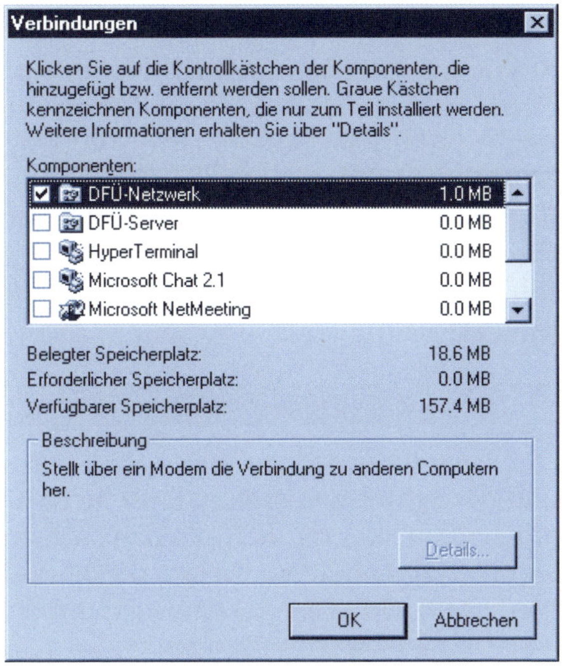

6 Klicken Sie auf das Kontrollkästchen *DFÜ-Netzwerk.* Das Kontrollkästchen muss mit einem Häkchen versehen sein.

7 Schließen Sie jetzt dieses Dialogfeld und dann die Registerkarte durch Anklicken von *OK*.

Windows kopiert dann die benötigten Funktionen des DFÜ-Netzwerks von der CD-ROM auf die Festplatte. Wenn Sie anschließend die obigen Schritte vornehmen, sollte der Ordner *DFÜ-Netzwerk* vorhanden sein.

Den Internetanbieter auswählen

Bevor wir jetzt konkret eine Internetverbindung im DFÜ-Netzwerk einrichten, müssen Sie sich für einen Provider entscheiden. Vielleicht haben Sie bereits einen Vertrag mit einem Provider wie T-Online, Telekom Austria, Swiss Bluewindow, CompuServe etc. Dann verwenden Sie die Einwahldaten dieses Providers. Grundsätzlich steht es Ihnen frei, welchen Provider Sie wählen. In Kapitel 1 habe ich Ihnen die verschiedenen Arten von Verträgen prinzipiell skizziert.

HINWEIS

Der Anbieter America Online (AOL) ist in Deutschland, Österreich und der Schweiz vertreten. Entscheiden Sie sich für diesen Anbieter, müssen Sie aber die AOL-Zugangssoftware zum Aufbau der Internetverbindung benutzen. Wegen dieser und weiterer Einschränkungen bleibt AOL daher in diesem Buch unberücksichtigt.

Wenn Sie Zeitungen und Werbung etwas genauer verfolgen, fallen Ihnen die betreffenden Offerten mit Sicherheit auf. Für den Einstieg empfiehlt sich zumindest in Deutschland das als Internet-by-Call bezeichnete Verfahren. Sie können in Ruhe einige Anbieter testen und im Internet schnuppern. Später lässt sich immer noch zu einem anderen Anbieter wechseln.

ACHTUNG

Bauernfängerei, Nepp und Betrügereien beim Internetzugang
Aus dem Internet herunterladbare oder von CDs installierbare, als **Dialer** bezeichnete, Programme richten Ihnen eine Standard-DFÜ-Verbindung zu einem Internet-by-Call-Anbieter ein – eigentlich eine schöne Sache! Viele CDs mit Zugangssoftware für das Internet nutzen diese Technik. Bevor Sie aber einen solchen Zugang installieren, sollten Sie sich die Tarife des Internetanbieters und das Kleingedruckte genau ansehen. Wechselnde Tag- und Nachttarife oder Einwahlgebühren erschweren den Kostenvergleich. Weiter unten stelle ich

Ihnen daher den kostenlosen **Dialer** SmartSurfer vor, der Licht in das Tarifdickicht bringt und eine komfortable Auswahl der Anbieter erlaubt. Dann behalten Sie die volle Kostenkontrolle über den Internetzugang.

Leider lässt sich die Technik dieser Dialer auch missbrauchen. Da bekommt man vielleicht eine E-Mail mit der Aufforderung, eine angehängte Datei zu öffnen. Befolgen Sie dies, wird heimlich ein Dialer installiert. Oder beim Surfen auf obskuren Webseiten wird der Download eines Dialers (z.B. zum Bezahlen von Seiten mit Sexangeboten oder zum Herunterladen von Programmen) angeboten. Oft reicht es schon, etwas auf der Seite anzuklicken, um das Herunterladen zu starten. Der fiese Trick dabei: Der Dialer wird automatisch installiert und zukünftig beim Aufruf einer Internetverbindung genutzt. Kriminell wird es, wenn solche Dialer heimlich alle zukünftigen Internetverbindungen über den sehr teuren Anbieter umleiten. Die Überraschung kommt dann mit der nächsten Telefonrechnung. Daher: Finger weg von solchen obskuren Seiten. Kontrollieren Sie ggf. den Ordner des DFÜ-Netzwerks auf unklare Einträge und löschen Sie diese sofort. Aus diesem Grund beschreibe ich nachfolgend eine Einstellung zur manuellen Herstellung der Verbindung, um solche Bauernfängereien von vornherein auszuschließen.

Den DFÜ-Eintrag einrichten

Auf den vorherigen Seiten habe ich Ihnen die Wege zum Internetzugang skizziert. Falls Sie eine CD mit Zugangssoftware eines Providers besitzen, legen Sie diese in das CD-Laufwerk des Computers ein und installieren den Zugang gemäß den Anweisungen dieser Software. Sie können den DFÜ-Eintrag aber auch manuell festlegen. Dies empfiehlt sich beispielweise für Internet-by-Call-Zugänge, die zum Schnuppern oder Testen erwünscht sind. Die einzelnen Schritte hängen etwas von der verwendeten Windows-Version ab. Nachfolgend möchte ich die Vorgehensweise unter

Windows XP und unter Windows 98 skizzieren. Bei anderen Windows-Versionen funktioniert es ähnlich.

1 Öffnen Sie das Ordnerfenster *DFÜ-Netzwerk* bzw. *Netzverbindungen* (siehe vorhergehende Seiten).

2 Wählen Sie im geöffneten Ordnerfenster das Symbol *Neue Verbindung erstellen*. In Windows XP befindet sich das Symbol in der linken Spalte *Netzwerkaufgaben*.

Windows-Versionen wird jetzt ein Assistent gestartet, der Sie während der Einrichtung einer solchen Verbindung begleitet und die benötigten Informationen in Dialogfeldern abfragt. Über die in den Dialogfeldern gezeigten Schaltflächen *Weiter* und *Zurück* können Sie zwischen den jeweiligen Dialogseiten blättern. Sobald eine Schaltfläche *Fertig stellen* erscheint, lässt sich der Assistent über diese Schaltfläche beenden, die Internetverbindung wird dann angelegt. Die Schaltfläche *Abbrechen* in den betreffenden Dialogfeldern erlaubt den Abbruch des Assistenten, ohne dass eine Internetverbindung angelegt wird.

So klappt's bei Windows XP

Bei Windows XP sind folgende Schritte auszuführen:

1 Klicken Sie im Willkommensdialog des Assistenten auf die Schaltfläche *Weiter*, um zum nächsten Dialogfeld zu kommen.

2 Markieren Sie im Folgedialog das Optionsfeld *Verbindung mit dem Internet herstellen* und betätigen Sie die Schaltfläche *Weiter*.

3 Im Folgedialog wählen Sie die Option *Verbindung manuell einrichten* und klicken auf die Schaltfläche *Weiter*.

4 Wählen Sie im nächsten Dialogschritt die Option *Verbindung mit einem DFÜ-Modem herstellen* (sofern Sie ein Modem oder eine ISDN-Karte besitzen) und bestätigen Sie die Schaltfläche *Weiter*.

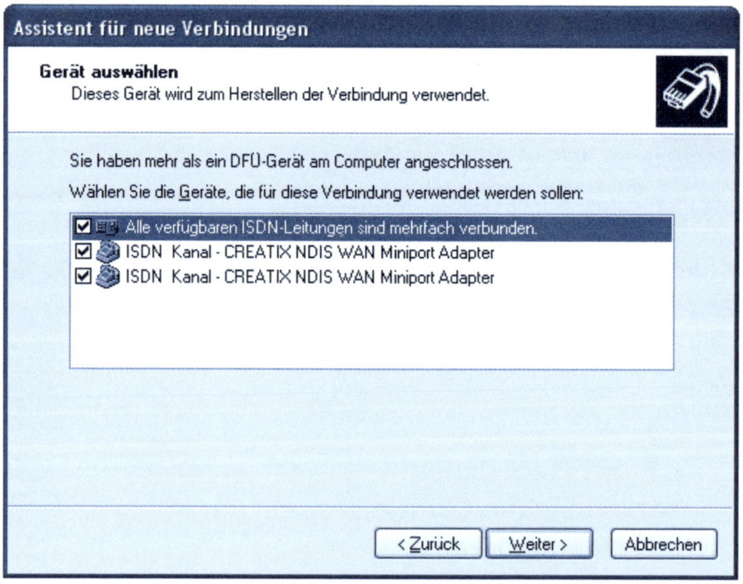

5 Im nächsten Dialogschritt zeigt der Assistent Ihnen die Liste der verfügbaren Geräte. Markieren Sie das Kontrollkästchen des Geräts (Modem oder ISDN-Verbindung), die für die Verbindung zu benutzen ist, indem Sie dieses per Maus anklicken. Im Kontrollkästchen muss ein Häkchen zu sehen sein. Bestätigen Sie die Schaltfläche *Weiter*.

6 Tragen Sie im Folgedialog einen Namen (z.B. *Internet*) für die Verbindung ein und klicken Sie auf die Schaltfläche *Weiter*.

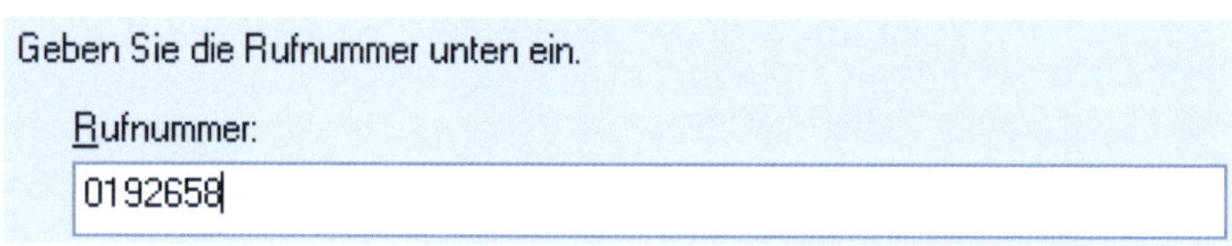

7 Geben Sie im dann erscheinenden Folgedialog die Rufnummer zur Verbindungsaufnahme ein. Beim Internetanbieter MSN ist dies 0192658. Klicken Sie auf die Schaltfläche *Weiter*.

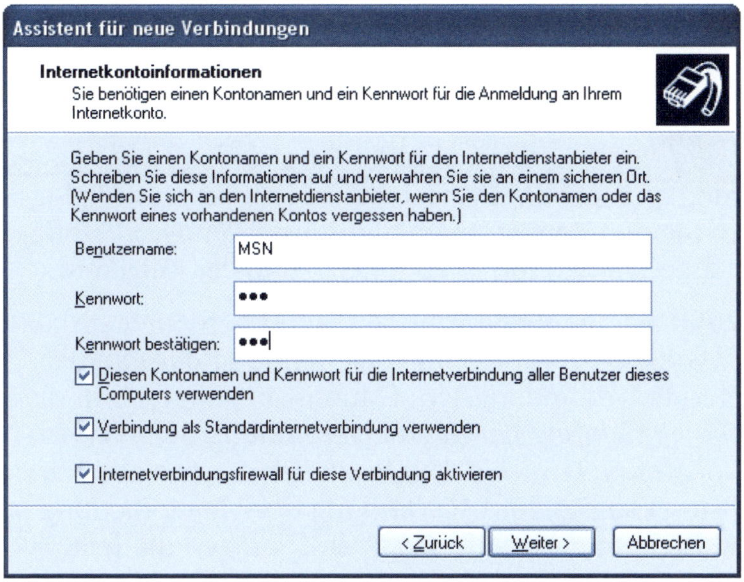

8 Tragen Sie im Folgedialog den Benutzernamen und das Kennwort ein (beim Anbieter MSN sind Benutzername und Kennwort *MSN*). Setzen Sie die Markierung der Kontrollkästchen wie hier gezeigt und klicken Sie auf die Schaltfläche *Weiter*.

9 Markieren Sie im letzten Dialogschritt das Kontrollkästchen *Verknüpfung auf dem Desktop hinzufügen* und bestätigen Sie die Schaltfläche *Fertig stellen*.

Wenn alles geklappt hat, sollte ein neues Verbindungssymbol im Ordnerfenster *Netzwerkverbindungen* und auf dem Desktop vorhanden sein.

HINWEIS

Falls Sie einen DSL-Zugang verwenden, wählen Sie in Schritt 4 die Option *Verbindung über eine Breitbandverbindung herstellen, die Benutzername und Kennwort erfordert.* Im Folgedialog ist ein Name für die Verbindung anzugeben. Danach geht es direkt zum Dialogschritt 8, in dem Sie den Benutzernamen und das Kennwort eintragen. Beide Angaben werden Ihnen vom DSL-Anbieter mitgeteilt.

Bei **Windows 2000** sind ähnliche Schritte vorgesehen. Im Startdialog klicken Sie auf *Weiter* und wählen im Folgedialog *In das Internet einwählen* als Internetverbindungstyp. Dann ist im Folgeschritt die Option *Manuelle Einrichtung der Internetverbindung oder Verbindung über ein lokales Netzwerk (LAN) herstellen* zu wählen. Markieren Sie im nächsten Dialogschritt *Verbindung über Telefonleitung und Modem.* Der Assistent fragt dann in weiteren Dialogen die Telefonnummer, den Benutzernamen und das Kennwort sowie den Verbindungsnamen ab. Die Frage, ob ein Internet-E-Mail-Konto einzurichten ist, beantworten Sie über das Optionsfeld *Nein.*

So geht's bei Windows 95, 98 und Millennium

In Windows 98 (und in Windows 95 bzw. Windows Millennium) sieht das Dialogfeld etwas anders aus. Sie gelangen nach dem Aufruf des Assistenten direkt in das Dialogfeld *Neue Verbindung erstellen,* in dem der Assistent die Verbindungsdaten abfragt.

1 Klicken Sie auf das Textfeld *Benutzerdefinierte Verbindung* und tippen Sie den gewünschten Namen für die Verbindung ein.

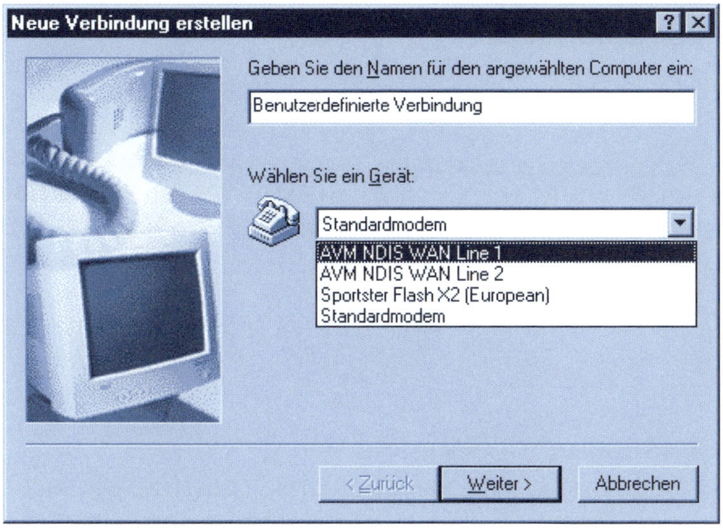

2 Klicken Sie auf den Pfeil neben dem Listenfeld *Wählen Sie ein Gerät* und wählen Sie das Gerät, mit dem die Verbindung zum Telefonnetz erfolgen soll, indem Sie per Maus auf den Namen klicken.

3 Klicken Sie auf die Schaltfläche *Weiter*, um zum nächsten Schritt zu gehen.

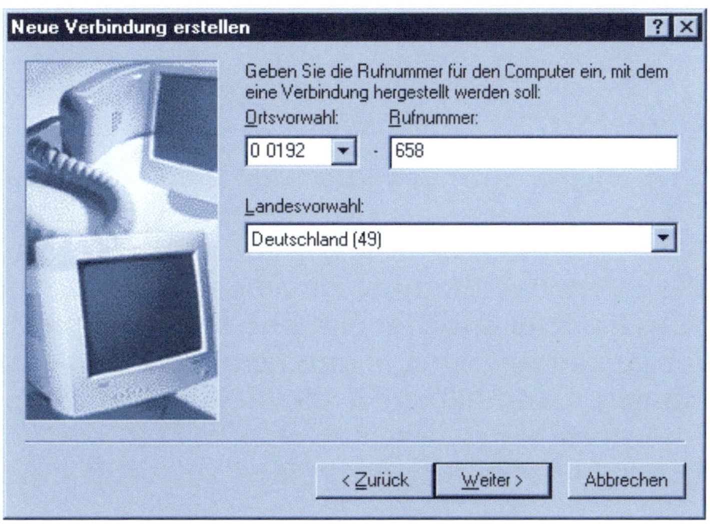

4 Geben Sie jetzt die Telefonnummer des Anbieters ein (bei MSN ist dies 0192658).

TIPP

Achten Sie darauf, dass die richtige Landesvorwahl eingestellt ist. Falls Sie eine Ziffer (z.B. 0) zur Amtholung benötigen, können Sie diese bei der Konfiguration des Modems (siehe oben) oder hier einfach eintragen.

5 Klicken Sie auf die Schaltfläche *Weiter*, um zum nächsten Schritt zu gelangen.

Der Assistent zeigt in einem Dialogfeld den gewählten Namen der Verbindung. Bei Bedarf können Sie über die Schaltfläche *Zurück* zu den vorhergehenden Dialogseiten zurückblättern und die Einstellungen korrigieren.

6 Klicken Sie auf die Schaltfläche *Fertig stellen*.

Der Assistent legt dann den gewünschten Eintrag im Ordner *DFÜ-Netzwerk* an.

Über diesen Eintrag können Sie später die Verbindung zum Internet auf- und auch wieder abbauen. Benutzername und Kennwort lassen sich beim ersten Aufruf im Dialogfeld zur Herstellung der Internetverbindung eingeben. Wenn Sie Internetzugänge für verschiedene Anbieter einrichten wollen, wiederholen Sie einfach die genannten Schritte und benennen diese mit unterschiedlichen Namen. Dann haben Sie die Möglichkeit, bei jeder Sitzung einen Internetanbieter gezielt zu wählen (z.B. weil andere Zugänge überlastet sind oder andere Anbieter günstiger sind).

Verknüpfung auf dem Desktop anlegen

Zum komfortablen Aufruf einer Internetverbindung sollten Sie entsprechende Verknüpfungssymbole auf dem Desktop einrichten. Je nach Windows-Version erzeugt der Assistent diese Verknüpfung automatisch. Alternativ können Sie diese Verknüpfung auch manuell erstellen, indem Sie das Ordnerfenster *Netzwerkverbindungen* bzw. des DFÜ-Netzwerks öffnen. Dann ziehen Sie das Symbol des gewünschten Internetzugangs bei gedrückter rechter Maustaste zum Desktop und wählen nach dem Loslassen der Maustaste im Kontextmenü den Befehl *Verknüpfung(en) hier erstellen.*

Windows legt anschließend ein Verknüpfungssymbol zu dieser DFÜ-Verbindung auf dem Desktop ab.

Um das Dialogfeld *Verbinden mit* zu öffnen und dann eine Internetverbindung aufzubauen, genügt künftig also ein Doppelklick auf das Desktopsymbol.

Verbindungseinstellungen kontrollieren

Gelegentlich kommt es vor, dass Sie die Verbindungseinstellungen kontrollieren müssen. Ein Zugangsanbieter hat Ihnen vielleicht mitgeteilt, dass spezielle Einstellungen erforderlich sind.

1 Klicken Sie im Ordnerfenster *Netzwerkverbindungen* bzw. *DFÜ-Netzwerk* mit der rechten Maustaste auf den neuen Eintrag für die Internetverbindung und wählen Sie im Kontextmenü den Befehl *Eigenschaften.*

2 Windows zeigt ein Eigenschaftenfenster mit verschiedenen Registerkarten, auf denen Sie die Optionen nach den Vorgaben des Anbieters setzen können.

Beachten Sie aber, dass Anzahl, Benennung und Aufbau der Registerkarten von der benutzten Windows-Version abhängen. Möchten Sie beispielsweise eine vergessene Online-**Verbindung automatisch** durch Windows **beenden** lassen? In Windows Millennium lässt sich auf der Registerkarte *Wählen* die Option *Trennen bei Leerlauf aktivieren* markieren und die Leerlaufzeit bis zum Trennen angeben. Bei Windows XP legen Sie die Leerlaufzeit dagegen über das Listenfeld *Leerlaufzeit, bei der aufgelegt wird* auf der Registerkarte *Optionen* fest. In Windows 98 klicken Sie die Schaltfläche *Konfigurieren* der Gruppe *Verbinden über* auf der Registerkarte *Allgemein* an. Im Eigenschaftenfenster des Modems ist dann die Leerlaufzeit auf der Registerkarte *Einstellungen* über die Option *Trennen nach Leerlaufzeit von xxx Minuten* zu setzen.

TIPP

Benötigen Sie Informationen zu einer Option auf einer Registerkarte? Dann klicken Sie zuerst in der rechten oberen Ecke auf die Schaltfläche mit dem Fragezeichen und dann auf die betreffende Option. Windows blendet eine QuickInfo mit Erläuterungen zur gewählten Option ein.

Automatische Verbindungsaufnahme verhindern

Mir ist es leider mehrfach passiert, dass mit den Windows-Standardeinstellungen (hängt etwas von der Windows-Version ab) ungewollt eine Verbindung zum Internet aufgebaut wurde – das war ärgerlich, da ich dies nicht immer sofort bemerkt habe. Möchten Sie dies verhindern?

1 Öffnen Sie das Ordnerfenster der Systemsteuerung (z.B. über das Startmenü) und wählen Sie den Eintrag *Internetoptionen* per Doppelklick an.

2 Windows zeigt ein Eigenschaftenfenster mit verschiedenen Registerkarten. Wählen Sie die Registerkarte *Verbindungen* und setzen Sie die Markierung auf das Optionsfeld *Keine Verbindung wählen.*

Wenn Sie anschließend die Registerkarte über die *OK*-Schaltfläche schließen, übernimmt Windows die neue Einstellung. Um anschließend ins Internet gehen zu können, müssen Sie die Verbindung wie nachfolgend gezeigt manuell auf- und wieder abbauen. Sollten Sie Dritten das Einrichten des Internetzugangs überlassen, bitten Sie diese, die betreffenden Einstellungen vorzunehmen.

Die Internetverbindung auf- und abbauen

Auf den vorhergehenden Seiten habe ich gezeigt, wie ein Eintrag mit den Daten für den Internetzugang im DFÜ-Netzwerk angelegt wird. Bevor Sie im Internet surfen oder E-Mails austauschen können, muss Ihr Computer online gehen, d.h., er stellt über die Telefonleitung eine Verbindung zum Internetrechner des Providers her. Hier zeige ich die Schritte, mit denen Sie die Onlineverbindung herstellen können.

HINWEIS

An dieser Stelle nochmals ein Hinweis an die »helfenden Hände«, die Ihnen vielleicht Ihren Internetzugang einrichten: Dieses Buch geht von einer kontrollierten Internetverbindung aus, die manuell auf- und wieder abgebaut wird (siehe vorherige Seiten). Dies verhindert die ungewollte Aktivierung des Zugangs im Hinblick auf zeitabhängige Tarife oder die ungewollte Benutzung eines anderen Providers!

Für die folgenden Schritte muss entweder das Fenster des DFÜ-Netzwerkordners geöffnet sein (siehe vorherige Abschnitte). Oder Sie richten wie oben beschrieben eine so genannte Verknüpfung des DFÜ-Eintrags auf dem Windows-Desktop ein.

1 Wählen Sie das DFÜ-Symbol per Doppelklick an.

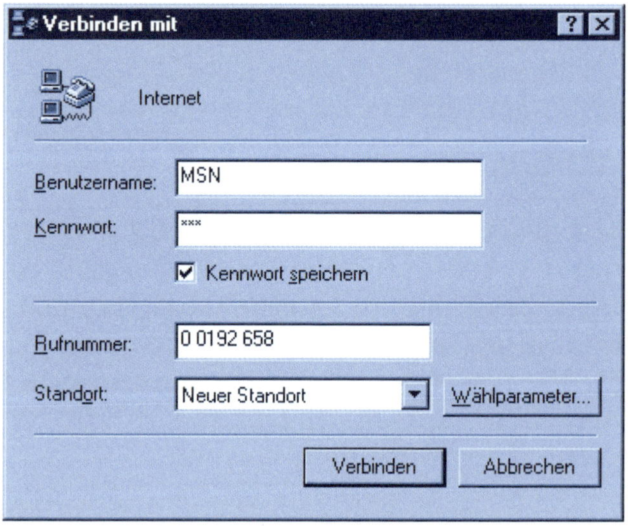

Auf dem Bildschirm erscheint das Dialogfeld zur Verbindungsaufnahme. Dessen Aussehen hängt von der verwendeten Windows-Version ab (hier sehen Sie den Windows 98-Dialog *Verbinden mit*).

Bei MSN und vielen Internet-by-Call-Anbietern ist die Abrechnung an Ihren Telefonanschluss gekoppelt. Daher werden allgemein gültige Namen und Kennwörter benutzt, die Sie beim ersten Aufruf des Dialogfelds in den betreffenden Feldern eintippen müssen.

2 Geben Sie bei Bedarf den Benutzernamen und das Kennwort im Dialogfeld *Verbinden mit* ein.

Für MSN ist der Benutzername *MSN* und das Kennwort *MSN* erforderlich. Markieren Sie das Kontrollkästchen *Kennwort speichern* (bzw. *Benutzernamen und Kennwort speichern für* in Windows XP). Windows merkt sich die Angaben und Sie sparen sich die erneute Eingabe beim nächsten Aufruf des Dialogfelds.

ACHTUNG

Hat Ihnen Ihr Internetanbieter ein persönliches Kennwort mitgeteilt, schützen Sie dieses wie die Geheimzahl Ihrer EC-Karte. Verraten Sie es niemandem und verzichten Sie auf die Markierung des Kontrollkästchens *Kennwort speichern*. Dies verhindert, dass Unbefugte das Kennwort auf Ihrer Festplatte ausspähen und den Zugang missbrauchen können. Sie tippen dann das persönliche Kennwort einfach vor der Verbindungsaufnahme im Dialogfeld ein.

TIPP

Bei einigen Windows-Versionen enthält das Dialogfeld *Verbinden mit* noch ein Kontrollkästchen *Automatisch verbinden*. Achten Sie darauf, dass dieses Kontrollkästchen nicht markiert ist. Dann wird beim Aufruf eines Internetprogramms nicht unbemerkt und ungewollt eine Verbindung zum Internet aufgebaut.

3 Klicken Sie auf die mit *Verbinden* (oder *Wählen* in Windows XP) bezeichnete Schaltfläche.

Jetzt wählt das Modem oder die ISDN-Karte die angegebene Rufnummer und stellt die Verbindung zum Internetrechner des Anbieters her.

Während der Einwahl sehen Sie in einem Statusfenster, was gerade passiert.

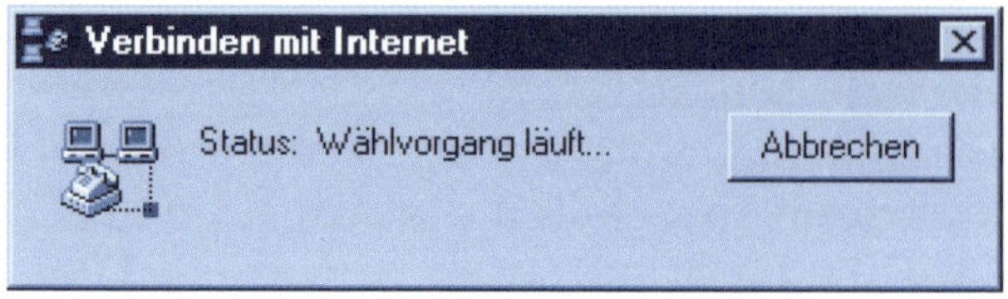

Der Computer wählt und prüft dann den Benutzernamen und das Kennwort. Sobald die Verbindung zum Internet steht, verschwindet das Dialogfeld.

Stattdessen erscheint in der rechten unteren Ecke im Statusbereich der Taskleiste (links neben der Uhrzeit) das Symbol von zwei stilisierten Computern.

Dieses Symbol zeigt Ihnen nicht nur an, dass Sie online sind. Werden Daten übertragen, flackern die »Bildschirme« dieser Computer etwas. Zeigen Sie per Maus auf das Symbol, blendet Windows in einer Quickinfo Hinweise zur Verbindung ein.

Verbindung beenden

Das Symbol besitzt aber noch einen ganz wichtigen Zweck – mit ihm können Sie die Internetverbindung beenden.

1 Doppelklicken Sie im Statusbereich der Taskleiste auf das Symbol der Internetverbindung.

Windows öffnet jetzt dieses Dialogfeld mit Informationen zur Geschwindigkeit der Verbindung, zum übertragenen Datenvolumen und zur Dauer der aktuellen Sitzung.

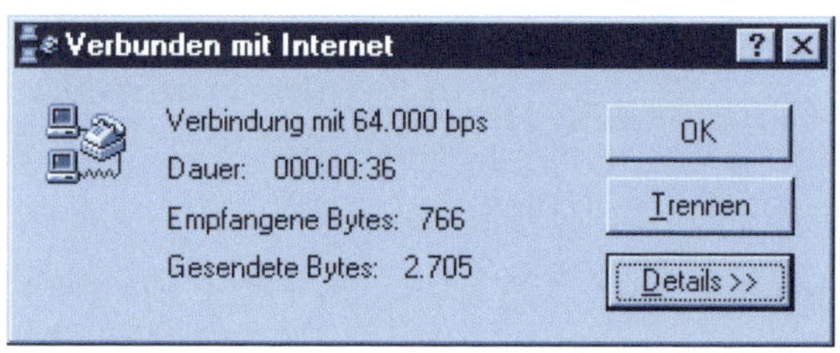

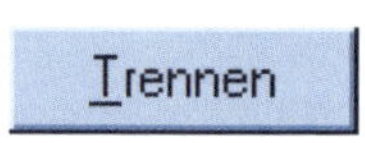

2 Klicken Sie auf die Schaltfläche *Trennen*.

Windows trennt die Internetverbindung, das Symbol im Statusbereich der Taskleiste verschwindet und Sie sind wieder offline. Von diesem Moment an fallen auch keine Telefongebühren mehr an.

HINWEIS

So lange Sie nicht mit einem Pauschalvertrag, sondern über einen zeitabhängigen Tarif ins Internet gehen, sollten Sie die hier beschriebenen Schritte nutzen, um die Verbindung planmäßig auf- und schnellstmöglich wieder abzubauen. In den folgenden Kapiteln lernen Sie noch, dass Sie E-Mail und Webseiten auch offline auf Ihrem Computer in Ruhe und ohne tickenden Gebührenzähler lesen können.

Mehr Komfort bei der Interneteinwahl

Es gibt verschiedene Internet-by-Call-Anbieter, die sich teilweise in den Tarifen, aber auch in der Auslastung der Zugänge unterscheiden. Hier wäre ein Programm wünschenswert, welches Ihnen die aktuellen Tarife möglicher Anbieter anzeigt und Ihnen die Auswahl überlässt. Dann können Sie von Fall zu Fall einen anderen Anbieter für die Internetsitzung wählen. Da im Internet (fast) alles möglich ist, gibt es ein solches Programm wirklich und das sogar kostenlos. Sie finden das **Programm SmartSurfer** auf der Webseite *www.web.de* des Anbieters WEB.DE. Laden Sie das Programm herunter – das dauert je nach Modem oder ISDN-Karte nur wenige Minuten.

HINWEIS

Wie Sie eine Webseite besuchen und etwas herunterladen, lernen Sie im nächsten Kapitel. Sie finden einen Verweis auf den SmartSurfer auf der Eingangsseite von WEB.DE unter *www.web.de*. Sobald Sie diesen Verweis anklicken, werden Sie zum entsprechenden Angebot geführt. Leser aus der Schweiz oder Österreich sollten aber bedenken, dass das Programm auf Internetzugänge in Deutschland zugeschnitten ist.

SmartSurfer installiert sich automatisch, sobald Sie die aus dem Internet heruntergeladene EXE-Datei per Doppelklick anwählen. Anschließend sehen Sie auf dem Desktop das SmartSurfer-Symbol.

Wählen Sie das betreffende Desktop-Symbol per Doppelklick an, führt Sie ein Assistent durch verschiedene Dialoge, in denen Sie die allgemeinen Geschäftsbedingungen von WEB.DE bestätigen und verschiedene Einstellungen wählen (z.B. das zu verwendende Modem). Ist das Programm eingerichtet, können Sie es zur Verbindungsaufnahme ins Internet nutzen. Hierzu gehen Sie folgendermaßen vor:

1 Wählen Sie das SmartSurfer-Desktop-Symbol per Doppelklick an.

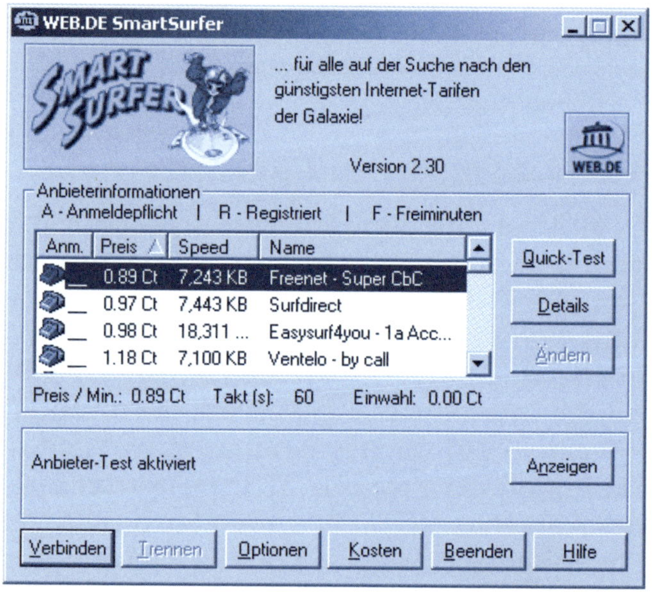

2 Wählen Sie im Dialogfeld *WEB.DE SmartSurfer* den gewünschten Anbieter über das Listenfeld mit den Anbieterinformationen.

Das Programm zeigt Ihnen den Verbindungspreis, den Takt sowie eine ggf. anfallende Einwahlgebühr. Über die Schaltfläche *Details* können Sie ein Fenster mit weiteren Details öffnen.

3 Klicken Sie auf die Schaltfläche *Verbinden*, um die Internetsitzung zu starten.

Das Programm aktiviert eine DFÜ-Verbindung und Sie sehen nach der Verbindungsaufnahme im Statusbereich der Taskleiste neben dem WEB.DE-SmartSurfer-Symbol auch das Symbol der DFÜ-Verbindung.

4 Die Verbindung beenden Sie, indem Sie auf das WEB.DE-SmartSurfer-Symbol doppelklicken und im Dialogfeld *WEB.DE SmartSurfer* auf die Schaltfläche *Trennen* klicken.

HINWEIS

WEB.DE SmartSurfer bietet weitere Funktionen.

Klicken Sie zum Beispiel im Fenster auf die Schaltfläche *Kosten*. Das Programm zeigt die Onlinekosten an, die bereits angefallen sind. Über die Schaltfläche *Details* wird eine Webseite mit einer detaillierteren Auflistung der Sitzungszeiten angezeigt. Sie sind also immer im Bilde, wie viel Ihr Ausflug ins Internet gekostet hat.

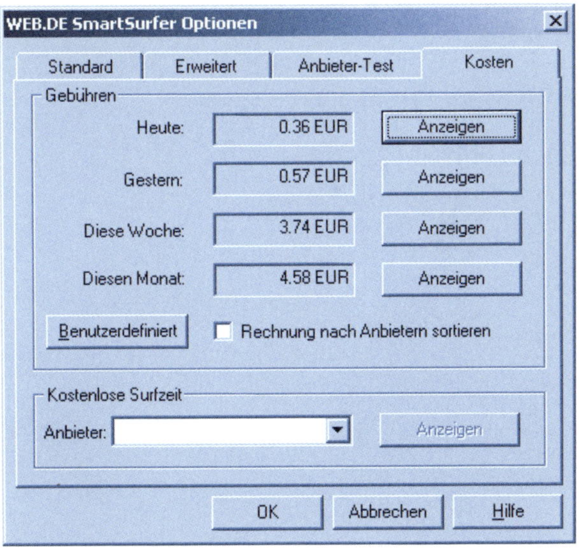

Weitere Details zu den Funktionen und zur Bedienung entnehmen Sie der Programmhilfe (einfach auf die Schaltfläche *Hilfe* klicken). Beachten Sie auch, dass es inzwischen neuere Versionen geben kann, die eine etwas andere Bedienung erfordern.

In diesem Kapitel haben Sie gelernt, wie Sie Modem oder ISDN-Karte an die Telefonanlage anschließen, die Geräte einrichten und eine Verbindung ins Internet aufbauen. Falls Sie sich mit dem Computer noch nicht so gut auskennen, werden Sie mit dem einen oder anderen Punkt sicherlich noch Schwierigkeiten haben. Da es sehr viele Gerätevarianten gibt, kann ich ihnen leider nicht alle Sachverhalte in der gewünschten Ausführlichkeit beschreiben. Lassen Sie sich ggf. von Bekannten oder von Fachfirmen helfen, wenn es um die Telefonverkabelung oder um den Einbau einer ISDN-Karte bzw. die Modeminstallation geht.

Die Schritte zum Einrichten eines Internetzugangs per DFÜ-Netzwerk sollten Sie mit einigen Windows-Kenntnissen nachvollziehen können und der Auf- und der Abbau einer Internetverbindung stellt normalerweise überhaupt kein Problem dar. Noch ein Trost: Sobald die Internetverbindung einmal funktioniert, brauchen Sie sich um Installation und Verkabelung keine Gedanken zu machen. Sie wählen das DFÜ-Verbindungssymbol per Doppelklick an und schon sind Sie im Internet. Auf den nächsten Seiten lernen Sie, wie Sie Seiten im World Wide Web abrufen können.

Ich bin drin – surfen im Internet

Vielleicht haben Sie ja mit Hilfe des vorhergehenden Kapitels den Internetzugang auf Ihrem PC erfolgreich eingerichtet oder er war auf Ihrem System bereits vorhanden. Vielleicht haben Sie sich aber auch entschieden, erst einmal ein Internet-Café zu besuchen, bevor Sie sich einen eigenen PC anschaffen? Auf jeden Fall sind Sie jetzt drin, im Internet – aber wie geht's weiter? Sicherlich haben Sie schon einmal gehört, wie jemand behauptet, er hätte im »Internet gesurft«. Das können Sie auch! Wie wäre es zum Einstieg mit einem Ausflug ins **World Wide Web** (auch als **WWW** oder **Web** abgekürzt)? Das Web ist eine riesige Sammlung von Webseiten mit Informationen zu allen möglichen Themen. In diesem Kapitel lernen Sie, wie Sie den Internet Explorer aufrufen und bedienen. Sie besuchen das erste Mal eine Webseite und erfahren, wie Sie an interessante Informationen aus dem World Wide Web gelangen.

Das lernen Sie in diesem Kapitel

3

- Websurfen – das erste Mal
- Auf dem Weg zum Profi
- Smarter surfen
- Den Internet Explorer anpassen

Websurfen – das erste Mal

Das Web ist für mich ein riesiger Informationspool mit Zugang vom eigenen »Wohnzimmer«, den ich fleißig seit vielen Jahren beruflich und gelegentlich auch privat nutze. Dabei stoße ich immer wieder auf interessante Dinge. Hier einige Kostproben meiner Interneterfahrungen: Beim Stöbern auf der Markt+Technik-Webseite geriet ich auf die Webseite eines Kollegen und stellte fest, dass er nur einen Kilometer entfernt – getrennt durch einen Berg – lebt. Seitdem tauschen wir uns immer mal wieder über gemeinsame Erfahrungen aus. Oder damals, im Kochkurs, wo eine Bratensoße mit Marsalla hergestellt wurde. Als »Ahnungsloser« unter Expert(inn)en traute ich mich nicht zu fragen, was Marsalla wohl sei. In Kochbüchern und im Supermarkt wurde ich nicht fündig. Also habe ich im Web gesucht und tolle Seiten über Marsalla-Wein aus Sizilien mit vielen Hintergrundinformationen gefunden – anschließend bin ich zum Italiener gepilgert und habe Nudeln sowie eine Flasche Marsalla-Wein zum Kochen gekauft. Die Soßen sind mittlerweile ein Gedicht – nun bin ich erneut auf der Suche im Web, aber diesmal nach den ultimativen Schlankheitstipps. Es ließen sich noch unzählige solcher kleiner Episoden erzählen. An trüben dunklen Wintertagen surfe ich im Web zu den entlegendsten Stränden, stöbere in Weinguides, Galerien, Musiksammlungen und virtuellen Bibliotheken. Im Web finden Sie »Gott und die Welt«. Das Abrufen der im Internet gespeicherten Webseiten ist mit dem Internet Explorer von Windows (oder anderen Browsern) ein Kinderspiel. Sie müssen nur online gehen und schon haben Sie Zugriff auf das Wissen der Welt. Aber jetzt erst einmal alles der Reihe nach und in kleinen Schritten.

Den Internet Explorer das erste Mal nutzen

Um **Webseiten abzurufen**, muss das Programm **Internet Explorer** (oder ein anderer Browser) unter Windows **geladen werden** (man bezeichnet dies auch als starten). Für den folgenden Schritt müssen Sie noch nicht online sein.

1 Doppelklicken Sie mit der Maus auf das Desktop-Symbol des Internet Explorer.

TIPP

Fehlt bei Ihnen das Symbol des Internet Explorer auf dem Desktop? Oft finden Sie am unteren linken Bildschirmrand ein ähnliches Symbol in der *Schnellstart*-Symbolleiste, das Sie per Mausklick anwählen. Oder Sie benutzen den Startmenü-Eintrag *Programme/Internet Explorer* (bzw. *Internet Explorer* im Windows XP-Startmenü).

Das Programm öffnet jetzt ein **Fenster zur Anzeige von Internetseiten**. Hier ist das Programmfenster noch leer (da ich das Programm entsprechend eingestellt habe).

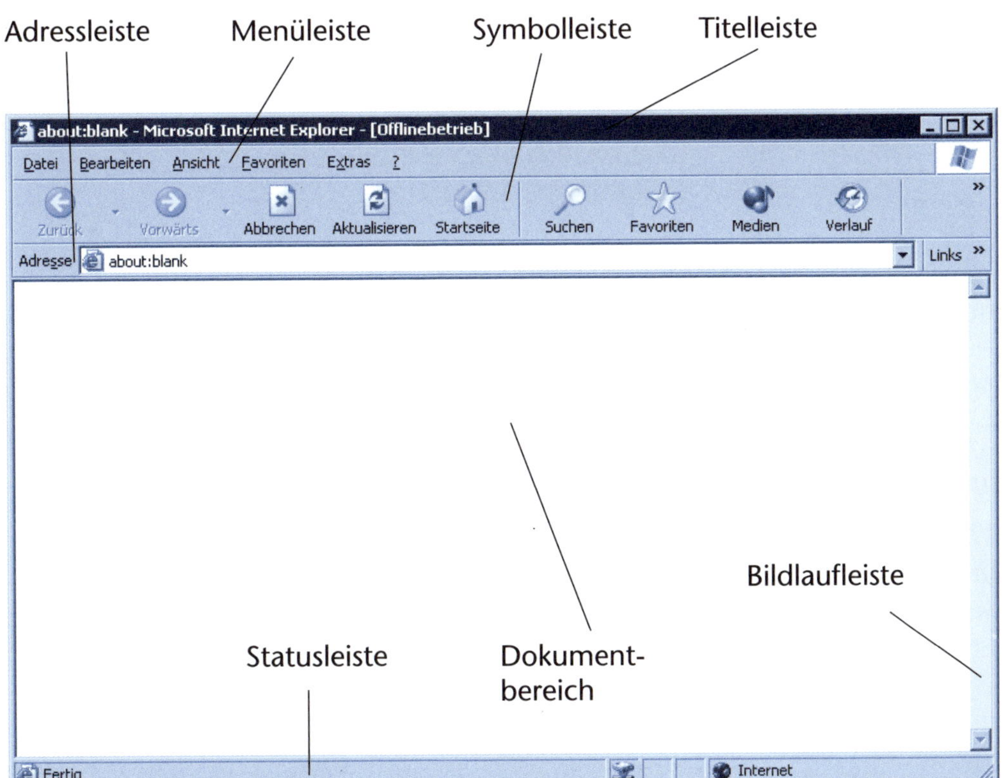

HINWEIS

Das Fenster des Internet Explorer kann bei Ihnen (je nach Windows-Version) etwas anders aussehen. Sind Sie bereits online und wird bei Ihnen nach dem Start des Programms automatisch eine Webseite im Fenster angezeigt? Oder öffnet der Internet Explorer ein Fenster und fragt, ob Sie online gehen möchten? Zeigt das Fenster eine Meldung, dass die Webseite nicht gefunden werden kann? All das hängt von den Programmeinstellungen an Ihrem PC ab. Wie Sie diese Programmeinstellungen anpassen können, erfahren Sie in Kapitel 2 und im Folgenden.

Möchten Sie das Fenster des Internet Explorer wieder schließen und das Programm beenden?

2 Klicken Sie einfach in der rechten oberen Ecke des Fensters auf die Schaltfläche *Schließen.*

Eine solche Schaltfläche, mit der Sie das Fenster ausblenden können, finden Sie auch in einigen Teilfenstern.

Hinweise zum Programmfenster

An dieser Stelle möchte ich allen Einsteigern noch einige Hinweise und Erklärungen zum Programmfenster geben.

- **Titelleiste:** Diese am oberen Fensterrand sichtbare Leiste zeigt Ihnen den Titel der geladenen Webseite an. Weiterhin erkennen Sie an einem eventuell eingeblendeten Text [Offlinebetrieb], dass das Programm keine Verbindung zum Internet hat – bereits besuchte Webseiten können teilweise auch noch aus einem Speicher von der Festplatte abgerufen und angezeigt werden.

- **Menüleiste:** Über die Einträge wie *Datei* und *Bearbeiten* können Sie Menüs öffnen und Befehle abrufen.
- **Symbolleiste:** Über die Schaltflächen dieser Leiste können Sie die wichtigsten Programmfunktionen direkt per Mausklick wählen.
- **Adressleiste:** Im Textfeld dieser Leiste tippen Sie die Adresse der anzuzeigenden Webseite ein.
- **Statusleiste:** In dieser Leiste zeigt Ihnen das Programm bestimmte Informationen an. Sie sehen beispielsweise, ob eine Seite gerade geladen wird oder ein Fehler aufgetreten ist.

Das **Dokumentfenster** zeigt den Inhalt der gerade geladenen Dokumentseite. Bei sehr langen Textseiten passt der Inhalt nicht mehr in das Fenster – Sie können dann mit den **Bildlaufleisten** am rechten und unteren Rand im Dokument blättern.

HINWEIS

Sehen bei Ihnen die Symbole in der Symbolleiste kleiner aus oder enthalten sie keinen Text? Das ist einstellbar und wird später besprochen. Es gibt auch verschiedene Versionen des Internet Explorer, die sich durch geringfügig andere Schaltflächen und Menübefehle unterscheiden. Dies braucht Sie aber nicht zu stören, die nachfolgenden Ausführungen befassen sich nur mit Funktionen, die in allen Versionen gleich sind.

Die erste Webseite besuchen

So, nun ist es aber an der Zeit, die erste Webseite im Web zu besuchen. Stellt sich noch die Frage, welche Webseite es denn sein soll? Viele Zeitschriften wie Focus oder Spiegel sind auch im Internet präsent. In meinen Senioren-Computerkursen besuche ich mit den Teilnehmern regelmäßig die Seiten des Spiegel-ONLINE. Diese sind sehr übersichtlich gestaltet und sollen nachfolgend für die ersten Schritte benutzt werden.

1 Starten Sie, falls noch nicht geschehen, den Internet Explorer wie oben beschrieben.

2 Stellen Sie bei Bedarf eine Onlineverbindung her (dies wurde in Kapitel 2 gezeigt).

3 Klicken Sie auf das Feld *Adresse* und tippen Sie *www.spiegel.de* in der Adressleiste des Internet Explorer ein.

4 Drücken Sie die [↵]-Taste.

Jetzt ruft der Browser die gewünschte Seite aus dem World Wide Web ab (der Browser ist das Programm, mit dessen Hilfe Sie im Web surfen). Wird die Seite gefunden, lädt er die Daten aus dem Internet und zeigt den Inhalt an. Dies kann einige Sekunden dauern. Hier sehen Sie die WWW-Startseite des Spiegel-ONLINE, die wir mit obiger Adresse angewählt haben. Die Seite zeigt die aktuellen Schlagzeilen und bietet in verschiedenen Rubriken wie »Politik«, »Wirtschaft« etc. weiterführende Informationen.

TIPP

Über die Bildlaufleiste können Sie in der Seite blättern. Ziehen Sie einfach den als **Bildlaufpfeil** bezeichneten viereckigen Schieber mit der Maus nach unten, um das Dokumentende anzusehen.

Nun stellt sich die Frage, wie sich einzelne Rubriken anwählen oder Beiträge abrufen lassen. Müssen wir etwas Neues in der Adressleiste eingeben? Gottlob nicht! Webseiten enthalten in der Regel Verweise zu den Folgedokumenten. Diese auch als **Hyperlinks** bezeichneten Verweise können Sie ganz leicht per Maus herausfinden und per Mausklick anwählen.

1 Positionieren Sie den Mauszeiger einmal auf eine der Schlagzeilen oder über ein angezeigtes Bild oder über eine der Rubriken in der linken Seite.

2 Positionieren Sie den Mauszeiger auf einen anderen Bereich der Seite mit normalem Text.

Sobald der Mauszeiger über eine solche Textstelle oder ein Bild (manchmal auch als Icon bezeichnet) geführt wird, passiert Folgendes:

Der Pfeil verschwindet und es erscheint das Symbol einer stilisierten Hand als Mauszeiger.

Gleichzeitig wird in der Statusleiste des Fensters die Adresse einer Webseite eingeblendet.

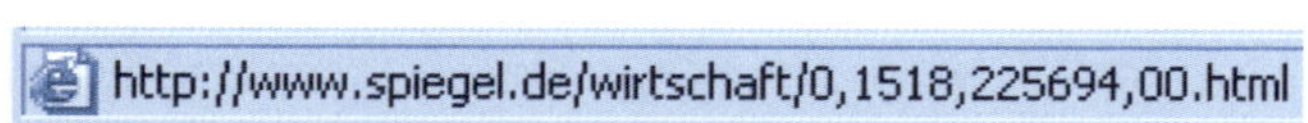

Manchmal wird auch noch (wie oben gezeigt) ein kleines Fenster mit einem Zusatzhinweis eingeblendet.

Bewegen Sie den Mauszeiger zu einer anderen Stelle im Dokument, verschwinden sowohl die Hand als auch die angezeigte Webadresse (und das ggf. eingeblendete Hinweisfenster). Sie werden in Webseiten häufig solche als Hyperlinks bezeichneten Stellen (Texte oder Grafiken) finden. In manchen Webseiten werden als Hyperlinks genutzte Textstellen blau und unterstrichen dargestellt. Aber dies muss nicht der Fall sein, wie Sie an den Seiten des Spiegel-ONLINE sehen.

FACHWORT

Ein **Hyperlink** zeichnet eine Dokumentstelle aus, die einen Verweis auf ein anderes Dokument im Web oder auf eine andere Stelle der aktuellen Seite enthält. Über einen Hyperlink lassen sich also weitere Dokumente abrufen. Sie können z.B. durch Anklicken mehrerer Hyperlinks sehr einfach unterschiedliche Webseiten abrufen. Da Sie sich quasi in den Seiten des World Wide Web »bewegen«, wird das manchmal auch als »**Surfen im Web**« bezeichnet.

Jetzt sollten Sie die erste Folgeseite abrufen. Ich demonstriere dies an der Seite des Spiegel-ONLINE. Sie können aber jede andere Webseite für diesen Zweck verwenden.

1 Suchen Sie auf der Webseite einen als Hyperlink ausgeführten Eintrag.

2 Sobald das Symbol der stilisierten Hand als Mauszeiger erscheint, klicken Sie mit der linken Maustaste auf die betreffende Stelle.

Im Fenster des Browsers wird dann die vom Hyperlink adressierte Folgeseite abgerufen und angezeigt. Verwenden Sie bei Bedarf die Bildlaufleiste, um zum Ende der Seite zu blättern und deren Inhalt zu lesen.

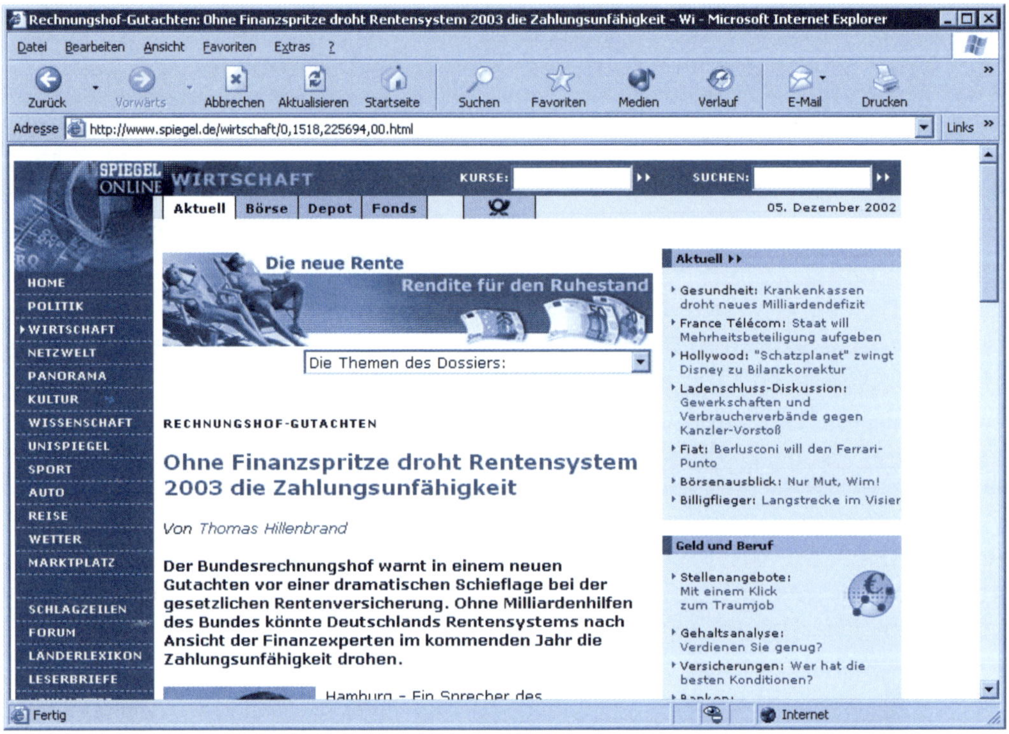

Existieren in dieser Seite Hyperlinks, können Sie diese auf die gleiche Weise anklicken, um zur jeweiligen Folgeseite zu gelangen. Sie müssen nur die Stellen finden, die als Hyperlinks fungieren. Die Verwandlung des Mauszeigers zum Symbol einer stilisierten Hand gibt Ihnen dabei einen Hinweis, dass Sie einen Hyperlink gefunden haben. Dann reicht ein Mausklick zum Abrufen der Seiten. Das ist doch echt einfach, oder nicht?

Hilfe, wie komme ich wieder zurück?

Haben Sie die Startseite des Spiegel-ONLINE besucht und vielleicht eine oder mehrere Folgeseiten abgerufen? In einem Buch könnten Sie leicht einige Seiten zurückblättern, etwas nachlesen und dann wieder weiterblättern. Aber wie ist das bei Webseiten? Müssen Sie jetzt erneut die Adresse der Startseite (z.B. *www.spiegel.de*) eintippen? Nein, denn der **Browser** »denkt« glücklicherweise mit und **zeichnet** die **Adressen der** von Ihnen **besuchten Webseiten** automatisch **auf**.

1 Zeigen Sie mit dem Mauszeiger auf die Schaltfläche *Zurück*.

Beim Zeigen auf die Schaltfläche *Zurück* erscheint ein kleines Fenster, in dem der **Titel der vorher besuchten Seite** eingeblendet wird.

2 Klicken Sie auf die Schaltfläche *Zurück*.

Der Browser wechselt einfach **zur zuletzt besuchten Seite zurück**. Wiederholen Sie diesen Schritt, geht es noch eine Seite zurück. Auf diese Weise lässt sich bis zur »Einstiegsseite« zurückblättern. Beim Erreichen dieser Startseite wird die Schaltfläche *Zurück* gesperrt. Sie erkennen dies daran, dass die Farbe im Symbol der Schaltfläche verschwindet und alles nur noch grau angezeigt wird.

Möchten Sie nach dem Zurückblättern wieder eine oder mehrere **Seiten vorwärts blättern**?

Sie ahnen es wahrscheinlich schon, die Schaltfläche *Vorwärts* bringt Sie zur nächsten Seite.

TIPP

Sie können eine **besuchte Seite** auch **direkt auswählen**. Klicken Sie auf den Pfeil neben der Schaltfläche, öffnet sich ein Menü mit den Titeln der zuletzt besuchten Seiten. Klicken Sie auf einen der Befehle im Menü, um die gewünschte Seite über den Titel abzurufen.

Einfacher kann man es fast nicht mehr haben. Mit den beiden Schaltflächen *Vorwärts* und *Zurück* lässt sich zwischen den bereits während der aktuellen Internetsitzung besuchten Seiten blättern. Wenn Sie den Internet Explorer beenden, vergisst das Programm diese Einstellungen aber. Beim nächsten Start sind die Schaltflächen daher erst mal gesperrt.

Noch ein paar Tipps

Unabhängig vom Inhalt stellt Spiegel-ONLINE für mich ein schönes Beispiel für einen gelungenen Webauftritt dar. Die Seiten sind übersichtlich gestaltet und die relevanten Informationen leicht zu finden. Die Beiträge sind meist durch Überschriften und waagerechte Linien voneinander getrennt. Auf der Hauptseite sehen Sie lediglich einen kurzen Übersichtstext. Zeigen Sie auf die Überschrift eines Beitrags oder auf weitere hervorgehobene Zeilen, verwandelt sich der Mauszeiger vom Pfeil in die Hand. Es liegt also ein Hyperlink vor, der Sie zum Beitrag führt.

Zur Navigation in den einzelnen Rubriken können Sie auch die Leiste mit den Rubriken am linken Seitenrand verwenden. Ein Klick, und Sie sind bei Politik, Wirtschaft, Kultur, Sport, Reise oder was Sie sonst interessiert. Die aktuell gewählte Rubrik erkennen Sie übrigens an kleinen Dreiecken, die vor dem betreffenden Rubriktitel angezeigt werden.

Ist Ihnen schon aufgefallen, dass die Leiste am linken Rand für jede Rubrik in einer anderen Farbe und mit anderem Hintergrund dargestellt wird? Besuchen Sie die Seite öfter, erkennen Sie allein an der Farbe, in welcher Rubrik Sie sich befinden. Eine durchdachte Lösung – es macht für meinen Geschmack ganz einfach Spaß, dieses Webangebot zu besuchen. Vielleicht versuchen Sie einmal, die aktuellen Inhalte des Spiegel-ONLINE im Internet Explorer abzurufen und die Rubriken »Politik« und »Reise« abzurufen. Interessieren Sie sich für Aktien oder Wirtschaft allgemein? Die Rubrik »Wirtschaft« bringt Ihnen tagesaktuelle Meldungen aus dieser Sparte. Beiträge, die mit einem Eurozeichen (€) markiert sind, kennzeichnen allerdings kostenpflichtige Inhalte. Die Beiträge lassen sich nur abrufen, wenn Sie die betreffenden Zahlungen (z.B. über Kreditkarte) leisten. Aber die Spiegel-ONLINE-Seite sollte zum Üben noch genügend freie Beiträge aufweisen.

HINWEIS

Hat das Klicken mit der Maus und das Wechseln zwischen den Webseiten geklappt? Prima, Sie sind bereits fit für das »Surfen im Web«. Gibt es noch kleine Probleme mit dem Abrufen der Seiten oder dem Wechseln zwischen Seiten? Keine Bange, wir wiederholen im Buch die grundlegenden Schritte immer wieder, und mit der Zeit lernen Sie dann schon den Umgang mit dem Web. Übung macht ja bekanntlich den Meister, und nach wenigen Tagen denken Sie über vieles vermutlich gar nicht mehr nach. Auch ich bin mal vor Jahren ziemlich »vorsichtig« in den ersten Webseiten gesurft. Heute beherrsche ich die Kniffe fast im Schlaf.

TIPP

Mein Kostenspartipp für Vielsurfer

Solange Sie noch zum Kreis der Internetnutzer mit zeitabhängiger Verbindung gehören, sollten Sie ein Auge auf die Kosten haben. Eigentlich müssen Sie ja den Inhalt der einzelnen Beiträge auch nicht online lesen. Weiter unten zeige ich Ihnen, wie Sie bereits besuchte Seiten später offline ansehen können. Dummerweise funktioniert das aber nicht bei allen Seiten. Manche Seiten sind so gestaltet, dass Sie nichts sehen, solange keine Onlineverbindung besteht. Sie müssen sich an dieser Stelle aber nicht ärgern, ein kleiner Trick schafft Abhilfe. Gehen Sie zum Beispiel zur Hauptseite von Spiegel Online. Wählen Sie sich eine Rubrik aus und suchen Sie dann in der Übersicht nach Beiträgen, die Sie interessieren.

Haben Sie einen Beitrag gefunden, benutzen Sie nicht wie gewohnt die linke, sondern die rechte Maustaste zum Klicken auf den Hyperlink.

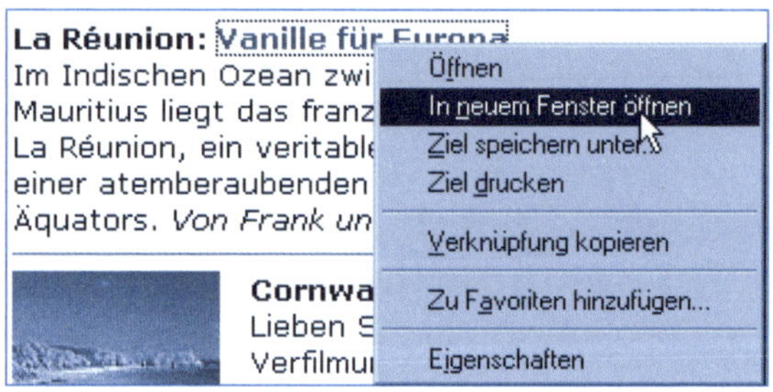

Der Internet Explorer zeigt Ihnen dann ein so genanntes Kontextmenü mit Befehlen an. Klicken Sie jetzt mit der linken Maustaste auf den Befehl *In neuem Fenster öffnen*.

Die Seite mit dem angewählten Beitrag erscheint in einem neuen Fenster. Am unteren Rand des Windows-Desktops werden in der so genannten Taskleiste für jedes Fenster kleine Symbole als Schaltflächen eingeblendet. Klicken Sie auf eine solche Schaltfläche, holt Windows das entsprechende Fenster in den Vordergrund.

Minimieren Sie das Fenster mit dem gerade geöffneten Beitrag und wechseln Sie zum Fenster mit der Übersicht zurück. Anschließend rufen Sie ggf. andere Beiträge auf die gleiche Weise in weiteren Fenstern ab. Das geht recht schnell. Sind Sie fertig, unterbrechen Sie einfach die Internetverbindung (wie in Kapitel 2 gezeigt). Anschließend können Sie die noch geöffneten Fenster per Maus anwählen und die darin enthaltenen Beiträge in Ruhe lesen. Benötigen Sie den Beitrag nicht mehr, schließen Sie das Fenster.

Hier geht's zu Ihrem persönlichen Zeitungskiosk

Na wie sieht's aus? Feuer gefangen und neugierig auf mehr Webseiten geworden? Wie wäre es mit Ihrem ganz persönlichen Zeitungskiosk? Den Sie auch in Hausschuhen besuchen dürfen und der zu jeder Tages- und Nachtzeit geöffnet hat? Klingt fast zu schön, um wahr zu sein. Natürlich bekommen Sie im Web (noch) keine kostenlose Tageszeitung mit vollem Inhalt. Das obige Beispiel des Spiegel Online zeigt aber, dass die betreffenden Angebote recht interessant sind. Holen Sie sich doch einfach die Zeitschriften dieser Welt ins Wohnzimmer. Ich bin immer wieder platt, was es alles im Netz gibt. Letztendlich scheitere ich an der fehlenden Zeit und meinen mangelnden Fremdsprachenkenntnissen (in Französisch, Italienisch etc.). Aber das muss bei Ihnen ja nicht so sein. Die folgende Tabelle enthält noch einige Adressen zum Schnuppern.

Adresse	Startseite von
www.welt.de	Die Welt
www.faz.de	Frankfurter Allgemeine
www.handelsblatt.com	Handelsblatt
www.zeit.de	Die Zeit
www.times.com	The New York Times
www.figaro.fr	Le Figaro
www.lastampa.it	La Stampa
www.nzz.ch	Neue Züricher Zeitung
www.wienerzeitung.at	Wiener Zeitung
www.capital.de	Capital
www.focus.de	Focus
www.bild.de	Bild
www.tvtoday.de	TV Today
www.bunte.de	Die Bunte
tv.web.de	Fernseh-Programmübersicht

Ich habe einmal versuchsweise einige mir bekannte Zeitschriftennamen als Webadressen eingetippt. Bingo, bei den meisten Namen wurde ich mit einer gleichlautenden Webseite fündig. Haben Sie Lust noch weiterzumachen? Dann sehen Sie sich die eine oder andere dieser Startseiten an. Sie können ja auch einmal versuchen, den Namen einer Ihnen bekannten Zeitung als Webadresse einzutippen. Wie eine solche Adresse aufgebaut ist, wird nachfolgend beschrieben.

ACHTUNG

Wenn Sie nicht mehr im Internet »surfen« möchten, sollten Sie die Onlineverbindung trennen – dies entspricht dem Auflegen des Hörers nach einem Telefonat. Sonst fallen (bei zeitabhängigen Tarifen) weiterhin Gebühren für den Onlinezugriff an. Sie erkennen eine bestehende Onlineverbindung an diesem Symbol, das rechts unten in der Bildschirmecke im Statusbereich der Taskleiste neben der Uhrzeitanzeige erscheint. Manchmal verschwindet das Symbol bereits, wenn Sie das Fenster des Internet Explorer schließen. Andernfalls doppelklicken Sie auf das Symbol und wählen dann im geöffneten Dialogfeld *Verbunden mit xxx* die Schaltfläche *Trennen* (siehe auch das vorhergehende Kapitel). Spätestens jetzt wird die Onlineverbindung getrennt und das Symbol verschwindet.

Auf dem Weg zum Profi

Sie sehen, das Surfen im Web ist eigentlich ein Kinderspiel und Sie sind jetzt schon bereit für weitere Ausflüge ins World Wide Web. Das schwierigste an der ganzen Sache ist, die richtige Adresse für die Startseite zu kennen. Einige Webadressen finden Sie in diesem Buch, andere werden in Zeitschriften abgedruckt. Sie können auch gezielt nach bestimmten Themen suchen lassen (dazu später mehr). Hilfreich ist es in jedem Fall, wenn Sie wissen, wie Webadressen aufgebaut sind. Oder Sie sollten die kleinen Tricks kennen, wenn etwas mal nicht wie erwartet klappt. Dies möchte ich Ihnen in diesem Abschnitt zeigen.

HINWEIS

Falls Ihnen der eine oder andere Aspekt noch unklar bleibt, kein Grund zur Sorge. Lesen Sie ggf. die nächsten Abschnitte oder rufen Sie einfach erst einmal interessante Webseiten ab. Internet soll ja Freude machen und Erfolgserlebnisse vermitteln. Wenn Sie später auf ein Problem stoßen oder etwas genauer wissen möchten, ist immer noch Zeit, an dieser Stelle nochmals nachzulesen. Niemand muss sofort alles wissen oder können. Es ist noch kein Meister vom Himmel gefallen!

Webadressen verstehen

Um eine bestimmte Webseite aus dem World Wide Web abzurufen und im Fenster anzuzeigen, müssen Sie dem Browser die betreffende Adresse (auch als **URL**, die Abkürzung für »Uniform Resource Locator«, bezeichnet) mitteilen. Dokumente werden im World Wide Web an eindeutig festgelegten Adressen abgelegt. Ähnlich wie es Länder, Städte und Straßen gibt, ist das **WWW** auch in **Zonen** (als **Domänen** oder **Domains** bezeichnet) unterteilt. Eine Adresse im World Wide Web spiegelt dies wider und sie besteht wie Ihre eigene Adresse aus verschiedenen Teilen. Eine Webadresse sieht in der einfachsten Form so aus:

Die Kennung am Ende gibt einen Hinweis auf die Hauptzone, auch als **Top-Level-Domain** bezeichnet. Manchmal kann man an diesem Teil der Adresse erkennen, zu welchem Land die Adresse gehört oder wer die zugehörigen Seiten betreibt (*.com* steht für Unternehmen, *.org* für Organisationen, *.net* für Netzwerk, *.de* für Deutschland, *.ch* für die Schweiz, *.at* für Österreich etc.). Vor dieser Kennung steht ein eindeutiger Name (als **Sub-Domain** bezeichnet)

wie *zdf, spiegel, borncity* etc., der den Besitzer angibt. Dieser Name muss registriert werden, da er in der Zone eindeutig sein muss (es darf keine zwei Webadressen geben, die beide zum Beispiel auf *spiegel.de* lauten). Die Zeichenfolge *www* signalisiert noch, dass es sich um den »Haupteingang« zu dieser Webadresse handelt. Manche Firmen bieten noch so etwas wie »Seiteneingänge« (**Sub-Sub-Domains**) an, die direkt zu bestimmten Themen führen (z.B. leitet Sie *tv.web.de* zum TV-Programm, während *www.web.de* das Hauptangebot abruft). Die obige Webadresse gibt beispielsweise die Startseite (auch als **Homepage**, sprich »houmpäitsch« bezeichnet) des Autors im Internet an. Mit *www.mut.de* erreichen Sie den Markt+Technik-Verlag und so weiter.

An diese Adresse können sich noch weitere Angaben anschließen (z.B. *www.borncity.de/WSHBazaar/Info.htm*), wenn nicht die Hauptseite, sondern ein (Unter-)Dokument direkt abgerufen werden soll.

TIPP

Manchmal werden bei Webadressen die Zeichen *http://* vorangestellt. Dieses Kürzel sagt nur, wie eine Webseite aus dem WWW abzurufen ist. Sie müssen es nicht verwenden, da der Internet Explorer diese Information automatisch ergänzt.

FACHWORT

Die in einer Webadresse angegebene Stelle, an der Webseiten abgerufen werden können, wird manchmal auch als **Website** bezeichnet. Site ist der englische Begriff für Gelände. Die Site stellt also so etwas das Firmengelände mit der Internetpräsenz eines Unternehmens oder einer Person dar.

Kleine Pannenhilfen

Konnten Sie die obigen Schritte durchführen? Dann haben Sie bereits die wichtigste Hürde genommen. Jetzt können Sie sich auf die Kür vorbereiten. Einfacher wird dies, wenn Sie einige kleine

Tipps befolgen. Auch wenn es noch Probleme gibt, helfen Ihnen die folgenden Angaben vielleicht weiter.

Wird die **Internetseite nicht gefunden**?

- Überprüfen Sie, ob Sie die angegebene Adresse richtig eingetippt haben. Computer erwarten exakte Angaben und mögen keine zusätzlichen Punkte, Kommas oder Leerzeichen in der Adresse.
- Achten Sie auch darauf, dass Ordnernamen in der Adresse durch einen Schrägstrich, den so genannten Slash, / (z.B. *www.zdf.de/programm*), getrennt werden. Für das Zeichen / drücken Sie gleichzeitig die Tasten ⇧ und 7.
- Auch die Groß- und Kleinschreibung kann wichtig sein. Der Domainname wie *www.zdf.de* wird zwar unabhängig von der Groß- und Kleinschreibweise erkannt, dies gilt jedoch nicht immer für die Ordnernamen, die eventuell hinter dieser Adresse folgen (z.B. *www.zdf.de/programm* oder *www.zdf.de/Programm*).
- Prüfen Sie, ob Sie wirklich online sind. Manchmal bricht eine Verbindung über das Telefonnetz zusammen. In diesem Fall verschwindet das kleine Symbol in der rechten unteren Bildschirmecke.

- Auch der Internet Explorer selbst kann offline geschaltet sein. Sie erkennen dies an der Anzeige [Offlinebetrieb] in der Titelleiste. Klicken Sie in der Menüleiste auf *Datei*. Ist im Menü der Befehl *Offline* mit einem Häkchen versehen, klicken Sie den Befehl mit der Maus an. Das Häkchen verschwindet und der Internet Explorer wechselt in den Onlinemodus.

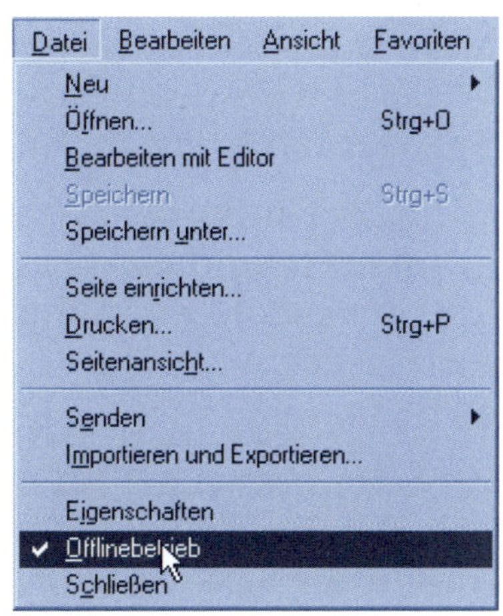

Oft sind es nur Kleinigkeiten, die aber eine große Wirkung haben. Und keine Sorge, in den meisten Fällen geht alles glatt und mit etwas Übung werden Sie immer sicherer.

Haben Sie alles richtig gemacht und es funktioniert trotzdem nicht? Das World Wide Web ist sehr dynamisch, täglich kommen **Seiten** neu hinzu oder **verschwinden** sang- und klanglos. Im dümmsten Fall gibt es die Seiten nicht mehr oder deren Besitzer **ist** einfach **im Internet umgezogen**, ohne eine neue Adresse zu hinterlassen.

Dauert es manchmal sehr lange, **bis** die **Seite** auf dem Bildschirm **erscheint**?

- Bedenken Sie bitte, dass der Browser den Inhalt vielleicht vom anderen Ende der Welt anfordern muss. Enthält eine Seite viele Bilder, erfordert das Laden schon mal eine Minute und länger. Leider protzen viele Entwickler von Webseiten immer noch mit vielen Bildern, auch um von dem oft eher bescheidenen inhaltlichen Angebot abzulenken. Lassen Sie solche Seiten dann lieber links liegen.
- Auch die Auslastung der Rechner im Internet spielt eine Rolle. Wenn viele Leute gleichzeitig surfen, kommt es zum »**Stau im Internet**«. Dann müssen Sie sich entweder sich in Geduld üben oder besser zu einem späteren Zeitpunkt erneut die »Auffahrt zur Datenautobahn« nehmen.
- Manchmal fällt auch schon mal ein Rechner aus, auf dem die Webseiten gespeichert sind. Dann funktioniert der Abruf im Browser natürlich nicht.
- Wenn der Internet Explorer die Seite lädt und lädt und es Ihnen irgendwann zu langweilig wird – ein Klick auf die nebenstehende Schaltfläche *Abbrechen* bricht die Anfrage ab.

- Wird die Seite nicht richtig geladen oder möchten Sie die Seite nochmals laden, klicken Sie dagegen auf die nebenstehende Schaltfläche *Aktualisieren*. Der Browser fordert die Seite erneut an.

Die Symbole der Schaltflächen *Abbrechen* und *Aktualisieren* können, je nach Browserversion, leicht von der hier gezeigten Darstellung abweichen.

TIPP

Treten Probleme beim Aufrufen einer Webseite auf, geben Sie versuchsweise eine andere Webadresse ein. Klappt das problemlos, überprüfen Sie die obigen Punkte. Hilft alles nichts, versuchen Sie, die Webadresse zu einem späteren Zeitpunkt nochmals aufzurufen. Mir ist es schon oft passiert, dass die Seite dann klaglos angezeigt wurde.

Smarter surfen

Wenn Sie erst einmal »Feuer gefangen haben«, werden Sie einige Webseiten sicher häufiger besuchen. Oder Sie sind vor einigen Tagen auf eine interessante Seite gestoßen, finden diese aber nicht wieder, weil Sie die URL-Angabe vergessen haben. Bevor Sie sich nun mit Papier und Bleistift an den Bildschirm setzen und Webadressen notieren – der Internet Explorer bietet Ihnen einige Hilfestellungen, um Webseiten wiederzufinden. Wenn Sie die betreffenden Funktionen kennen, können Sie ebenfalls etwas Tipparbeit beim Eingeben der Webadressen sparen. Manchmal ist es auch hilfreich, wenn Sie Webseiten mit längeren Texten nur laden und sich diese später in Ruhe nochmals offline (also ohne laufenden Gebührenzähler) in Ruhe durchlesen.

Tipps zum besseren Surfen

Der Browser merkt sich eingegebene Webadressen! Damit können Sie sich die **Tipparbeit** beim Eingeben der Webadressen **sparen**.

TIPP

Bereits nach der Eingabe der ersten Zeichen einer Webadresse öffnet sich eine Liste ähnlich lautender Webadressen. Ein Mausklick auf einen Eintrag der Liste reicht zum Aufrufen der Seite.

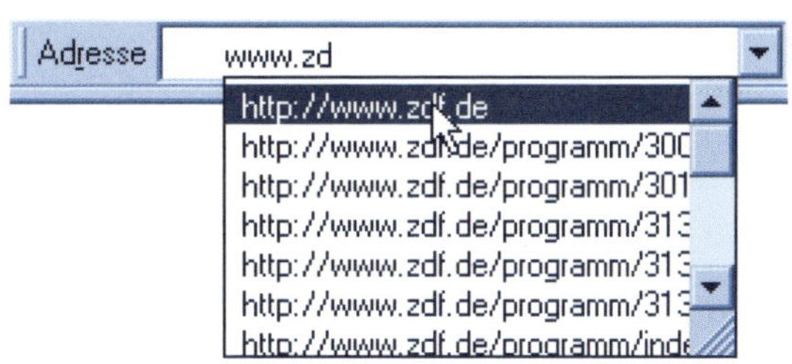

Können Sie sich überhaupt nicht mehr an die Adresse erinnern? Auch kein Problem, lassen Sie sich die Liste der bereits eingetippten Adressen anzeigen.

TIPP

Diese Adressliste erhalten Sie, indem Sie in der Adressleiste rechts neben dem Textfeld auf den kleinen Pfeil klicken. Ein Mausklick auf einen Eintrag der Liste reicht zum Aufrufen der Seite.

So lassen sich Webseiten merken

Gibt es vielleicht eine Webseite, die Sie häufiger besuchen oder die Ihnen besonders gut gefällt? Dann ist es recht umständlich, jedes Mal die zugehörige Adresse einzutippen. Leider vergisst man häufig die Adressen verschiedener interessanter Webseiten (so geht es mir zumindest und aufschreiben ist mir zu aufwändig). Der Microsoft Internet Explorer besitzt eine Funktion, mit der Sie die Adressen interessanter Webseiten »aufheben« können. Dies wird manchmal auch als »Bookmarking« bezeichnet, weil Sie ein symbolisches Lesezeichen (Bookmark) zwischen die Seiten im WWW einlegen, um dort später nochmals nachzuschlagen. Beim Microsoft Internet Explorer heißt die betreffende Funktion **Favoriten**. Es gibt verschiedene Möglichkeiten, um **Webseiten in** die Liste der **Favoriten aufzunehmen**. So geht es am einfachsten:

1 Klicken Sie im Internet Explorer auf das Menü *Favoriten*.

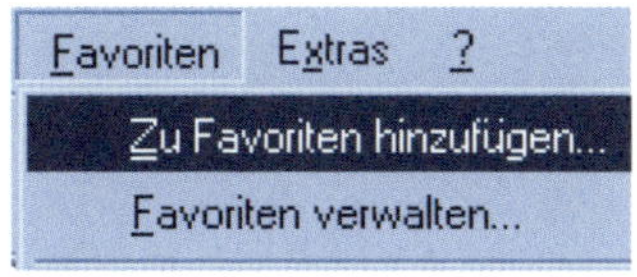

2 Wählen Sie anschließend im Menü den Befehl *Zu Favoriten hinzufügen*.

Der Browser fügt anschließend die Adresse der Webseite (die URL) im Menü *Favoriten* ein.

TIPP

Möchten Sie viele Favoriten definieren, ist es günstiger, diese in Gruppen (Ordnern) zu verwalten. Wählen Sie hierzu den Befehl *Favoriten verwalten* im Menü *Favoriten*.

Das Dialogfeld *Favoriten verwalten* ermöglicht es Ihnen über Schaltflächen, Favoriten zu löschen, umzubenennen, Ordner zur Aufnahme der Favoriten anzulegen und Einträge zu verschieben.

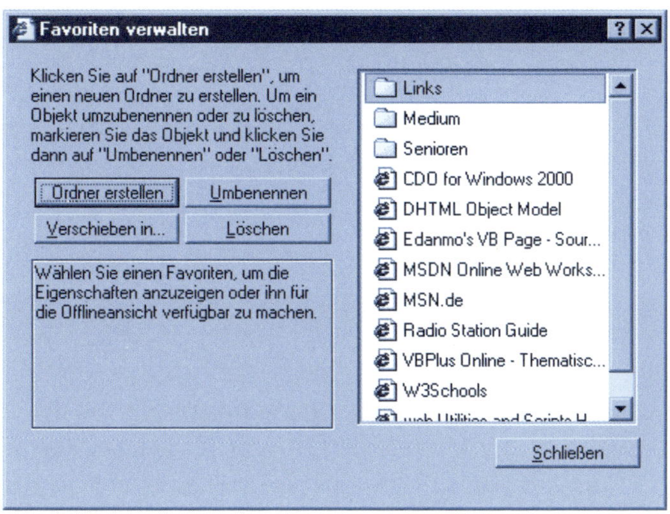

Um später per Internet Explorer auf die **Liste** der **Favoriten** zuzugreifen und die zugehörigen Seiten **abzurufen**, gehen Sie folgendermaßen vor:

1 Öffnen Sie im Internet Explorer erneut das Menü *Favoriten*.

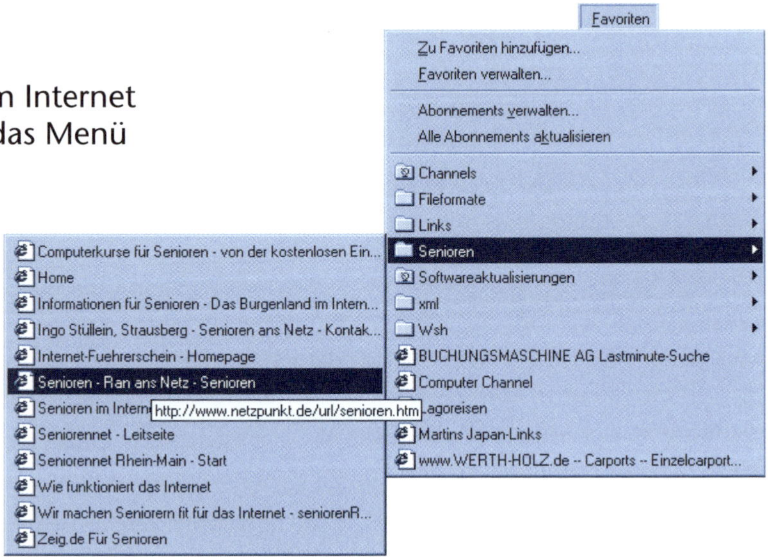

2 Wählen Sie anschließend im eingeblendeten Menü den gewünschten Favoriten.

Ordnersymbole innerhalb der Liste stehen für Untermenüs, die die Favoritenlisten nach Überschriften sortieren. Klicken Sie auf ein solches Ordnersymbol, zeigt der Explorer ein Untermenü mit den Einträgen an.

HINWEIS

Werden Einträge der Liste etwas »abgeblendet« dargestellt? Die zugehörigen Webseiten lassen sich nur abrufen, wenn Sie online sind. Alle anderen Einträge stehen für Webseiten, die noch als Kopien auf der Festplatte des Computers vorliegen. Solche Webseiten können Sie sich auch im Offlinemodus ansehen.

HINWEIS

Bei den meisten Browsern gibt es die Schaltfläche *Favoriten* in der Symbolleiste. Klicken Sie diese Schaltfläche an, blendet der Browser die Favoritenliste in der linken Spalte des Fensters ein. Sie können die Seiten dann durch Anklicken der Favoriten abrufen.

Besuchte Seiten offline lesen

Haben Sie vergessen, eine interessante Seite in die Liste der Favoriten einzutragen? Oder möchten Sie vielleicht eine gerade besuchte Seite später in Ruhe offline (ohne weitere Gebühren) lesen? Auch hier hilft Ihnen der Internet Explorer in der Regel weiter. Der **Browser merkt** sich den **Inhalt der** von Ihnen **besuchten Seiten in** einem internen **Zwischenspeicher** (auch als Cache bezeichnet). Dieser Zwischenspeicher bleibt für einige Tage erhalten. Um den Inhalt besuchter Webseiten später offline anzusehen, gehen Sie folgendermaßen vor:

1 Klicken Sie auf die Schaltfläche *Verlauf*.

Der Internet Explorer teilt das Dokumentfenster und zeigt in der linken Spalte die so genannte **Explorer-Leiste** mit den Namen der besuchten Webseiten, geordnet nach Tagen und Wochen, an.

HINWEIS

Sie können die Explorer-Leiste ausblenden, indem Sie die Schaltfläche *Schließen* in der rechten oberen Ecke der Leiste anklicken. Oder Sie klicken erneut auf die Schaltfläche *Verlauf*.

2 Klicken Sie auf einen Wochentag, um die Einträge anzuzeigen.

3 Klicken Sie auf einen der Einträge.

Der Internet Explorer lädt jetzt die Seite aus dem internen Speicher und Sie können anschließend die Seite in Ruhe lesen.

TIPP

Wird nach dem Anklicken eines Eintrags nichts angezeigt? Dann öffnen Sie das Menü *Datei* und wählen den Befehl *Offline*. Nur wenn vor dem Befehl ein Häkchen zu sehen ist, kann der Browser die Seite aus dem internen Zwischenspeicher lesen.

HINWEIS

Es kann aber auch vorkommen, dass nicht mehr alle Informationen des Dokuments vorhanden sind. Manchmal fehlen Bilder oder andere Informationen. Oder der Betreiber der Seite hat diese so angelegt, dass bei jedem Aufruf aktuelle Informationen angefordert werden.

Dann fragt der Internet Explorer beim Anklicken eines Hyperlink, ob er eine Verbindung zum Internet aufbauen soll, um die zugehörige Seite zu laden. Sie können die Verbindungsaufnahme zulassen oder ablehnen.

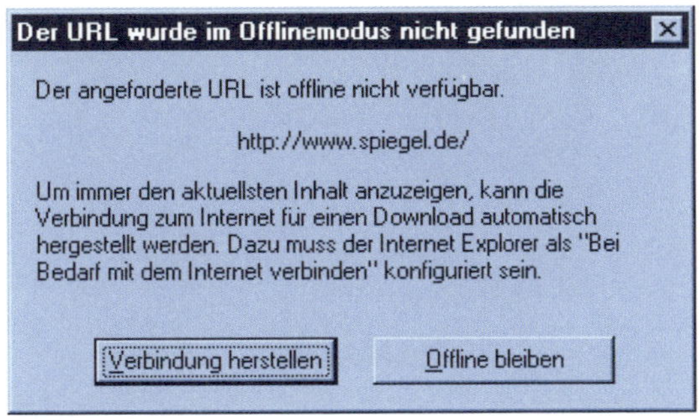

Ob Seiten direkt aus dem Web gelesen werden, erkennen Sie übrigens in der Titelzeile. Der Offlinemodus wird mit dem Hinweis [Offlinebetrieb] angezeigt. Weiter oben hatte ich Ihnen am Beispiel der Spiegel-Online-Seiten gezeigt, wie Sie solche Seiten mit einem Trick doch noch offline lesen können. Eine andere Variante ist, dass Sie den Inhalt der geladenen Seiten einfach auf die Festplatte speichern und die Seiten später in Ruhe lesen. Oder Sie drucken die Seite einfach aus (siehe unten).

Webseiten speichern

Möchten Sie gezielt den Text einer Seite speichern, um diese später erneut anzusehen? Dies lässt sich im Microsoft Internet Explorer mit wenigen Schritten durchführen:

1 Klicken Sie im Menü *Datei* auf den Befehl *Speichern unter*.

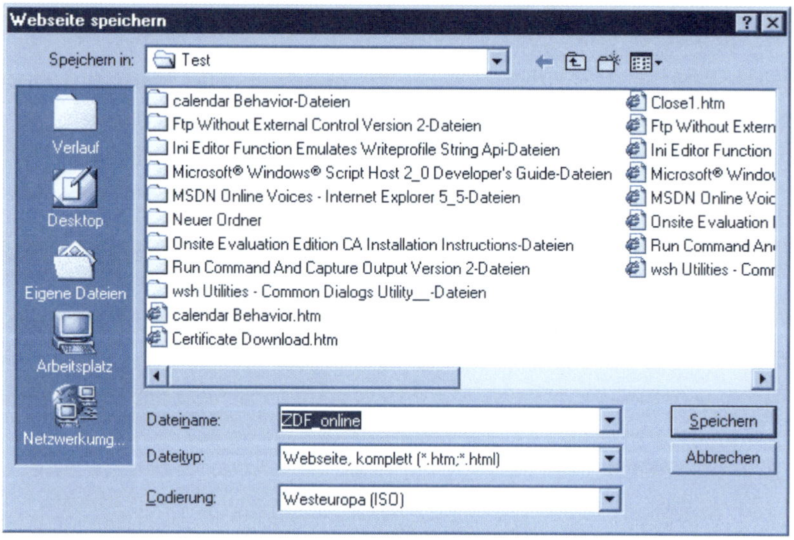

2 Wählen Sie im Dialogfeld *Speichern unter* den Ordner für die Datei aus.

3 Stellen Sie den Dateityp im gleichnamigen Feld ein.

4 Korrigieren Sie ggf. den Dateinamen im Feld *Dateiname*.

5 Klicken Sie auf die Schaltfläche *Speichern*.

Der Text der Seite wird vom Internet Explorer als Datei mit dem vorgegebenen Namen gespeichert. Je nach ausgewähltem Dateityp legt das Programm eine Archivdatei oder Einzeldateien mit Erweiterungen wie *.htm* oder *.html* an. Der Internet Explorer sichert dann ab der Version 5 auch die Grafikdateien der Webseite in eigenen Unterordnern oder in der Archivdatei.

HINWEIS

Eine solcherart gespeicherte Webseite können Sie später in Windows in einem Ordnerfenster per Doppelklick anwählen. Dann öffnet Windows automatisch den Internet Explorer und zeigt die Webseite an. Gibt es im Dokument Verweise auf andere Webseiten, erscheinen zwar Anfragen, ob der Browser online gehen darf. Diese Anfragen können Sie aber über die *Abbrechen*-Schaltfläche beenden, ohne online gehen zu müssen.

Bilder aus Webseiten speichern

Möchten Sie vielleicht nur einzelne Bilder einer Webseite speichern? Auch wenn diese Bilder vielleicht dem Copyright unterliegen, gibt es Fälle, wo es sinnvoll ist, diese aufzubewahren. Möchten Sie beispielsweise ein schönes Landschaftsmotiv aus einer Urlaubsregion als Desktop-Hintergrund nutzen? Oder benötigen Sie ein Bild von einer Webseite für Ihre private Fotosammlung? Solange die Bilder nicht kommerziell verbreitet werden, können Sie in der Regel eigene Kopien auf der Festplatte ablegen. Zum Speichern eines Bildes sind folgende Schritte erforderlich:

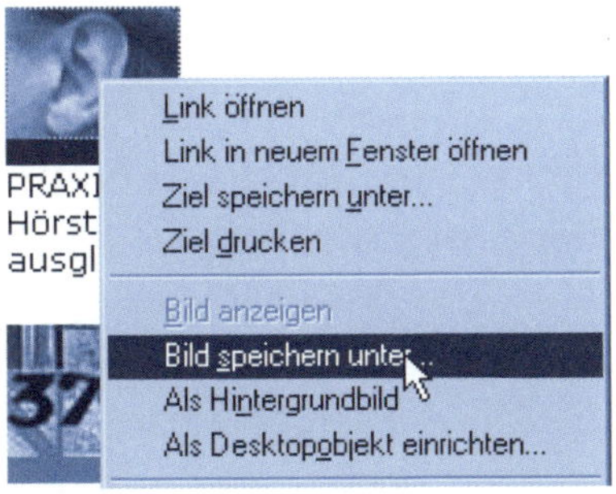

1 Klicken Sie mit der rechten Maustaste auf das Bild in der Webseite.

Das Programm öffnet ein Kontextmenü.

2 Wählen Sie in diesem Kontextmenü den Befehl *Bild speichern unter.*

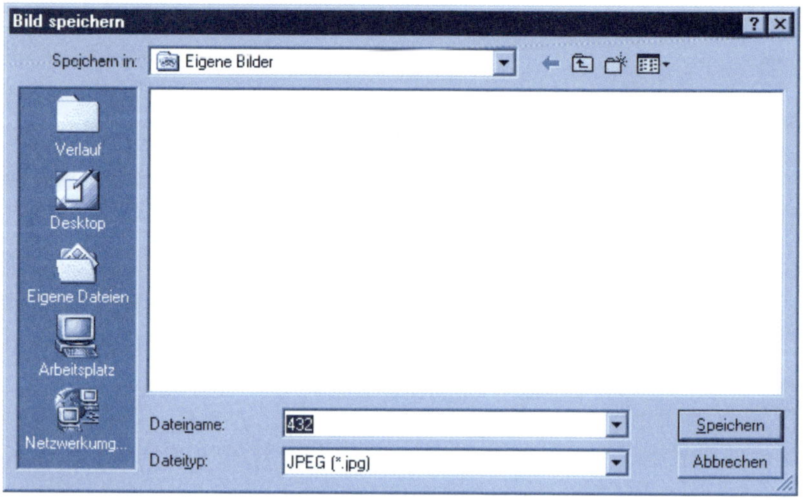

3 Wählen Sie im Dialogfeld *Bild speichern* den Ordner für das Bild (z.B. *Eigene Dateien/Eigene Bilder*) und korrigieren Sie ggf. den Dateinamen.

4 Klicken Sie auf die Schaltfläche *Speichern,* um das Bild zu speichern.

TIPP

Über den Befehl *Als Hintergrundbild* des Kontextmenüs lässt sich ein Bild von einer Webseite direkt als Hintergrund des Windows-Desktop einrichten.

Sie können diese Bilder später mit anderen Programmen laden und anzeigen.

Webseiten drucken

Auch das Ausdrucken geladener Webseiten geht recht einfach.

1 Klicken Sie auf die *Drucken*-Schaltfläche.

Der Internet Explorer druckt den Inhalt der gesamten Seite. Benötigen Sie mehr Kontrolle über den Ausdruck, gehen Sie in folgenden Schritten vor.

2 Wählen Sie im Menü *Datei* den Befehl *Drucken* oder drücken Sie die Tastenkombination [Strg]+[P].

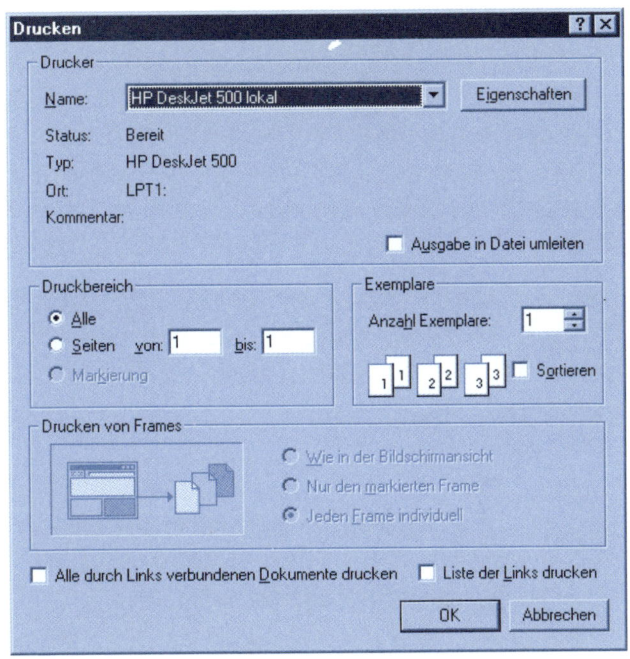

Das Dialogfeld *Drucken* wird angezeigt. Der genaue Aufbau hängt dabei von der Browser- bzw. Windows-Version ab. Bei Windows XP sind die Optionen z.B. auf zwei Registerkarten untergebracht.

3 Legen Sie im Dialogfeld *Drucken* die gewünschten Optionen fest.

4 Klicken Sie auf die *OK*-Schaltfläche.

Der Browser druckt jetzt den Inhalt der aktuell angezeigten Dokumentseite(n) samt Grafiken mit den gewünschten Optionen aus.

FACHWORT

Manche Webseiten sind in mehrere Fenster, auch als **Frames** (deutsch Rahmen) bezeichnet, unterteilt. Dann werden die Optionsfelder der Gruppe *Drucken von Frames* freigegeben und Sie können festlegen, wie die Inhalte der Frames auszugeben sind.

Das Herunterladen von Dateien

Manche Webseiten bieten die Möglichkeit, Programme, Bilder, Musik oder andere Daten auf die Festplatte Ihres Computers herunterzuladen. Dieser Vorgang wird in Neudeutsch auch als **Download** bezeichnet. Der Download solcher Dateien funktioniert genau so einfach wie das Anwählen von Webseiten über Hyperlinks.

Der Markt+Technik-Verlag bietet seinen Lesern einen Download-Bereich im Web, aus dem sie interessante Programme auf den PC herunterladen können. Verwenden wir doch einfach diese Seite für unseren Test.

1 Starten Sie den Internet Explorer und stellen Sie eine Verbindung zum Internet her.

2 Tippen Sie im Feld *Adresse* die Adresse *www.mut.de* ein.

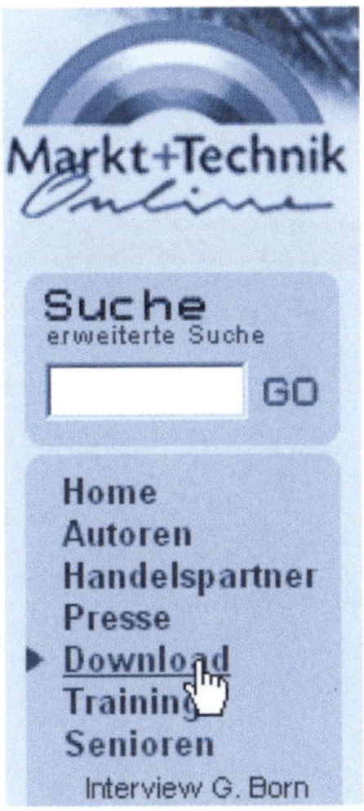

Auf dem Bildschirm erscheint jetzt die Startseite des Verlags. Am linken Rand der Seite sehen Sie die hier gezeigte Spalte, die die anwählbaren Rubriken enthält (ähnlich wie Sie das bereits von den Webseiten des Spiegel Online kennen).

3 Suchen Sie den Eintrag »Download« in dieser Spalte und klicken Sie auf den Eintrag.

Im Fenster des Browsers erscheint anschließend die Webseite mit dem Download-Angebot des Verlags. Der Inhalt der Seite kann sich geringfügig ändern, da der Verlag ihn von Zeit zu Zeit aktualisiert. Sie werden aber mit Sicherheit auch zukünftig interessante Angebote an herunterladbaren Programmen finden.

4 Blättern Sie in der Download-Seite, bis Sie ein interessantes Angebot gefunden haben.

Unten sehen Sie einen Ausschnitt aus dieser Seite, in dem das Programm Image Converter zum Download angeboten wird. Sie sehen deutlich die als Hyperlink ausgezeichnete Stelle.

5 Klicken Sie auf den Hyperlink für den Download.

Hier lautet dieser Hyperlink »Download Image Converter«. Bei anderen Webseiten könnte auch ein Symbol mit der Bezeichnung »Download« oder Ähnliches die betreffende Stelle markieren.

Direkt nach dem Anklicken des betreffenden Hyperlink öffnet der Internet Explorer ein Dialogfeld. Dessen Aussehen hängt aber von der Browserversion ab. Hier sehen Sie den Dialog aus Windows 98.

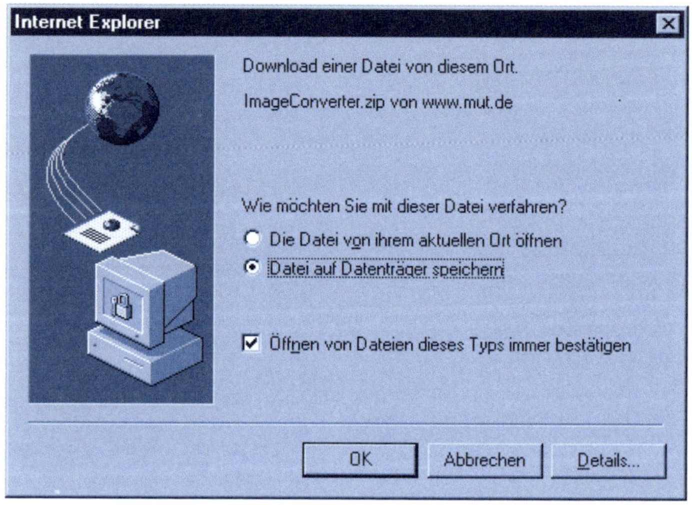

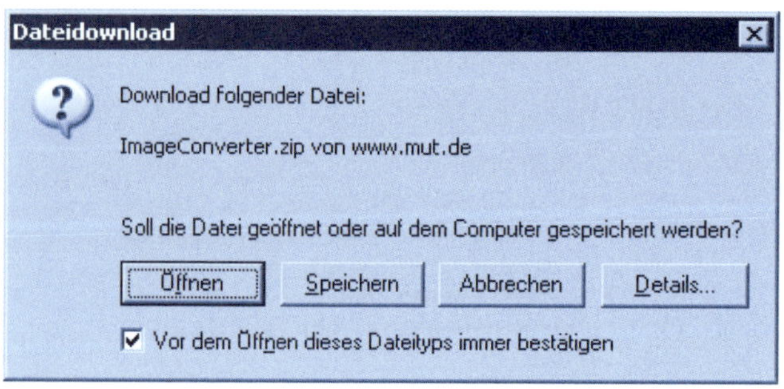

In Windows XP erscheint das Dialogfeld *Dateidownload* mit Schaltflächen wie *Öffnen, Speichern* etc.

Das Dialogfeld zeigt auf jeden Fall den Dateinamen der zu ladenden Datei sowie die zugehörige Webadresse an.

6 Sie müssen nun im Dialogfeld die gewünschten Optionen (z.B. *Datei auf Datenträger speichern*) wählen und über *OK* bestätigen oder die Schaltfläche zum Download (z.B. *Speichern*) wählen.

ACHTUNG

Warnung: Sie können sich über einen **Download** natürlich auch potenziell gefährliche Programme wie **Viren** aus dem Internet **herunterladen, die** dann Ihren **PC schädigen**. Ähnlich wie ein Haus durch eine verschlossene Haustür geschützt wird, sollten Sie sich auch beim Download durch einige **Vorsichtsmaßnahmen** vor bösen Überraschungen **schützen**. Laden Sie nur Dateien von Webseiten, die Sie als vertrauenswürdig einschätzen. Achten Sie darauf, dass immer das Optionsfeld *Datei auf Datenträger speichern* im Dialogfeld markiert ist bzw. die Schaltfläche *Speichern* gewählt wird. Sie können dann die heruntergeladene Datei vor dem Ausprobieren mit einem **Virenprüfprogramm** untersuchen lassen. Die Option *Die Datei von ihrem aktuellen Ort öffnen* bzw. die Schaltfläche *Öffnen* ist dagegen gefährlich – sie öffnet Viren Tür und Tor. Achten Sie auch darauf, dass das Kontrollkästchen *Öffnen von Dateien dieses Typs immer bestätigen* markiert ist. Sie erhalten dann vor dem Öffnen der Datei eine Warnung mit der Frage, ob Sie dies auch wirklich tun möchten.

Abschließend muss der Internet Explorer noch wissen, wo er die herunterzuladende Datei auf der Festplatte ablegen soll. Das Programm öffnet daher ein weiteres Dialogfeld, in dem Sie den Ordner zum Speichern und auf Wunsch auch den Dateinamen einstellen können.

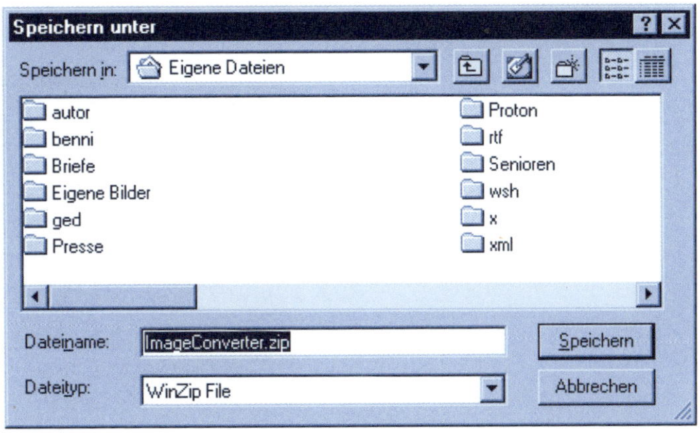

Über die Ordnersymbole sowie über das Listenfeld *Speichern in* des Dialogfelds können Sie das Ziel (Laufwerk und Ordner) wählen. Der Dateiname wird bereits von der Webseite vorgegeben, Sie können diesen Namen aber jederzeit anpassen.

7 Wenn Speicherort und Dateiname gewählt sind, klicken Sie zur Bestätigung auf die Schaltfläche *Speichern.*

Der Browser beginnt mit dem Herunterladen der Datei und speichert alles in den angegebenen Ordner. Das kann je nach Größe der Datei und der Übertragungsgeschwindigkeit Sekunden, Minuten oder sogar Stunden dauern.

Beim Download zeigt Ihnen der Browser die geschätzte Dauer sowie den Fortschritt des Downloads in einem Dialogfeld wie diesem an.

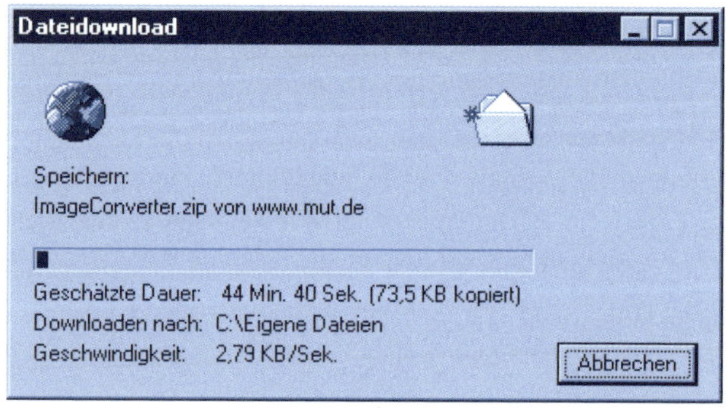

TIPP

Falls Ihnen das alles zu lange dauert, brechen Sie den Download über die Schaltfläche *Abbrechen* ab.

Ist der Download beendet, erscheint ggf. ein solches Dialogfeld oder der Browser meldet den Erfolg im Dialogfeld *Dateidownload* (z.B. bei Windows XP).

8 Klicken Sie auf die Schaltfläche *OK* (bzw. *Schließen*), um das Dialogfeld zu schließen.

Jetzt ist der Download fertig und Sie können die Internetverbindung beenden. Wenn Sie in Windows anschließend das Ordnerfenster (z.B. über das Desktop-Symbol *Arbeitsplatz*) und dort den von Ihnen gewählten Ordner öffnen, sollte die heruntergeladene Datei zu sehen sein. Lassen Sie die Datei notfalls durch ein Virenprüfprogramm untersuchen. Anschließend können Sie den Inhalt der Datei nutzen.

Mit dieser Funktion haben Sie also Zugriff auf das größte Softwarearchiv der Welt. Viele Autoren bieten ihre Programme direkt im Internet zum Download an. Einige Programme dürfen dabei als so genannte **Freeware** frei kopiert und genutzt werden. Andere Programme werden als **Shareware** angeboten. Bei Shareware handelt es sich um Programme zum Testen. Der Autor des Programms erlaubt Ihnen, das Programm vor dem Kauf auszuprobieren, erwartet aber im Gegenzug, dass Sie das Programm bezahlen, wenn es Ihnen gefällt. Näheres zu diesen Themen regelt die Begleitdokumentation zu den jeweiligen Programmen.

Bemerkungen zu heruntergeladenen Dateien

Dateien mit der Dateinamenserweiterung .exe stellen ausführbare Programme dar, die Sie per Doppelklick auf das Dateisymbol ausführen können. Häufig erhalten Sie beim Download das Installations- oder Setup-Programm für die betreffende Anwendung. Beim Starten fragt das Programm dann, wo die eigentliche Anwendung zu installieren ist.

Um Platz zu sparen oder um mehrere Dateien zum Download anzubieten, **werden** häufig auch so genannte **Archive verwendet**. Solche Archive liegen in zwei Varianten vor. Es gibt selbstentpackende Archive, die mit der Dateinamenserweiterung .exe versehen sind. Dann reicht ein Doppelklick auf den Dateinamen, um das Programm zum Entpacken zu starten. Das Programm fragt dann nach dem Zielordner für die archivierten Dateien und entpackt diese in den Ordner. Die zweite (häufig benutzte) Variante verwendet das so genannte **ZIP-Format für** die **Archivdateien**. Erkennbar sind solche Archive an der Dateinamenserweiterung .zip. Sie benötigen dann spezielle Hilfsprogramme, um an den Inhalt des Archivs zu gelangen. Einige Windows-Versionen enthalten bereits die Funktion »Komprimierter Ordner«, die ZIP-Archive als Ordner mit einem stilisierten Reißverschluss anzeigt. Ein Doppelklick auf das Ordnersymbol öffnet ein zweites Ordnerfenster. Sie können dann die Dateien des Archivs mit der Maus in einen anderen Ordner ziehen (man bezeichnet dies auch als entpacken). Fehlt diese Funktion, benötigen Sie ein **Hilfsprogramm** wie **WinZip**, um das ZIP-Archiv zu entpacken. Die Testversion von WinZip können Sie von der Webseite *www.winzip.com* herunterladen. Solche so genannten Packprogramme gibt es aber auch im Fachhandel. Oder Sie finden die Programme auf CD-ROMs, die vielen Computerzeitschriften beiliegen. Einige dieser Programme (z.B. Freezip) sind sogar kostenlos.

Neben Programmen, Archivdateien (.zip) und Bildern werden häufig auch Dokumente im Format von Microsoft Word (.doc) oder im Adobe Acrobat Format (.pdf) zum Download angeboten. Laden Sie eine Word-.doc-Datei herunter, lässt sich diese mit dem Programm Microsoft Word öffnen bzw. die Datei wird automatisch beim Anklicken des Hyperlink geladen und im Browserfenster angezeigt. Beachten Sie aber, dass Word-Dateien auch Viren enthalten können. Bei Microsoft Word ab der Version 2000 können Sie das Ausführen von Virencode sperren. Wählen Sie im Programm Word im Menü *Extras* die Befehle *Makro/Sicherheit*. Im dann angezeigten Dialogfeld *Sicherheit* setzen sich die Sicherheitsstufe auf *Hoch*. Muss eine .doc-Datei mit einem Makro ausgeführt werden, sollten Sie diese vorher mit einem Virenscanner überprüfen lassen.

Bei Dateien mit der Dateinamenerweiterung .pdf handelt es sich um Dokumente, die im sogenannten Adobe Acrobat PDF-Format gespeichert sind. Dieses Format wird gerne benutzt, da es im Gegensatz zu .htm-Dateien keine Änderungen erlaubt, die Aufteilung in Seiten zulässt sowie Texte und Grafik wie im Programm des Autors wiedergeben kann. Ich selbst benutze das Acrobat-Format, um meine Bücher auf elektronische Art zu publizieren. Wird Ihnen eine solche Datei zum Abrufen angeboten, benötigen Sie das Programm Acrobat Reader zur Anzeige. Sie können sich dieses Programm kostenlos von der Webseite *www.adobe.de* herunterladen. Ist das Programm installiert, lassen sich Acrobat-Dokumente direkt im Internet Explorer anzeigen.

HINWEIS

Wenn Sie auf der Markt+Technik-Seite *www.mut.de* die Rubrik »Senioren« in der linken Spalte anwählen, gelangen Sie zur Seite mit meinen Angeboten für Senioren. Dort finden Sie auch kostenlose Kursunterlagen zum Einstieg in den Computer. Die betreffenden Dateien wurden im Adobe Acrobat-Format hinterlegt und zusätzlich als .zip-Archivdateien komprimiert. Wenn Sie also eine solche Datei herunterladen, müssen Sie die Archivdatei (.zip) erst entpacken. Anschließend können Sie die entpackte .pdf-Datei per Doppelklick anwählen, um das Dokument im Acrobat Reader anzusehen. Hinweise zum Umgang mit Dateien finden Sie übrigens auch in den Titeln »Computer – leichter Einstieg für Senioren« und »Windows – leichter Einstieg für Senioren« des Markt+Technik-Verlags.

Den Internet Explorer anpassen

Auf den vorhergehenden Seiten haben Sie die ersten Schritte zum Umgang mit dem Internet Explorer kennen gelernt. Das Programm lässt sich aber in einigen Punkten an Ihre Bedürfnisse anpassen. Auf den folgenden Seiten finden Sie dazu Beispiele.

Die Startseite einstellen

Beim Starten des Internet Explorer (siehe oben) lädt dieser automatisch eine eigene **Startseite** (auch als **Homepage** bezeichnet). Standardmäßig wird eine Microsoft-Startseite vorgegeben, manche Webseiten ändern diese Einstellung ebenfalls (und manchmal sogar ungefragt). Nervt es Sie, dass der Internet Explorer beim Starten automatisch die Verbindung zum Internet aufnehmen möchte? Bevorzugen Sie die Anzeige einer leeren Seite beim Programmstart oder möchten Sie Ihre Lieblingsseite als Startseite einstellen?

1 Laden Sie die gewünschte Webseite im Explorer. - - - - - - - - - ►

HINWEIS

Benutzen Sie den Internet Explorer in der Version 4, finden Sie den Befehl *Internetoptionen* im Menü *Ansicht*.

2 Klicken Sie im Menü *Extras* auf den Befehl *Internetoptionen*.

Der Explorer zeigt jetzt das Eigenschaftenfenster *Internetoptionen* mit verschiedenen als **Registerkarten** bezeichneten Seiten an. Deren Aufbau und Bezeichnung hängt etwas von der Browser-Version ab.

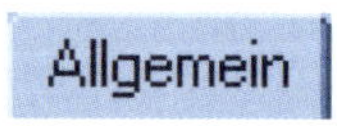

3 Klicken Sie auf den Registerreiter der Registerkarte *Allgemein*.

Sie sehen jetzt die Registerkarte *Allgemein* mit verschiedenen Einstellmöglichkeiten. Im oberen Teil sehen Sie eine Art Rahmen, der mit *Startseite* benannt ist. Dieser Rahmen fasst verschiedene Optionen zu einer so genannten **Gruppe** zusammen.

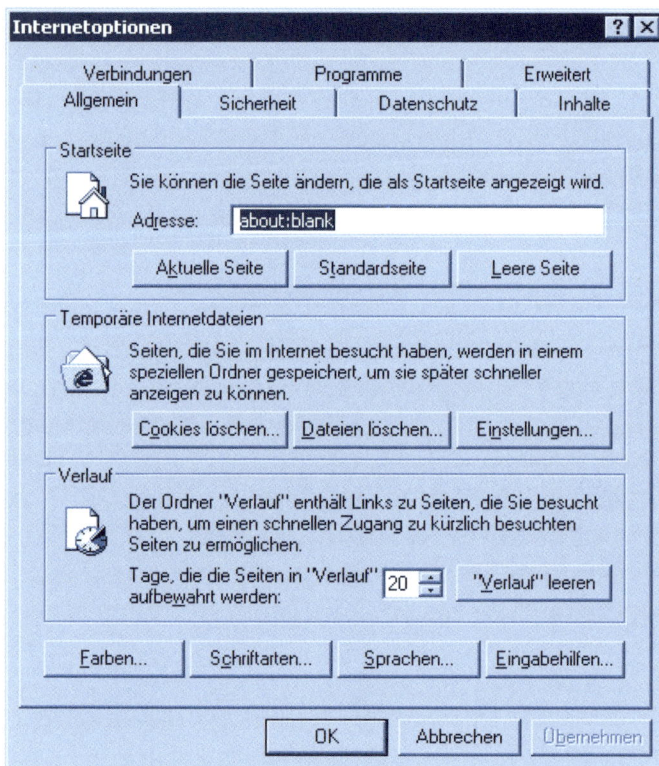

4 Klicken Sie auf eine der Schaltflächen in der Gruppe *Startseite*.

5 Klicken Sie auf die *OK*-Schaltfläche, um das Fenster zu schließen.

Und jetzt noch einige Erläuterungen zu den Schaltflächen.

- Wählen Sie die Schaltfläche *Leere Seite*, erscheint im Feld *Adresse* der Registerkarte der Text *about:blank*. Nach dem Schließen der Registerkarte zeigt der Internet Explorer beim nächsten Start automatisch die Leerseite als Startseite.
- Mit der Schaltfläche *Aktuelle Seite* machen Sie die aktuell geladene Webseite zur Startseite (die URL dieser Seite erscheint im Feld *Adresse*).
- Wählen Sie die Schaltfläche **Standardseite**, wird die Adresse der Microsoft-Homepage als Startseite vorgegeben.

Sie können als Startadresse sowohl eine gültige Adresse im Internet als auch eine Datei auf Ihrem Rechner eingeben. Persönlich bevorzuge ich eine leere Startseite, da der Internet Explorer dann beim Aufruf keine Adresse im WWW sucht. Das kommt mir entgegen, da ich häufig in Dateien gespeicherte Webseiten ansehe.

HINWEIS

Weiter oben haben Sie erfahren, wie sich bereits besuchte Webseiten über die Funktion *Verlauf* per Explorer-Leiste abrufen lassen. Die Einstellungen für diese Funktion finden Sie auf der Registerkarte *Allgemein* in der Gruppe *Verlauf*. Sie können die Zahl der Tage angeben, über die der Verlauf gespeichert wird. Mit der Schaltfläche *Verlauf leeren* können Sie den Verlauf löschen – öffnen Sie die Explorer-Leiste mit dem Verlauf, zeigt diese nur noch den Eintrag »Heute« an. Die Schaltfläche *Dateien löschen* der Gruppe *Temporäre Internetdateien* löscht dagegen die beim Surfen im Web heruntergeladenen Dateien (die Texte und Grafiken der Webseiten).

Die Anzeige verbessern

Die Autoren von Webseiten legen nicht nur deren Inhalt, sondern auch den Aufbau fest. Manchmal geraten die Texte so klein, dass sie selbst mit Brille nur schwer zu lesen sind. Oder der Autor hat bei der Farbgebung der Texte zu viel des Guten getan. Das Ganze mag zwar im Hinblick auf die Gestaltung der Gesamtseite schön aussehen, hilft Ihnen aber nicht, wenn der Text nur noch unter Mühen lesbar ist. Sie können den Internet Explorer aber anweisen, die Vorgaben der Webseite zur Schriftgröße oder zur Farbe ggf. zu ignorieren.

1 Gehen Sie wie im vorhergehenden Abschnitt vor und rufen Sie die Registerkarte *Allgemein* auf.

2 Klicken Sie auf der Registerkarte *Allgemein* auf die Schaltfläche *Eingabehilfen*.

Der Internet Explorer öffnet das Dialogfeld *Eingabehilfen* als zweites Fenster.

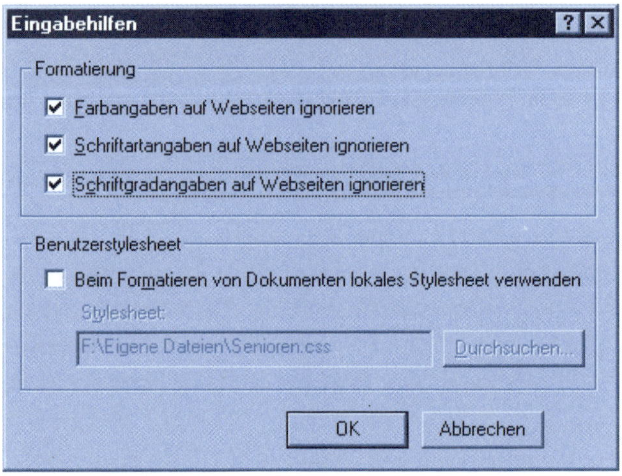

3 Markieren Sie jetzt in der Gruppe *Formatierung* die drei Optionen, indem Sie die Kontrollkästchen anklicken. Die Kästchen müssen mit Häkchen versehen sein.

4 Klicken Sie auf die Schaltfläche *OK*, um das Dialogfeld zu schließen.

TIPP

Manchmal hilft es auch, wenn Sie im Internet Explorer im Menü *Ansicht* den Befehl *Schriftgrad* (bzw. *Schriftart*) anwählen und dann im angezeigten Untermenü die Optionen *Größer* bzw. *Sehr groß* wählen.

Der Internet Explorer ignoriert jetzt die Vorgaben der Webseite.

Hier sehen Sie eine Darstellung mit sehr großem Schriftgrad.

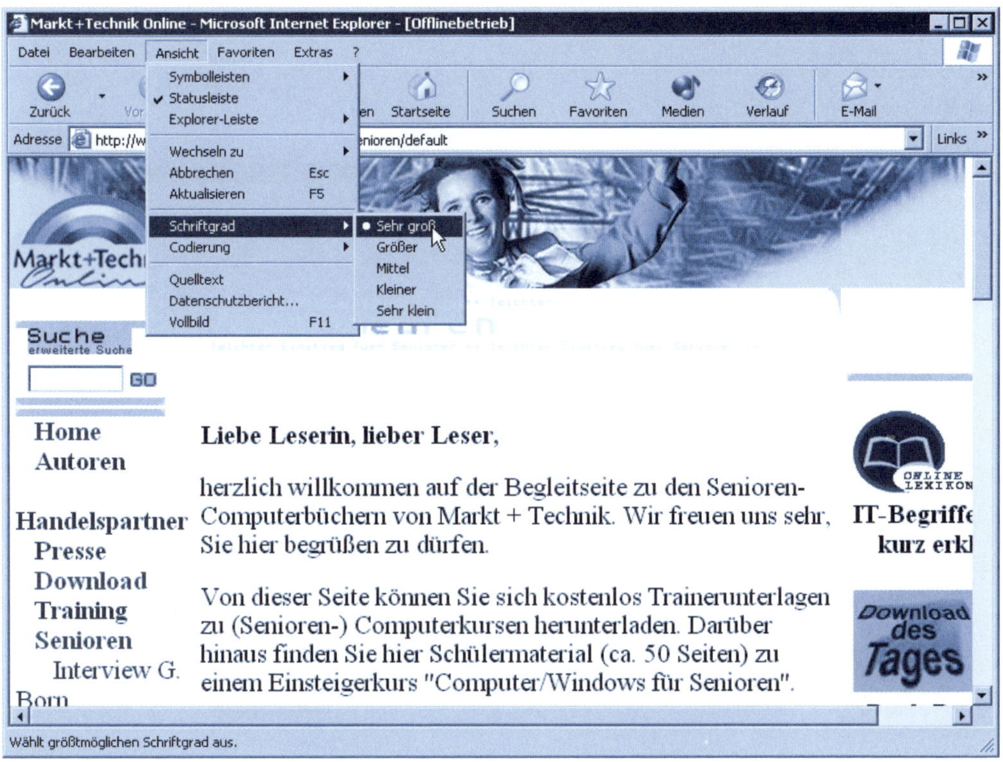

HINWEIS

Wenn Ihnen diese Anpassung nichts bringt, z.B. weil Sie eine noch größere Schriften benötigen, schlagen Sie im Anhang nach. Dort wird gezeigt, wie Sie mit der **Bildschirmlupe** arbeiten können.

Die Bildschirmlupe hilft Ihnen ggf. bei der Bedienung des Computers oder bei der Eingabe der Webadressen, indem die betreffenden Bereiche sehr stark vergrößert angezeigt werden. Das Lesen längerer Texte ist mit der Bildschirmlupe recht mühsam. Sie können sich dann den Inhalt der Webseiten vorlesen lassen. Die meisten Computer sind bereits mit Sound-Ausgang und Lautsprechern ausgestattet. Sie benötigen nur noch ein (kostenloses) Programm »Logox WebSpeech Reader« der Firma G-Data, welches Sie von der Webseite *www.webspeech.de* herunterladen können. Starten Sie die heruntergeladene Datei, wird das Zusatzmodul installiert. Die Zusatzfunktion zum Vorlesen lässt sich im Fenster des Internet Explorer über das Menü *Ansicht/Explorer-Leiste/Web Speech Reader* einblenden.

Hier sehen Sie den Internet Explorer mit dem kleinen eingeblendeten *WebSpeech 4*-Bedienmodul am unteren Fensterrand.

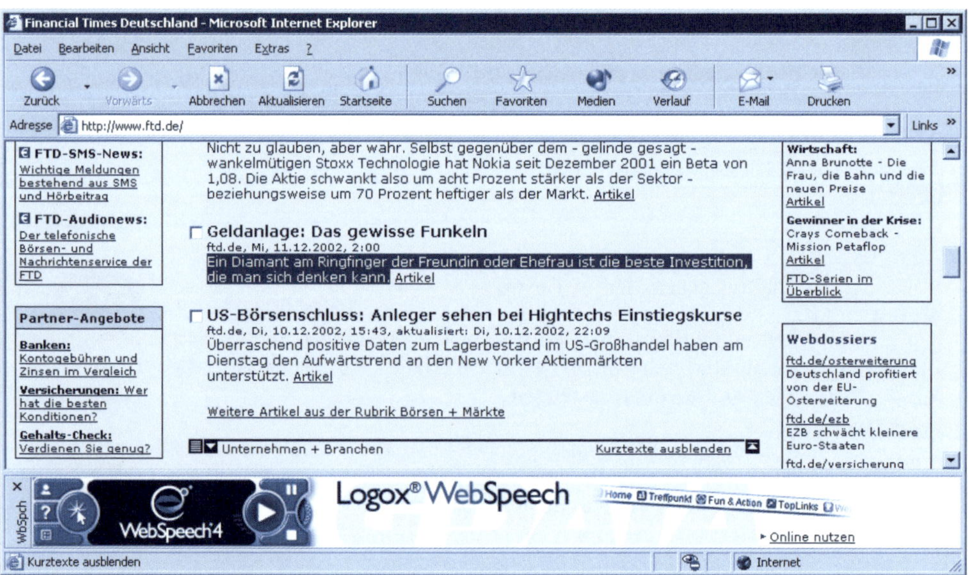

Die Bedienung ist recht einfach: Klicken Sie auf die runde Schaltfläche mit dem kleinen Dreieck oder drücken Sie die Funktionstaste F9, liest eine Stimme Ihnen den Inhalt der kompletten Webseite vor. Haben Sie einen Text im Browserfenster markiert (mit der linken Maustaste an den Anfang klicken und die Maus bei gedrückter linker Maustaste zum Ende des zu markierenden Bereichs ziehen), liest F9 diesen vor. Betätigen Sie die Funktionstaste F8 oder klicken Sie auf die runde Schaltfläche mit dem abgebildeten Mauszeiger, erscheint ein Mauszeiger mit einem kleinen Lautsprechersymbol. Klicken Sie dann auf den Textabschnitt, den Sie hören möchten. Über die Taste Esc können Sie das Vorlesen beenden. Klicken Sie per Maus auf den stilisierten Mund, lassen sich die einzelnen Befehle auch per Menü abrufen. Weitere Details liefert die Hilfe, die über die Schaltfläche mit dem Fragezeichen abrufbar ist.

Andere Browser

Gut 90 Prozent aller Computer sind mit Microsoft Windows als Betriebsprogramm und mit dem Microsoft Internet Explorer als Browser ausgestattet. Aus diesem Grund werden diese Programme im vorliegenden Buch als Basis benutzt. Dies brachte mir in der ersten Version dieses Buches Kritik aus verschiedenen Ecken ein. Obwohl ich gelegentlich andere Browser (z.B. auf meinen Linux-Rechnern) verwende, macht es meiner Meinung nach keinen Sinn, unter Windows nicht den bereits vorhandenen Internet Explorer zum Surfen im Internet zu nutzen. Für interessierte Leser an dieser Stelle aber der Hinweis, dass es neben dem Internet Explorer von Microsoft noch weitere Browser wie beispielsweise den Netscape Navigator oder den Opera-Browser gibt. Ist auf Ihrem Computer einer dieser Browser installiert? Das ist kein Beinbruch! Die Browser lassen sich fast genauso wie der Internet Explorer bedienen. Sie tippen die gewünschte Adresse der Webseite in der *Adresse*-Symbolleiste ein und drücken die ↵-Taste. Fertig! Hier sehen Sie meine Internetseite, wie sie im Netscape Navigator angezeigt wird.

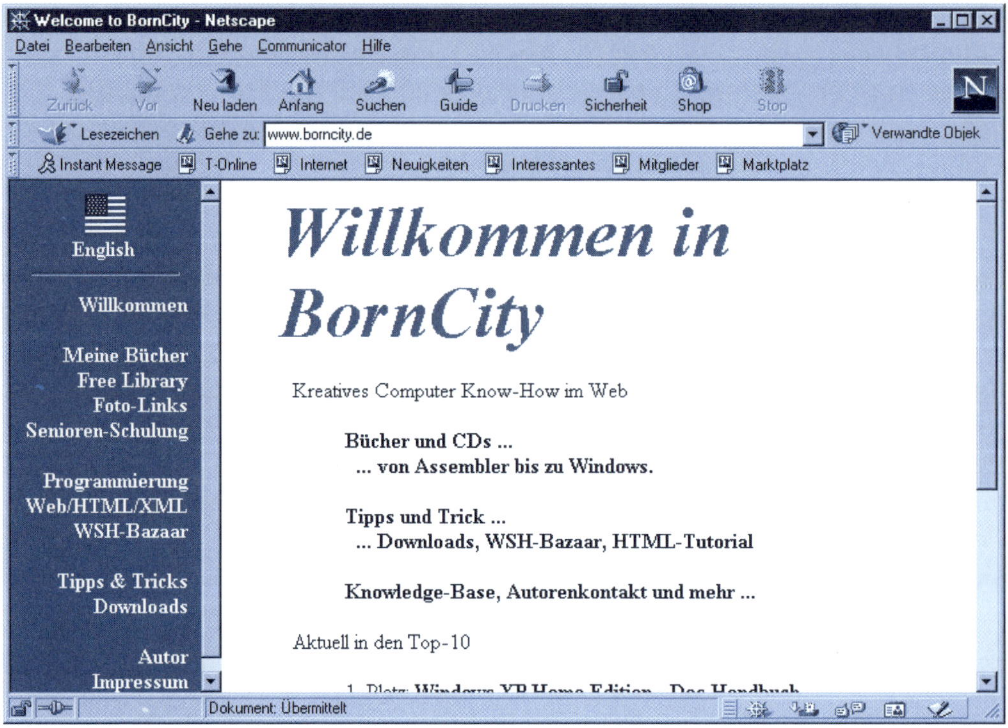

Hyperlinks klicken Sie wie oben beschrieben einfach an. Das Blättern zwischen den Seiten ist über die Schaltflächen *Vor* und *Zurück* möglich, mit *Anfang* gelangen Sie zur Startseite des Browsers. Es funktioniert also alles wie im Internet Explorer. Lediglich die Benennung der Menübefehle und Schaltflächen weicht gelegentlich vom Microsoft-Browser ab. Browseroptionen werden im Netscape Navigator beispielsweise über den Befehl *Einstellungen* im Menü *Bearbeiten* abgerufen. Mit etwas Fantasie dürften die abweichenden Menü- und Befehlsnamen auch kein unüberwindliches Hindernis darstellen – probieren Sie ggf. die Menübefehle durch, um bestimmte Funktionen abzurufen.

Zusammenfassung

In diesem Kapitel haben Sie erste Webseiten besucht und grundlegende Funktion des Internet Explorer kennen gelernt. Sie wissen jetzt, wie Sie zwischen Webseiten »blättern«, wie Sie sich Adressen interessanter Webseiten merken können und wie solche Seiten gespeichert oder gedruckt werden. Damit steht zukünftigen Ausflügen ins World Wide Web kaum noch etwas im Wege. Wenn es zu Beginn mal nicht so ganz klappt, ist das nicht so tragisch – Übung macht den Meister. Außerdem wiederholt sich vieles in den folgenden Kapiteln, Sie werden dadurch nach kurzer Zeit sicherer. Lesen Sie bei Bedarf die einzelnen Abschnitte dieses Kapitels noch mal durch.

Lernkontrolle

- **Wie komme ich zur vorher besuchten Webseite wieder zurück?**
  (Klicken Sie einfach auf die Schaltfläche *Zurück*.)
- **Wie kann ich mir die Adresse einer interessanten Webseite merken?**
  (Klicken Sie im Menü *Favoriten* auf den Befehl *Zu Favoriten hinzufügen*.)
- **Wie sehe ich, welche Seiten ich vorige Woche besucht habe?**
  (Klicken Sie auf die Schaltfläche *Verlauf*.)

Im WWW sitzen Sie in der ersten Reihe

Mit Kapitel 3 haben Sie die Grundlagen für Ausflüge ins World Wide Web erworben. Jetzt ist es an der Zeit, dieses Medium genauer zu erforschen. Wie Sie im Dschungel des WWW die gewünschten Seiten finden und was es zu beachten gilt, liegt nicht unbedingt auf der Hand. Daher befassen wir uns mit der Frage, wie Sie im Internet gezielt suchen können und wo es interessante Angebote gibt. Außerdem erhalten Sie einige Informationen bezüglich der Sicherheit im Internet.

Das lernen Sie in diesem Kapitel **4**

- Suchen und Finden
- Interessante Webseiten
- Cookies, Viren und sonstiges
- Geld und Sicherheit im Internet

Suchen und Finden

Haben Sie die erste Hürde genommen, wird das Surfen im Web zu einer ausgesprochen interessanten und auch vergnüglichen Angelegenheit. Sie sitzen in einer Art Privatkino in der ersten Reihe und bestimmen sogar das »Stück«, welches gespielt werden soll. Aber halt, da war doch noch was? Wie soll man denn ohne »Programm« und Anleitung wissen, welche Webseite man abrufen kann?

Sicherlich, Sie können interessante Webadressen aus Zeitschriften oder Prospekten sammeln und die zugehörigen Seiten versuchsweise abrufen. Probieren Sie doch einmal *www.aldi.de*, um herauszufinden, was es wohl nächsten Donnerstag in Irland für Sonderangebote gibt (natürlich können Sie auch im lokalen Angebot nachsehen, ob sich ein Besuch bei der Aldi-Filiale lohnt). Oder wie wäre es mit *www.minimal.de*, *www.quelle.de*, *www.otto.de* oder *www.neckermann.de*?

Fast jedes Kaufhaus, jede Supermarktkette und jeder Versandhandel ist mit einer Adresse im Web vertreten. Häufig können Sie sich auf diesen Seiten frühzeitig über Sonderangebote informieren und müssen sich nicht ärgern, wenn der Austräger mal wieder Ihren Briefkasten übersehen hat. Vielleicht haben Sie aber auch Ihren Briefkasten mit dem Aufkleber »Bitte keine Werbung« versehen, um dem Papiermüllberg Herr zu werden. Dann holen sich die Informationen gezielt von den Webseiten der einzelnen Anbieter.

Mit genügend Sammelwut oder etwas Phantasie (für die obigen Webadressen habe ich einfach auf Verdacht die jeweiligen Firmennamen eingetippt) entdecken Sie sicherlich ein paar interessante Webseiten. Aber manchmal benötigen Sie Informationen zu einem konkreten Thema. Dann stellt sich die Frage, wie finden Sie gezielt Webseiten, die sich beispielsweise mit Gesundheit, mit Reisen und mit speziellen Seniorenthemen befassen? Hier ist Suchen und Finden im Internet angesagt.

Suchmaschinen, Portale und Communitys

Eines ist klar, im Web können Sie zu fast allen Themen einen Beitrag finden. Die Frage ist allerdings, wie ich bei mehreren Millionen Webseiten zum Ziel komme. Bei einem Lexikon sind die Einträge alphabethisch geordnet. Bei Sachbüchern gibt es ein Inhalts- oder Stichwortverzeichnis. Aber wie ist das im Web?

Eigentlich nicht viel anders. Auch dort gibt es Stichwortkataloge und Inhaltsverzeichnisse. Nur werden die betreffenden Sachen etwas anders benannt bzw. Sie müssen etwas anders als gewohnt mit dem Thema umgehen. Eine Suche nach Webseiten lässt sich über folgende Ansätze durchführen:

- In **Suchmaschinen** können Sie einen zu suchenden Begriff eintippen und erhalten dann die gefundenen Webseiten anhand einer internen Stichwortliste. Die Stichwortliste wird ständig durch die Suchmaschine auf den neuesten Stand gebracht. Hierzu durchforstet ein Programm alle Seiten im Web und erfasst die Textbeiträge über Stichwörter.
- **Verzeichnisse** stellen einen etwas anderen Ansatz dar und werden häufig in so genannten **Webportalen** bereitgestellt. Hier können Sie bestimmte Themen wie »Sport«, »Gesundheit«, »Wetter«, »Reisen« etc. anwählen, gelangen zu Unterthemen und schließlich zu einer Liste mit Hyperlinks zu den relevanten Webseiten. Diese Listen werden von Redakteuren gepflegt, die täglich viele tausend Webseiten bewerten und diese nach den angegebenen Kategorien katalogisieren.

In der Praxis verwenden Sie meist eine Mischung aus Suchmaschine und Verzeichnis. Das Portal von WEB.DE ist ein gutes Beispiel für diesen Ansatz. Hier sehen Sie die WEB.DE-Eingangsseite (*www.web.de*).

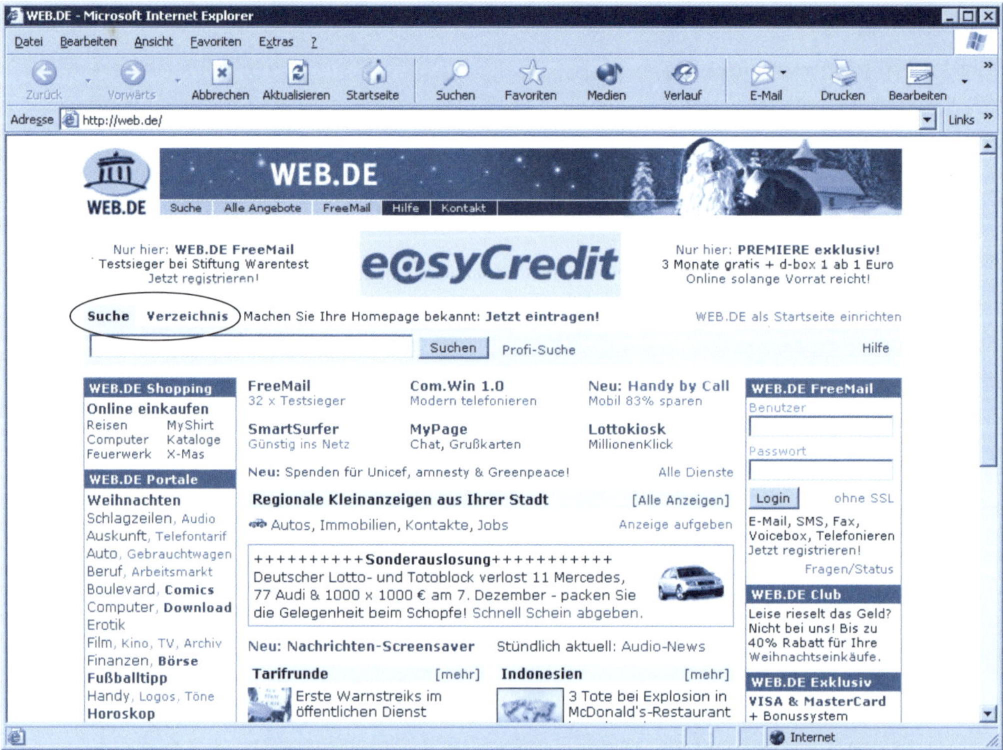

Die Seite enthält ein Textfeld *Suche*, in das Sie einen Suchbegriff eintippen können. Dieser Begriff wird dann von einer Suchmaschine bearbeitet. Sie können sich dies wie das Nachschlagen in einem (ständig aktualisierten) Stichwortverzeichnis vorstellen. Auf der Seite sehen Sie zudem die Rubrik »WEB.DE Portale«, in der unter einer Art Schlagzeile Verweise zu bestimmten Sachthemen angeboten werden. Neben dem Textfeld *Suche* sehen Sie noch einen mit dem Hyperlink *Verzeichnis* beschrifteten Registerreiter. Dieser Hyperlink führt zu einer Webseite, in dem in einer Art Inhaltsverzeichnis Themen zu verschiedenen Sachgebieten angeordnet sind. Über die Hyperlinks dieses Verzeichnisses gelangen Sie zu den Webseiten.

HINWEIS

Zusätzlich gibt es noch die so genannten **Communities**. Das sind Gemeinschaften gleichgesinnter Leute, die Webseiten zu bestimmten Themen sammeln. Dort gibt es eine Leitseite, die entsprechende Angebote anderer Seiten zusammenfasst. Oder die Webseiten der Gemeinschaft sind untereinander zu einem so genannten **Webring** verbunden. Wenn Sie eine solche Seite anwählen, finden Sie Links zu ähnlichen Seiten. Folgen Sie den Links, gelangen Sie irgendwann erneut zur Ausgangsseite zurück. Einen Einstieg bietet Ihnen *www.webring.com*. Die so genannten **Metasuchmaschinen** (z.B. *www.metacrawler.de*) dehnen die Suche auf mehrere Suchmaschinen aus. Da ich sie aber bislang kaum gebraucht habe, bleiben sie in diesem Buch unberücksichtigt.

Suche über ein Verzeichnis oder ein Portal

Wenn Sie sich noch etwas unsicher sind, was Sie eigentlich benötigen, oder wenn Sie wissen möchten, was das Internet bietet, lohnt der Einstieg über Verzeichnisse oder Portale. Nehmen wir einmal das Stichwort »Gesundheit«. Sie möchten wissen, was WEB.DE zu diesem Thema anbietet?

1 Starten Sie den Internet Explorer und stellen Sie eine Internetverbindung her.

2 Geben Sie in der Adressleiste des Browsers *www.web.de* ein und drücken Sie die [↵]-Taste.

3 Warten Sie, bis die Eingangsseite des Portals angezeigt wird, und klicken Sie dann in der Rubrik »WEB.DE Portale« auf den Hyperlink »Wellness, Gesundheit«.

Der Browser ruft jetzt die Verzeichnisseite mit Gesundheitsthemen von WEB.DE auf.

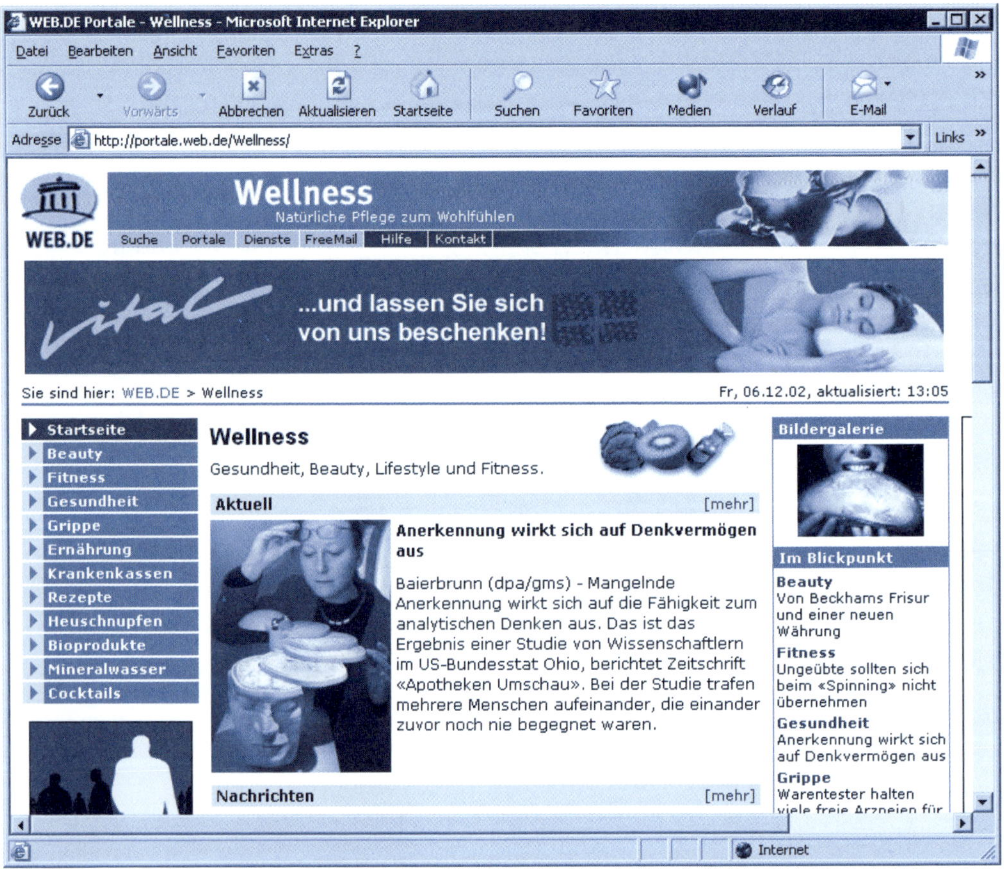

Sie können im Fenster blättern und über Hyperlinks zu weiterführenden Themen gelangen.

Bei Portalen werden häufig Werbung, Schlagzeilen und andere Dinge eingeblendet. Verzeichnisse bieten einen gezielteren Zugriff auf die Webseiten. Bei WEB.DE finden Sie auf der Startseite das Textfeld *Suchen* mit den zwei Registerreitern *Suchen* (befindet sich im Vordergrund) und *Verzeichnis*. Klicken Sie auf den Hyperlink des Registerreiters *Verzeichnis*, erscheint ein reines WEB.DE-Verzeichnis (ohne Werbung etc.). Über den Eintrag »Gesundheit & Medizin« könnten Sie z.B. die relevanten Webseiten abrufen.

Der Vorteil dieses Ansatzes: Sie erhalten eine schnelle Übersicht über das Themengebiet. Häufig findet man dort Stichworte und Themen, an die man zunächst gar nicht gedacht hat. Wer sich informieren will oder einen ersten Überblick benötigt, ist mit Portalen oder Verzeichnissen sehr gut bedient.

Suchen nach Stichworten

Haben Sie einen bestimmten Begriff oder ein Stichwort im Kopf, ist der direkte Zugriff auf eine Suchmaschine der bessere Weg. Suchen wir doch einfach über WEB.DE nach dem Thema »Gesundheit«.

1 Rufen Sie die Webseite *www.web.de* im Browser auf.

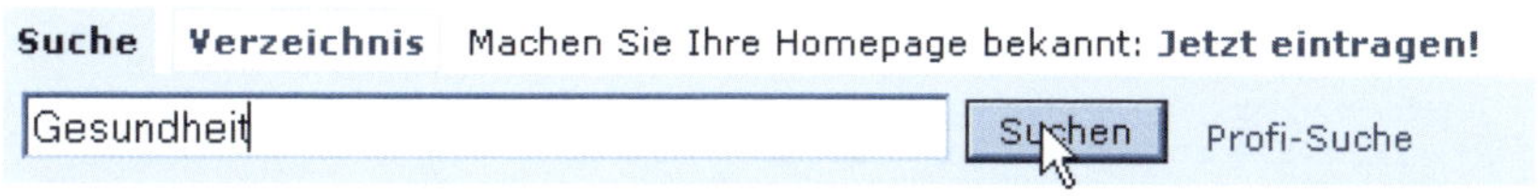

2 Klicken Sie auf das Feld *Suche* und geben Sie den Begriff »Gesundheit« ein. Klicken Sie anschließend auf die Schaltfläche *Suchen*.

Der Browser zeigt Ihnen nach einigen Sekunden die Ergebnisseite mit den gefundenen Treffern an.

Bei WEB.DE ist die Trefferliste so organisiert, dass zuerst Partnerlinks und eigene Angebote aufgelistet werden. Daran schließen sich die im deutschsprachigen Web gefundenen Einträge an. In meinem Beispiel hat WEB.DE über 1200 Webeinträge zum Stichwort »Gesundheit« gefunden, wobei jeweils 10 dieser Einträge in einer Seite zusammengefasst (s.u.) werden. Über die Hyperlinks der hervorgehobenen Textstellen gelangen Sie dann zu diesen Seiten.

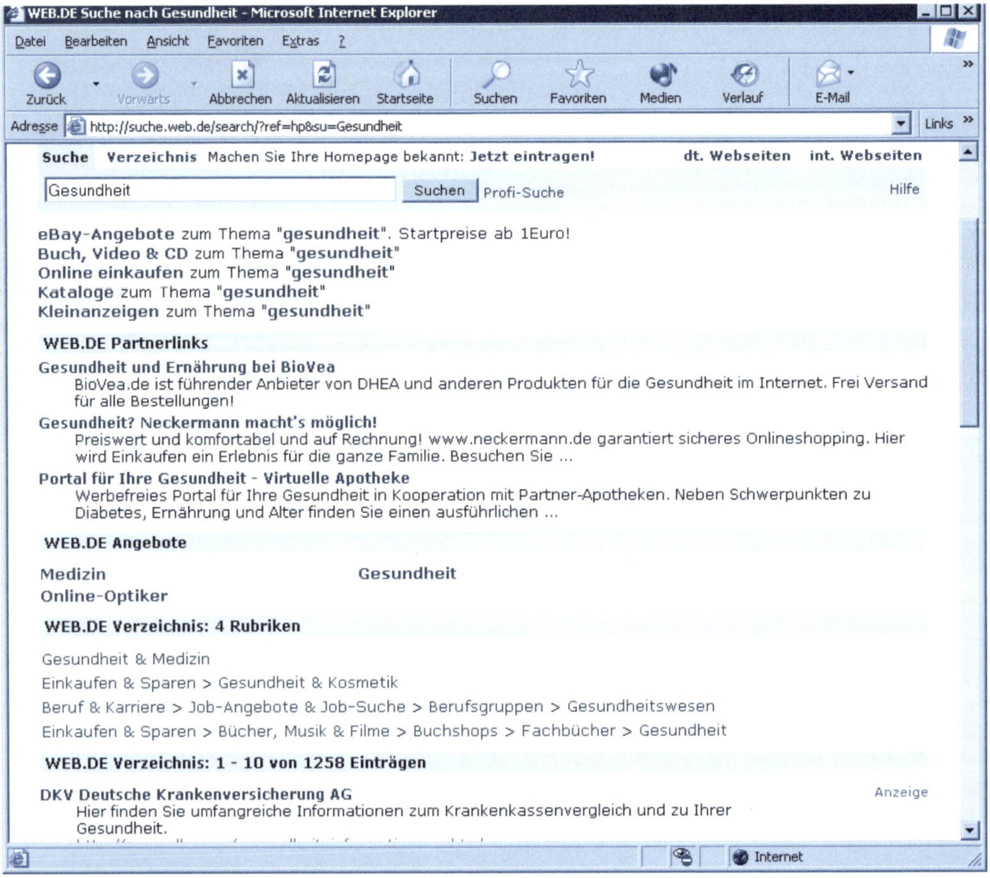

TIPP

Je nach Stichwort werden manchmal sehr viele Treffer angezeigt, die aber nicht unbedingt alle relevant sind. Um die Treffer schnell auswerten zu können, greife ich zu einem Trick: Mit einem Rechtsklick auf den Hyperlink und dem Kontextmenübefehl *In neuem Fenster öffnen* öffne ich das Dokument in einem gesonderten Fenster. Dann kann ich dieses Fenster minimieren und sehe sofort die Trefferseite. Klicken Sie stattdessen auf einen Hyperlink und verwenden anschließend die Schaltfläche *Zurück,* um zur Trefferseite zurückzugelangen, wird diese Seite jedes Mal neu aufgebaut – was ein doch etwas mühsames Geschäft ist.

Wenn eine Suchseite Sie nicht weiterbringt

Manchmal erhalten Sie auf einer Suchseite keine oder keine brauchbaren Treffer. WEB.DE ist nicht das einzige Portal bzw. die einzige Suchmaschine, über die Sie etwas im Internet finden können. Häufig ist es hilfreich, mehrere Portale bzw. Suchmaschinen zu konsultieren. Die folgende Tabelle enthält eine kleine Übersicht über Suchseiten im Web.

Adresse	Bemerkung
www.web.de	Deutsche Suchmaschine WEB.DE.
www.yahoo.de *www.yahoo.com*	Die klassische Suchmaschine Yahoo!.
www.fireball.de	Eine weitere deutschsprachige Suchmaschine.
www.lycos.de *www.lycos.com*	Deutsche und internationale Adressen der Suchmaschine Lycos.
www.google.de	Sehr gute deutschsprachige Suchmaschine.
www.altavista.de *www.altavista.com*	Deutsche und internationale Webadressen der (sehr guten) Suchmaschine Altavista.
www.sear.ch	Suchmaschine, die sich auf die Schweiz bezieht.
www.austronaut.at	Suchmaschine für Webseiten in Österreich.

Die Adresse mit der Endung *de* liefert nur deutschsprachige Inhalte, *com* durchsucht die Webseiten weltweit.

Muss ich mir all diese Adressen merken?

Bevor Sie gleich die Flinte ins Korn werfen und angesichts der Fülle der Webadressen kapitulieren – niemand muss sich das alles merken. Sie haben ja schließlich dieses Buch, in dem Sie bequem nachschlagen können. Aber auch der Browser und die Webseiten greifen Ihnen hilfreich unter die Arme.

TIPP

Wenn Sie beispielsweise über WEB.DE suchen lassen, werden in der Trefferseite am unteren Seitenrand Hyperlinks zur Suchmaschine Google in der Rubrik »Gleiche Suche in« eingeblendet. Klicken Sie auf einen solchen Hyperlink, startet WEB.DE eine Anfrage mit dem gleichen Suchbegriff bei dieser Suchmaschine.

Haben Sie keine Lust, sich die Adresse einer Suchmaschine zu merken? Kein Problem, Microsoft hat mitgedacht.

1 Klicken Sie in der Symbolleiste des Browser auf die Schaltfläche *Suchen*.

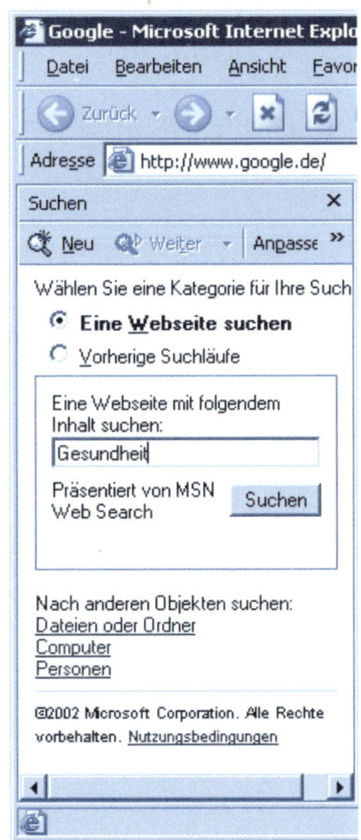

Der Browser teilt das Dokumentfenster und blendet **in der Explorer-Leiste am linken Rand** ein **Suchformular** ein. In diesem Formular ist bereits eine Suchmaschine aktiv.

Sie müssen jetzt nur den Suchbegriff eintippen und auf die Schaltfläche *Suchen* klicken. Der Browser richtet dann die Anfrage an die Suchmaschine und zeigt die Seite mit den Treffern im gleichen Fenster an. Klicken Sie auf einen Hyperlink, wird die zugehörige Webseite im rechten Dokumentfenster geöffnet.

Sie brauchen sich also keine Webadresse zu merken, um schnell zu Suchmaschinen zu gelangen. Einzige **Bedingung**: Der **Browser muss online sein**, andernfalls klappt der Aufruf der Suchseite nicht.

Gezielt suchen

Wenn Sie sich mit Suchmaschinen befassen, stoßen Sie sehr schnell auf ein kleines Problem: Häufig werden Ihnen hunderte oder tausende Webseiten als Treffer angezeigt. Für eine effiziente Suche sollten Sie die Kniffe kennen, nach denen Suchbegriffe einzugeben sind. Zehn relevante Webseiten sind besser als hunderte von nichtssagenden Treffern.

Am einfachsten ist es noch, wenn Sie nach einem Stichwort suchen. Der Begriff »Gesundheit« lässt sich direkt eingeben. Einziges Problem: unsere Sprache benutzt häufig für verschiedene Begriffe ein Wort. »Tor« kann ein Eingangstor, einen einfältigen Menschen oder ein Fußballtor bezeichnen. Sie werden viele Treffer erhalten, die sich aber auf ganz verschiedene Themen beziehen und entsprechend aufwändig ist die Suche in der Trefferliste. Als Erstes sollten Sie sich also genau überlegen, welchen Begriff Sie zur Suche verwenden möchten, um die Ausbeute zu erhöhen.

Manchmal kann es auch hilfreich sein, mehrere Wörter zu verwenden. Dabei gibt es einiges zu beachten. Möchten Sie beispielsweise nach »Günter Born« suchen, ist die Eingabe Günter Born wenig hilfreich. Die Suchmaschine versteht das als zwei Wörter, die durch ein Leerzeichen getrennt sind. Folglich sucht sie alle Webseiten, in denen der Begriff »Günter« oder der Begriff »Born« vorkommt. Na ja, den Autor Günter Born treffen Sie auf den gemeldeten Seiten durchaus ein paar Mal an, aber es sind auch die Wahlergebnisse der CDU Unkel, das Programm der Kleist-Festtage und vieles mehr dabei. Sie müssen der Suchmaschine mitteilen, dass ein aus beiden Wörtern zusammengesetzter Begriff gesucht wird. Hierzu stellen Sie den Text in Anführungszeichen (z.B. "Günter Born"). Diese Suche liefert dann weniger Webseiten mit Treffern.

HINWEIS

Ein Problem gibt es, sobald die Suchbegriffe Umlaute oder Sonderzeichen enthalten. In den internationalen Seiten lasse ich daher nach »Guenter Born« oder »Gunter Born« suchen. Dies liegt weniger daran, dass Suchmaschinen keine Umlaute kennen. Vielmehr wird mein Vorname häufig in den Webseiten verunstaltet. Dies sollten Sie immer bei Suchworten mit solchen Buchstaben berücksichtigen.

Nachdem ganz einfache Suchoperationen vorgestellt wurden, kommen wir noch zu den Möglichkeiten, die Trefferquote gezielt zu beeinflussen. Geben Sie mehrere Stichwörter bei der Suche an, verknüpfen einige Suchmaschinen diese mit Oder und es wird jede Webseite, auf der eines der Wörter vorkommt, in der Trefferliste aufgeführt (das hatten wir oben bei Günter Born, wo z.B. auch Webseiten mit »Born in Frankfurt« erscheinen, kennen gelernt).

Möchten Sie beispielsweise, dass nur Webseiten gesucht werden, die die Begriffe »Senioren« und »Gesundheit« aufweisen, müssen Sie diese Wörter durch ein Pluszeichen verbinden: »+Senioren +Gesundheit«. Soll ein Begriff dagegen ausgeschlossen werden, setzen Sie ein Minuszeichen davor: »+Senioren - Gesundheit«. Achten Sie auf das Pluszeichen vor dem ersten Wort, da einige Suchmaschinen sonst auch Einträge wie »Senioren - Gesundheit« zurückliefern.

HINWEIS

Kennen Sie die genaue Schreibweise eines Worts nicht, können Sie es auch mit Ersetzungszeichen (englisch Wildcards) wie * versuchen. Für jedes zu ersetzende Zeichen verwenden Sie einen Stern. Mit dem Suchbegriff »Haus*****« werden dann Seiten wie »Hauskatze« oder »Hausschuh« gefunden.

ACHTUNG

Beachten Sie aber, dass nicht alle Suchmaschinen solche Wildcards unterstützen. Hinweise finden Sie meist in der Hilfeseite der betreffenden Suchmaschine, die Sie über einen mit »Hilfe« o.Ä. bezeichneten Hyperlink abrufen können.

In der Webseite suchen

Haben Sie vielleicht über eine Suchmaschine eine Seite gefunden, diese enthält aber einen längeren Text? Dann kann es sehr mühselig sein, herauszufinden, wo in der Seite der Suchbegriff auftaucht. Überlassen Sie das getrost dem Browser.

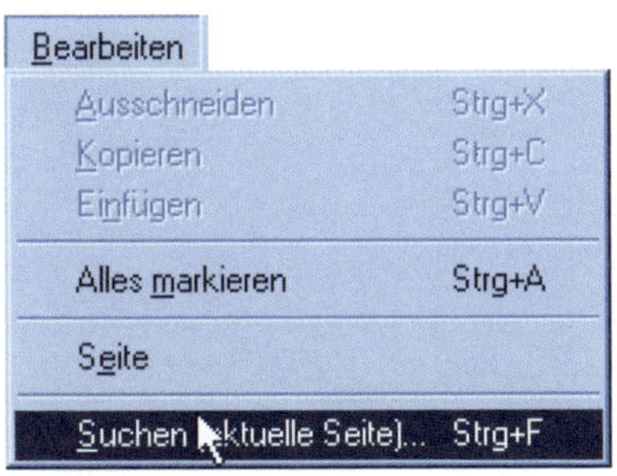

1 Sobald die Seite geladen wurde, wählen Sie in der Menüleiste des Browsers den Eintrag *Bearbeiten* und klicken anschließend auf den Befehl *Suchen*. Oder Sie drücken gleichzeitig die Tasten Strg+F.

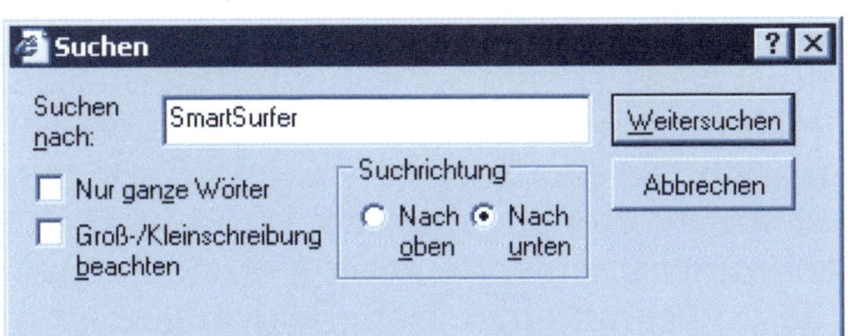

2 Im dann geöffneten Dialogfeld tippen Sie den gewünschten Suchbegriff ein, setzen ggf. die Optionen und klicken anschließend auf die Schaltfläche *Weitersuchen*.

Findet der Browser den Suchbegriff auf der Seite, hebt er diesen hervor.

Über die Schaltfläche *Weitersuchen* des noch geöffneten Dialogfelds *Suchen* können Sie nach weiteren Textstellen suchen lassen.

Damit möchte ich das Thema Suchen von Internetseiten beenden. Sollten Sie noch unsicher sein – probieren geht über studieren. In vielen Fällen reicht es, eine Suchseite wie WEB.DE aufzurufen und ein oder zwei Stichwörter einzutippen. Dann können Sie die Suchkriterien immer noch verfeinern. Und noch ein Tipp: Die Webseiten, die zu Beginn einer Trefferliste angezeigt werden, enthalten bei den meisten Suchmaschinen die höchste Übereinstimmung mit dem Suchbegriff. Und nun viel Spaß beim Suchen und Erforschen des Web!

Interessante Webseiten

Um Ihnen die ersten Ausflüge ins Internet zu erleichtern und Lust auf mehr zu machen, möchte ich an dieser Stelle kursorisch auf einige Webseiten und bestimmte Fragen eingehen.

HINWEIS

Ich habe den folgenden Abschnitt aus verschiedenen Gründen recht kurz gehalten. Sicherlich ist es auf den ersten Blick reizvoll, möglichst viele Webseiten zu beschreiben. Platzgründe erlauben es aber nur, den Inhalt jeder Seite ansatzweise anzureißen und dies erschien mir wiederum wenig sinnvoll. Darüber hinaus ist das Web sehr dynamisch, Webseiten und -adressen ändern sich fast täglich. Beschreibungen von Seiten veralten daher schnell, sind also nach wenigen Wochen wertlos. Außerdem kennen Sie selbst Ihre Interessen am besten, können also nach den gewünschten Themen im Web suchen. Die im Folgenden vorgestellten Seiten sollen Ihnen also beispielhaft zeigen, was das Internet zu bieten hat und was Sie alles damit anfangen können.

Personensuche in Deutschland

Wollten Sie nicht schon immer wissen, was aus bestimmten Leuten aus Ihrer Vergangenheit geworden ist? Wie war das doch noch mit der Abiturklasse oder mit den Studienkollegen? Mir selbst ist es leider passiert, dass der Kontakt zu meinen Studienkollegen nach Abschluss des Studiums abrupt abriss. Ich musste meine erste Stelle antreten, als viele noch in den Semesterferien waren. Es lagen keine Adressen oder Telefonnummern vor. Nach 20 Jahren hielt ich es an der Zeit, doch einmal etwas nachzuforschen, was aus den Studienfreunden geworden ist. Angefangene Recherchen in Telefonbuch-CDs führten nicht weiter und die Telefonauskunft wurde mir schnell zu teuer. Also versuchte ich es im Internet und nach einer knappen Stunde des Suchens hatte ich Telefonnummern und Anschriften vorliegen. Wie ist so etwas möglich?

- Ein erster Versuch wäre natürlich in einer **Suchmaschine** den Namen der betreffenden Person einzugeben. Manchmal hat man Glück und der Betreffende hat eine eigene Webseite (Homepage).
- Die andere Möglichkeit ist, Sie suchen nach E-Mail-Adressen über Webseiten wie *www.bigfoot.de* oder *www.suchen.de*. Leider verfügen diese beiden Adressbücher nicht über einen vollständigen E-Mail-Adressen-Bestand (was ich andererseits aber auch begrüße, da nicht jeder meine E-Mail-Adresse kennen muss).
- Am erfolgversprechendsten ist die Suche nach Telefonanschlüssen. Unter der Adresse *www.teleauskunft.de* veröffentlicht die Telekom sowohl die **örtlichen Telefonbücher** als auch die Gelben Seiten im Internet. Dort können Sie ohne Zeitdruck nach den entsprechenden Namen recherchieren.

  Wenn Sie die Teleauskunft nutzen, klicken Sie auf der Leitseite auf den Eintrag »Das Telefonbuch«. Auf der Folgeseite wählen Sie den Link »Detailsuche«. Dann erhalten Sie das nachfolgend gezeigte Formular, in dem Sie bequem einen Namen, einen Vornamen etc. eintippen können.

  Natürlich lässt sich die Teleauskunft auch für andere Recherchen nutzen. Als Bastler verwende ich immer wieder das Branchenbuch, um spezielle Teile direkt von Herstellern zu beziehen. Haben Sie bisher schon Telefonbuch und Gelbe Seiten genutzt, werden Sie sich über die vielen neuen Möglichkeiten freuen. Der Vorteil des Internets gegenüber Telefonbuch und Gelben Seiten: Sie haben Zugriff auf alle Telefonbücher in Deutschland und die Einträge werden ständig aktualisiert.

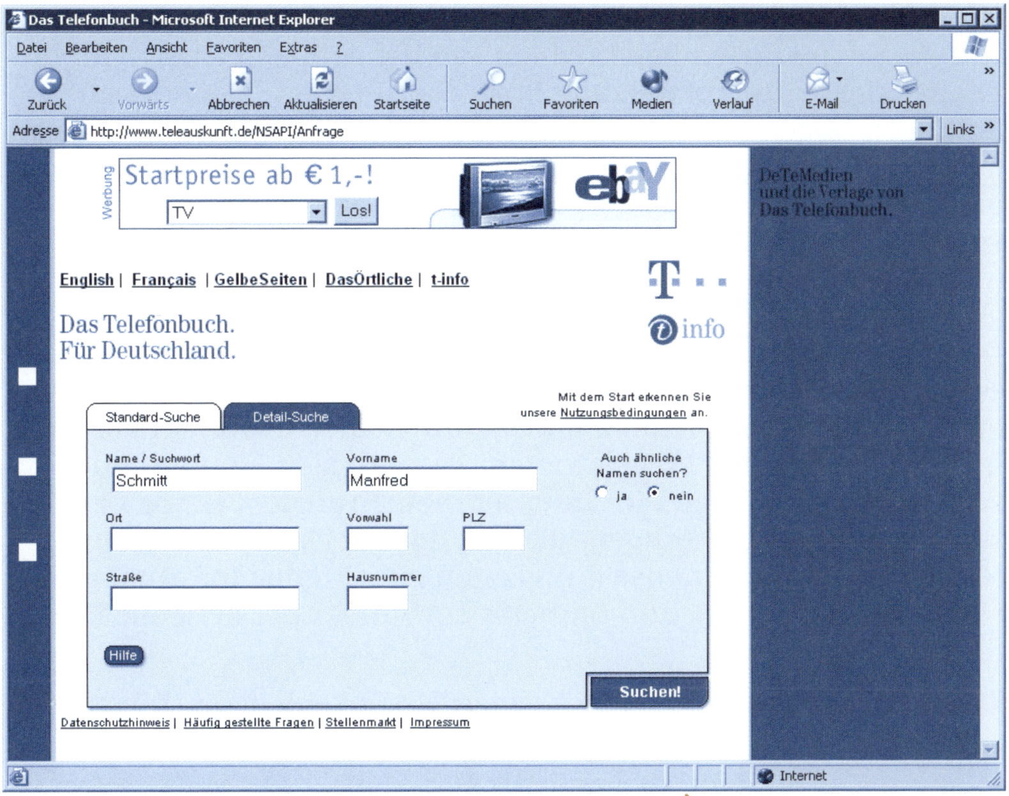

TIPP

Sollte Ihnen die Teleauskunft nicht reichen, was hindert Sie daran einfach mal in einer Suchmaschine das Stichwort »Telefonbuch« oder »Telefonnummern« einzutippen? Sie werden sich wundern, wie viele Treffer erzielt werden.

Fahrtenplanung per Internet

Sicher ist es Ihnen auch schon mal so ergangen: Sie wollten jemanden in einer fremden Stadt besuchen, hatten aber Probleme den richtigen Anfahrtsweg zu finden. Dabei ist die Anfahrt zum Zielgebiet meist noch mit aktuellen Straßenkarten zu bewerkstelligen. Aber dann kommt's – für die Stadt bräuchte man eigentlich einen eigenen Stadtplan. Weil man den nicht hat, lässt man sich den Weg von Dritten beschreiben: »an der Ampel rechts, dann die zweite oder dritte Abzweigung links, dann rechts ... oder doch links, ach fragen Sie dort doch einfach noch jemanden, ist eigentlich ganz leicht zu finden«. Mit einer guten Karte bzw. Wegbeschreibung lässt sich dagegen jedes Ziel sicher erreichen. Dies konnte ich bei mehreren Arbeitsaufenthalten in Japan feststellen, wo ich ohne Sprachkenntnisse ausgedehnte Reisen unternahm und nicht mal die japanischen Schriftzeichen lesen konnte. In Deutschland und in den benachbarten europäischen Ländern ist es ungleich einfacher. Aber ohne gezielte Reiseplanung unternehme ich keine Fahrt mehr zu unbekannten Orten. Früher haben mir noch CD-ROMs den Weg gewiesen, da diese aber häufig schnell veralten, plane ich jetzt im Internet meine Fahrten. Hier gibt es kostenlose Dienstleistungen, die von der Streckenführung über Hotelsuche bis zu Sehenswürdigkeiten eine Menge Informationen bieten. So kann ich schon mühelos vor Antritt der Reise die Reiseroute planen.

Zum Planen einer Reiseroute können Sie verschiedene Webseiten anwählen.

Nachfolgend möchte ich Ihnen an einem Beispiel zeigen, wie eine solche Reiseplanung funktionieren kann. Ich greife hierbei auf die Routenplanung von WEB.DE zurück, da die Seite leicht zu finden ist, eine Eingabe der Ortsnamen ohne Postleitzahl akzeptiert und den Aufruf verschiedener Reiseplaner erlaubt.

1 Rufen Sie die Routenplanung von WEB.DE über *route.web.de* auf.

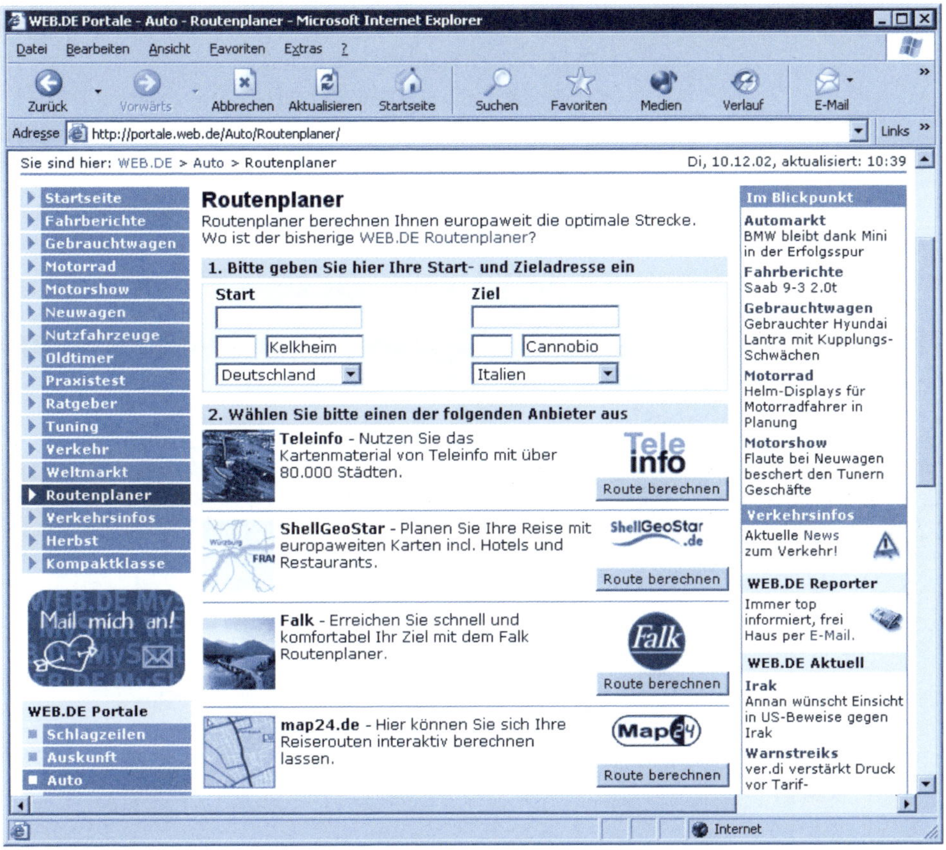

2 Tippen Sie im Formular den Startort und den Zielort ein.

Ich habe hier versuchsweise zwei Orte ausgesucht und war froh, keine Postleitzahlen eingeben zu müssen, da mir diese nicht vorlagen. Nun gilt es, die Route berechnen zu lassen. Die WEB.DE-Seite weist Routenplaner verschiedener Firmen auf. Diese besitzen einen unterschiedlichen Leistungsumfang und verschiedene Bedienoberflächen. Suchen Sie sich den Planer aus, mit dem Sie am besten klar kommen. Für die nachfolgenden Schritte habe ich den Shell GeoStar-Planer benutzt, der sowohl Karten als auch Routenangaben in Listenform bereitstellt.

3 Sind alle Eingaben getätigt, klicken Sie auf eine der Schaltflächen *Route berechnen* der Seite.

Der Routenplaner beginnt mit der Ermittlung der Fahrtstrecke und zeigt (sofern Start und Ziel eindeutig identifiziert werden konnten) nach wenigen Sekunden die Seite mit der groben Streckenkarte an.

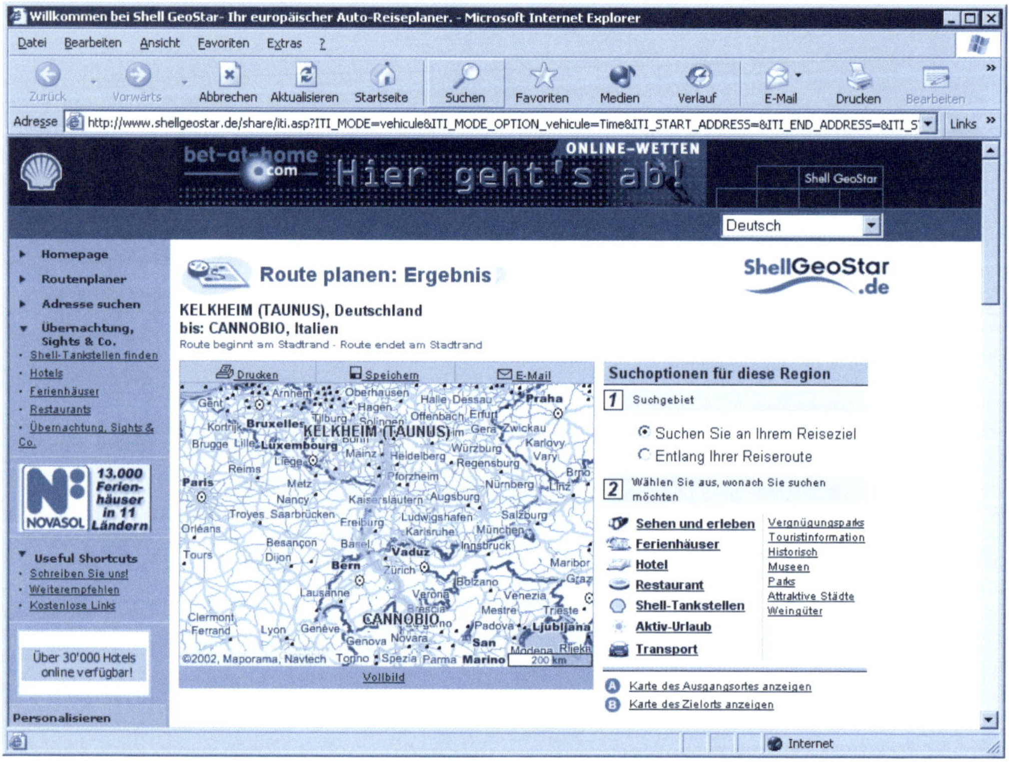

Anhand dieser Karte können Sie bereits sehr schnell erkennen, ob die Reiseroute korrekt ermittelt wurde. Hier führt die Route direkt zum Lago Maggiore in Italien, was auch so gewünscht war. Auf der gleichen Seite finden Sie noch Informationen zur Entfernung und zur Fahrtzeit. Außerdem können Sie z.B. über Hyperlinks Detailkarten des Zielgebiets abrufen und gleich die Rückreise planen lassen. Blättern Sie auf der Seite etwas nach unten, finden Sie eine detaillierte Streckenbeschreibung. Auf Wunsch können Sie sogar Etappen-Karten einblenden.

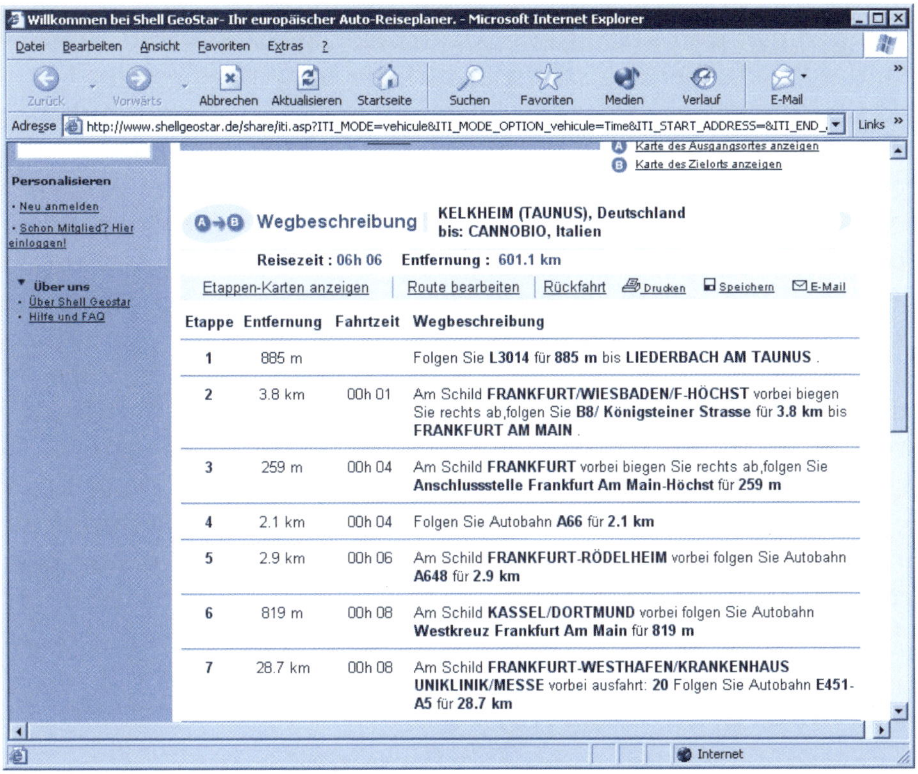

TIPP

Drucken Sie die Webseiten mit der Reiseplanung einfach aus. Dann können Sie sich bei der Fahrt die Wegbeschreibung vom Beifahrer vorlesen lassen und es kann (fast) nichts mehr schief gehen.

Leider ist die detaillierteste Reisebeschreibung wertlos, wenn Sie ein falsches Ziel eingeben. Das ist mir vor einiger Zeit passiert, als ich einen Kurzurlaub am Lago Maggiore per Internet plante (wegen Zeitmangels so gegen 23:00 am Vortag der Abreise ...). Über Internetseiten hatte ich einige Ortsnamen am See ermittelt. Bei der ersten geplanten Reiseroute war ich mir aber unsicher, ob diese auch stimmt. Also ließ ich mir zwei Reiserouten zum See ausgeben, verwechselte aber beim Zielort dummerweise Locarno mit Lugano. Während der Reise erwischte meine als Beifahrerin fungierende Ehefrau prompt den »falschen« Ausdruck. Zuerst klappte alles prima, die Beschilderung stimmte mit der mir vorgelesenen Streckenbeschreibung überein. Stutzig wurde ich, als mich die Beifahrerin laut Streckenplanung an der Abfahrt zum Lago Maggiore vorbeidirigierte. Als nach 20 km keine weitere Abfahrt zum See auftauchte, fuhr ich in eine Parkbucht, warf einen Blick auf das Endziel der Reise und wurde fast vom Schlag getroffen. Die Streckenplanung führte zwar am Lago Maggiore vorbei, dirigierte uns aber zum Luganer See. Ich hatte mich auf meine Frau verlassen und sie vertraute auf meinen Ausdruck, ohne sich um das Endziel zu kümmern. Dieser Irrtum hat uns zwar nur 15 Minuten Umweg gekostet, die Episode zeigt aber, dass zuviel »Komfort« auch Nachlässigkeit und blindes Vertrauen provoziert. Eine Kontrolle und etwas mehr Zeit bei der Reisevorbereitung hätten diesen Irrtum verhindert. Trotzdem möchte ich die Routenplanung per Internet nicht mehr missen, hat sie mir doch bei vielen Geschäfts- und Privatbesuchen Zeit und Nerven erspart.

Ihr Reisebüro im Internet

Reisen bildet, entspannt, bringt neue Eindrücke und gibt verbrauchte Kraft zurück. Dank zahlreicher Reiseanbieter sind Kurzurlaube oder längere Ferienreisen heute kein Problem mehr. Was mich persönlich aber ziemlich stört, sind die Reisevorauswahl bzw. die Reisebuchung. Entnervte und hektische Angestellte im Reisebüro, denen der Kunde mehr Last als Lust bereitet, und bereits zwei Tage nach Katalogausgabe ausgebuchte Angebote, der Zwang zur schnellen Entscheidung im Reisebüro und so weiter. Dies sind alles Umstände, die bei mir persönlich die Buchung zum Graus werden lassen.

Daher habe ich vor Jahren die Not zur Tugend gemacht. Reiseplanung findet bei mir mittlerweile im Internet statt. Ich gebe den Reisetermin, das ungefähre Reiseziel, die Personenzahl sowie die gewünschte Hotelkategorie an. Dann soll mir der Computer die entsprechenden Angebote auflisten. Diese prüfe ich dann in Ruhe auf Verfügbarkeit und vergleiche die Preise. Habe ich dann einige interessante Angebote gefunden, geht es meist zu einem kleinen Reisebüro mit kompetentem Personal, bei dem ich dann die Buchung vornehmen lasse.

HINWEIS

Hier kommen mehrere Überlegungen zum Tragen. Ich wähle von Fall zu Fall die für mich bequemste Form der Buchung. Tickets buche ich auch schon mal direkt per Internet. Bei Pauschalreisen greife ich aber gern auf die Erfahrungen und den Service des Reisebüros bei der Abwicklung zurück. So profitieren alle Seiten voneinander und sparen Zeit und Nerven.

Sie können dies ja auch einmal probieren. Kurzentschlossene können unter *www.lastminute.de* nach Ferienunterkünften, Flugreisen und mehr suchen lassen.

1 Geben Sie im Browser die Adresse *www.lastminute.de* ein und drücken Sie die [↵]-Taste.

In der Anzeige erscheint dann die Startseite, über die Sie verschiedene Rubriken wählen können. Ich habe einmal die Rubrik »Urlaub – in Italien« abgerufen. Es erscheint ein Formular, in dem ich nur noch die gewünschten Reisedaten (Reiseziel, Reisedauer etc.) eingeben musste.

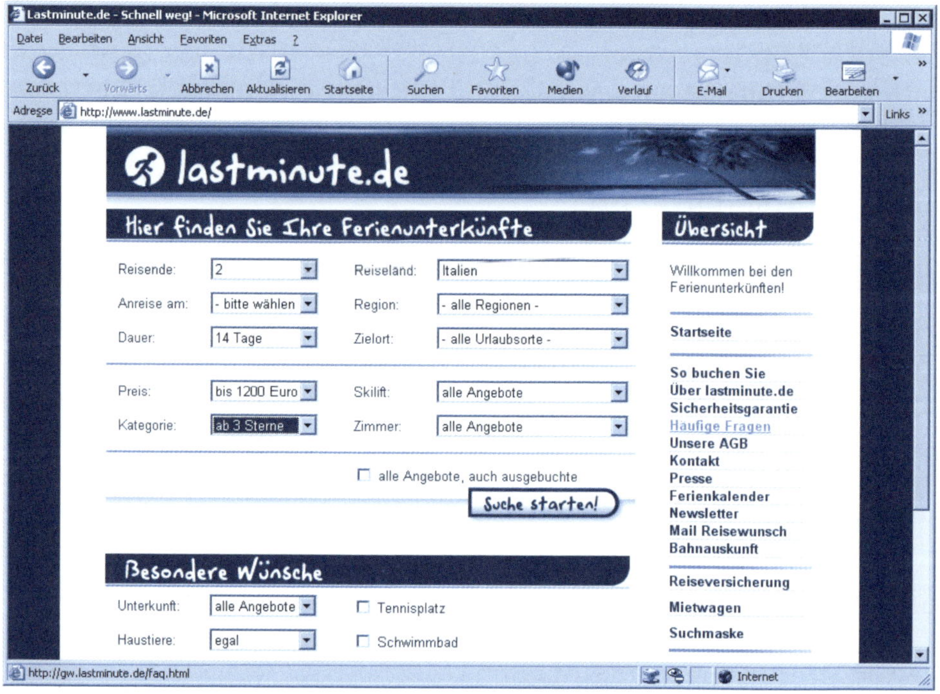

2 Sobald Sie mit den Eingaben fertig sind, klicken Sie in der Seite auf *Suchen starten*.

Auf den Folgeseiten können Sie dann die gemeldeten Angebote prüfen. Neben Preisangaben erhalten Sie Informationen über den Reiseanbieter, meist eine Objektbeschreibung sowie eine Möglichkeit, um zu prüfen, ob das Angebot noch verfügbar ist. Zudem können Sie die Angebote auch buchen.

Steht Ihnen der Sinn nicht nach Last-Minute-Reisen? Benötigen Sie spezielle Betreuung während der Reise? Möchten Sie vorab mehr über Reiseziel, Impfungen, Risiken und Ähnliches erfahren? Auch hier hilft das Internet weiter. Besuchen Sie einfach eine Suchmaschine oder ein Portal wie WEB.DE (*www.web.de*) und geben Sie einige Suchbegriffe ein.

Beim Schreiben dieses Buchs habe ich beispielsweise in WEB.DE einmal die Stichwörter »Seniorenreisen« sowie »Senioren + Reisen« eingegeben. Es wurden eine ganze Reihe an Angeboten aus diesem

Bereich angezeigt. Die meisten Portale bieten zudem auch Rubriken an, in denen Reiseberichte, Reiseführer sowie Zusatzinformationen über Reisen abrufbar sind.

(Urlaubs-) Wetter gefällig?

Planen Sie Ihre Reise kurzfristig und nutzen Sie Bahn oder PKW? Dann interessiert Sie neben der Routenplanung und der Hotelsuche bestimmt auch das **Urlaubswetter in** der **Zielregion**. Bevor Sie entnervt auf den Wetterbericht im Fernsehen warten, informieren Sie sich gezielter. Unter *wetter.web.de* finden Sie beispielsweise die Wettervorhersagen für mehrere Tage für verschiedene Gebiete in Europa. Das hat mir im letzten Herbsturlaub geholfen, da ich mit diesen Vorhersagen und etwas Glück in einem ziemlich verregneten Oktober die eine Woche mit Sonnenschein am Lago Maggiore herausfinden konnte. Das genaue Reiseziel hatte ich anhand der Wettervorhersagen herausgesucht.

HINWEIS

Für Interessierte ein weiterer Hinweis. Wenn Sie in einer Suchmaschine das Thema »Auto« wählen, erhalten Sie eine Auswahl an Seiten von Versicherungsagenturen über Preislisten und Kleinanzeigenmärkte bis hin zu Autotests und mehr.

Kostenloses, Schnäppchen und mehr

Das Internet hält viele interessante Informationen für Sie bereit. Einiges ist kostenlos und es lässt sich auch so manches Schnäppchen machen. Aber wie finden und wie die Spreu vom Weizen trennen? Wäre es nicht schön, eine Art Übersicht über interessante Angebote zu haben? Dieser Wunsch kann Ihnen erfüllt werden.

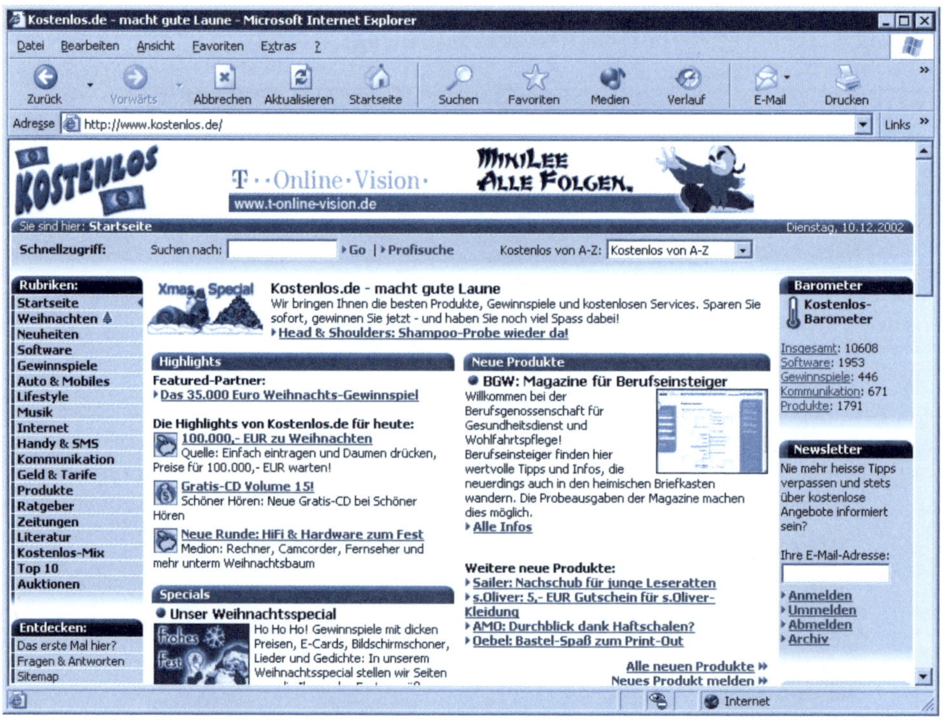

1 Rufen Sie über die Adressleiste des Browsers die Webseite *www.kostenlos.de* ab.

2 Studieren Sie die Angebote dieser Seite.

Auf dieser Seite finden Sie viele interessante Dinge, die es **kostenlos im Internet** gibt: vom Gewinnspiel über Tipps, Software bis hin zu Probeabonnements von Zeitschriften und Kuriositäten.

Suchen Sie **preiswerte Angebote** oder echte **Schnäppchen**? Interessieren Sie **Preisvergleiche** für bestimmte Produkte? Dann sind Webadressen wie *www.geizkragen.de*, *www.preisvergleich.de* oder *www.idealo.de* etwas für Sie.

ACHTUNG

Ich möchte Ihnen zwar Lust aufs Internet machen und Sie an dessen faszinierende Möglichkeiten heranführen. Aber wie im richtigen Leben hat alles seine zwei Seiten. Nur die wenigsten Firmen lassen sich von edlen Motiven bei ihren kostenlosen Angeboten leiten – auch wenn es dies aus Gründen der Imagepflege auch gibt. Häufig finden Sie in Webseiten Formulare, auf denen Sie persönliche Daten wie Anschrift, E-Mail-Adresse etc. hinterlassen sollen. Seien Sie vorsichtig damit, solche Daten einzugeben! Falls Sie dies nicht beherzigen, kann es durchaus passieren, dass Sie bald mit Werbemüll überschüttet werden – und das kann äußerst lästig werden. Manchmal ist bei den angebotenen Informationen auch nicht genau erkennbar, wo Dichtung, Werbung und Wahrheit beginnen bzw. enden. Seien Sie also kritisch bezüglich des Inhalts von Webseiten und bewerten Sie ggf. auch die Quelle. Lassen Sie Ihren gesunden Menschenverstand walten. Bei einigen Firmen mag es ja erforderlich sein, Name und Adresse zu hinterlassen. Aber nicht jedes Gewinnspiel und nicht jedes kostenlose Probeabo muss mitgenommen werden, oder?

Brauchen Sie Rat?

Manchmal hat man ein kniffliges Problem (z.B. beim Computer) und müsste eigentlich jemanden um Rat fragen. Aber wen? Nicht jeder hat schließlich im eigenen Haushalt oder in der Bekanntschaft einen Experten zur Hand.

1 Tippen Sie doch einmal die Webadresse *www.meome.de* im Browser ein.

Auf der Startseite dieses Anbieters finden Sie verschiedene Rubriken und das Feld »Sie fragen – unsere Experten antworten«. Dort lässt sich ggf. eine eigene Frage in dem kleinen Textkästchen stellen. Die Fragen werden intern an Expert(inn)en weitergeleitet, die diese (so es ihnen möglich ist) beantworten. Sie können die Antworten häufig nach kurzer Zeit nachlesen.

HINWEIS

Wenn Sie selbst Expertin bzw. Experte auf einem Gebiet sind und Ihr Wissen teilen möchten, unter dem Hyperlink »werde Experte« können Sie sich eintragen lassen. Dann können Sie Ratsuchenden zur Seite stehen.

Rund um die Gesundheit

Fragen zur Ernährung, zur Gesundheit, zu bestimmten Krankheiten, zur Pflege, zu Hilfsmitteln etc. hat wohl jeder Mensch. Bisher war man bei seiner Suche nach Informationen häufig auf einen Arzt, eine Pflegestation oder auch Zeitschriften und Bücher beschränkt. Mit dem Internet eröffnen sich Ihnen gänzlich neue Möglichkeiten. Mit wenigen Mausklicks können Sie feststellen, was es an Informationen zu einem speziellen Thema gibt. Sie erhalten Kontakt zu Spezialanbietern von Hilfsmitteln, zu Pflegediensten, können sich über Behandlungsmethoden informieren oder schauen nach, ob und wo es Selbsthilfegruppen gibt. Ein Einstieg kann per Internetverzeichnis erfolgen.

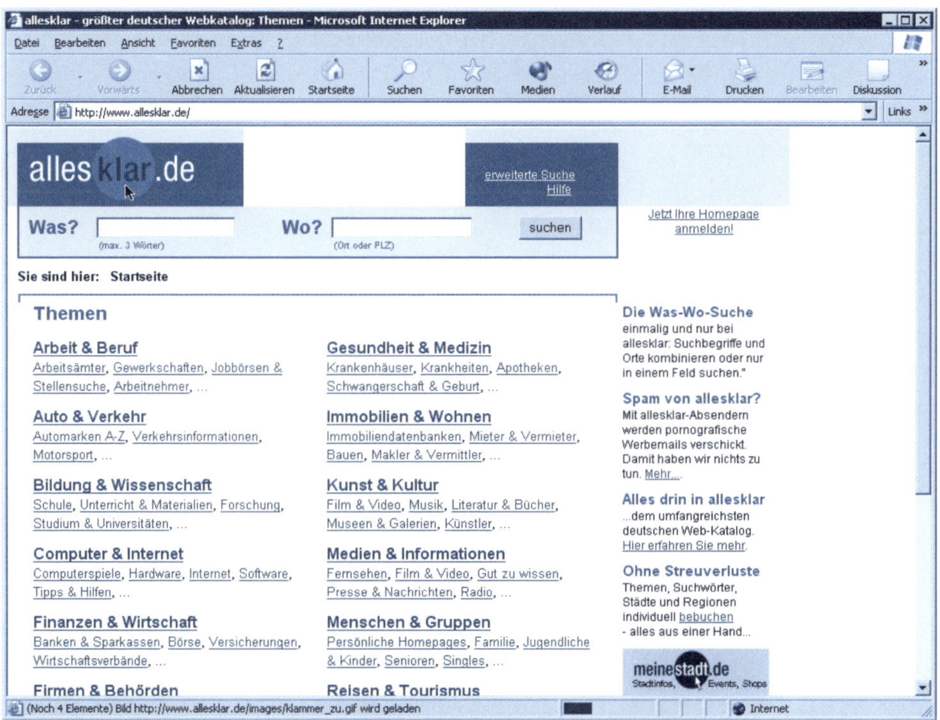

1 Tippen Sie die Webadresse *www.allesklar.de* ein.

Bei dieser Seite handelt es sich um einen der bereits erwähnten Webkataloge.

2 Klicken Sie jetzt auf den Link »Gesundheit & Medizin«.

Die Webseite listet Ihnen eine Reihe von Unterkategorien von allgemeinen Gesundheitsinfos über medizinische Selbsthilfe bis hin zu speziellen Organisationen und mehr auf.

HINWEIS

Vermutlich reicht der Einstieg über einen solchen Katalog nicht immer. Dann besuchen Sie die weiter oben erwähnten Suchmaschinen und geben gezielt Begriffe ein, nach denen Sie suchen lassen. Es ist immer wieder erstaunlich, wie viele Informationen man von Betroffenen, von Fachleuten und von Firmen im Internet bekommt. Ich selbst informiere mich beispielsweise vor Operationen oder aufwändigeren Behandlungen im Internet über Möglichkeiten, Alternativen und Risiken. Vor Jahren wurde ich von ziemlichen Rückenschmerzen am Schreibtisch geplagt. Die Informationen im Web und eine Rückenschule des örtlichen Sportvereins haben mir schnell über dieses Problem hinweggeholfen. Aber auch die hier angebotenen Informationen sollten Sie, gerade wenn es um Medikamente und »Mittelchen« geht, kritisch und mit Ihrem gesunden Menschenverstand bewerten.

Haushaltstipps sowie Essen & Trinken

Gehören Sie vielleicht zu den Sinnesmenschen, die sich für das Thema »Essen & Trinken« begeistern können? Suchen Sie nach Rezepten für Alltägliches (hier denke ich vor allem an Vertreter des starken Geschlechts, welche gelegentlich hilflos mit dem Küchenmesser in der einen und einer Kartoffel in der anderen Hand vor dem Problem des Überlebens stehen). Oder benötigen Sie ein ausgefallenes Rezept für einen besonderen Anlass? Könnten Sie den einen oder anderen Haushaltstipp gebrauchen?

Na dann los, das Internet ist der größte Bazar für Informationen zu diesem Thema. Der erste Weg sollte zu den bereits erwähnten Suchmaschinen führen. Unter Stichworten wie »Kochen«, »Essen«, »Trinken«, »Wein«, »Rezepte« etc. finden Sie eine Fülle von Webseiten, die sich mit diesen Themen befassen.

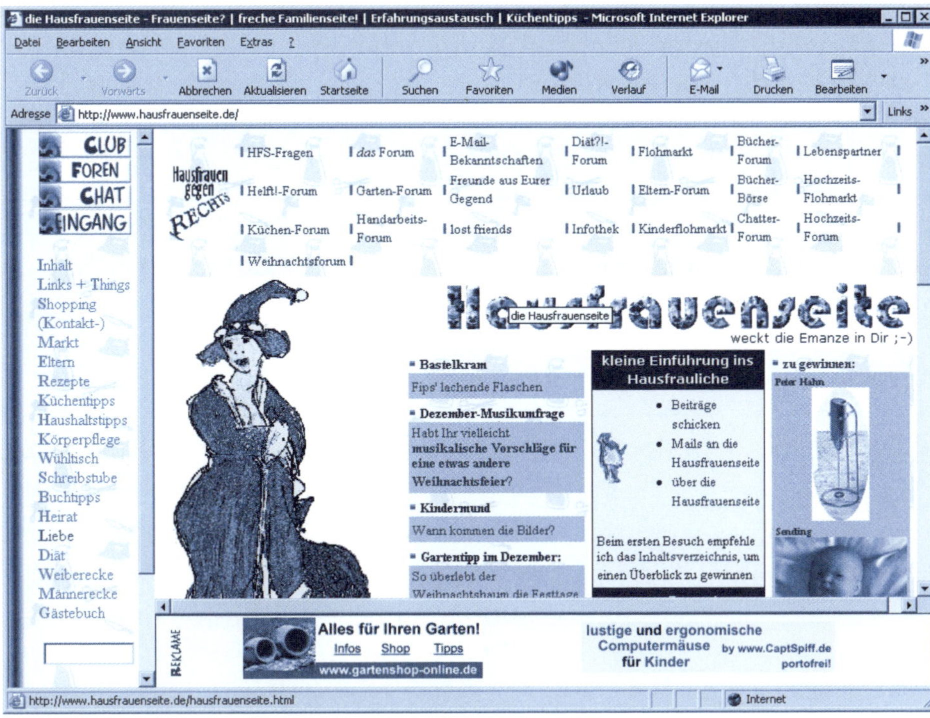

1 Besuchen Sie doch einmal die Adresse *www.hausfrauenseite.de.*

Hier finden Sie nicht nur Rezepte und Küchen- oder Haushaltstipps. Auch Kontakte zu Gleichgesinnten, ein Eingang zu Chaträumen, Buchtipps und mehr machen diese Seite zu einer interessanten Anlaufstelle für Hausfrauen (und Hausmänner).

Suchen Sie ausgefallene Rezepte oder interessieren Sie sich für die kleinen Tricks der Profis? Stellen Sie sich vor, Sie kommen in die größte Bibliothek der Welt und dürfen nach Herzenslust in Kochbüchern, Rezeptesammlungen schmökern? Gibt's nicht, meinen

Sie? Dann sollten Sie die Bibliothek wechseln: Stöbern Sie doch einmal, was das Internet alles für Sie bereit hält!

HINWEIS

Zuerst habe ich das Wort »Rezepte« in einer Suchmaschine eingegeben und war etwas vom Ergebnis enttäuscht. Da fiel mir anlässlich des schon erwähnten Kochkurses ein, ich könnte nach »Marsalla + Rezepte« in der Suchmaschine *www.altavista.de* recherchieren lassen. Das Ergebnis enthielt über 74.000 Treffer, die mich zu sehr interessanten deutschen Webseiten führten.

Die folgende Tabelle enthält einige Webadressen, von denen aus Sie Ihre Suche starten können.

Adresse	**Bemerkung**
www.derChefkoch.de	Alles rund ums Kochen: Ernährungstipps, Rezepte, Pannenhilfen, Lukullisches und mehr. Einfach mal reinschnuppern.
www.rezepte.net	Über *Rezepte.net* können Sie mehr als 25.000 Kochrezepte abrufen, im Küchen ABC nach Erklärungen suchen oder einen kostenlosen **Newsletter** (Informationen, die Sie als als E-Mail erhalten) abonnieren.
www.waskochen.de	Diese Website nimmt Ihnen mit Rezeptvorschlägen für den wöchentlichen Speisenplan die Frage ab, was morgen zu kochen ist.
www.kochen.de	Webseite der Firma Maggi mit Kochrezepten.

Gehen Sie doch einmal zu einer Suchseite und geben Sie das Stichwort »Rezepte«, gefolgt von Namen wie »Lafer«, »Käfer« oder »Klink« ein. Sie gelangen mit Sicherzeit zu Webseiten, auf denen diese Herren ihre Rezepte und kleinen Tricks verraten. Unter *www.livingathome.de* bietet die Rubrik »Essen & Trinken« viele Informationen für Genießer. Aber auch die Rubriken »Leben & Genießen« oder »Pflanzen & Gärtnern« dieser Website sind einen Besuch wert.

TIPP

Haben Sie häufiger das Problem, die Zutaten für spezielle Rezepte zu bekommen? Wie viel Champagner braucht man für eine Champagner-Mousse? Lohnt sich das? Brauchen Sie Zutaten fürs Brotbacken? Suchen Sie spezielle Tortengarnituren? Möchten Sie angesichts der vielen Skandale im Lebensmittelbereich Ihre Wurst oder Ihren Käse selbst herstellen? Alles das, was die Profis im Bäcker- und Konditorenhandwerk oder im Metzgereibetrieb so verwenden, bleibt Otto Normalverbraucher vorenthalten. Daher ein Tipp vom Hobbykoch: Besuchen Sie einmal die Webseite *www.hobbybaecker.de*. Dort finden Sie nicht nur Anregungen, sondern gelangen auch zum Sortiment des Hobby-Bäcker-Versands. Ist schon interessant, was dem Insider so alles zur Verfügung steht.

Für Weinliebhaber stellt das Internet ebenfalls eine Reihe Webseiten bereit. Geben Sie einfach das Stichwort »Wein« in einer Suchmaschine ein. Oder starten Sie gleich über *www.weinguide.de* in die Welt der edlen Tropen. Wer über Fremdsprachenkenntnisse verfügt, wird sicherlich auch in französischen, italienischen, kalifornischen, australischen, südafrikanischen oder spanischen Webseiten fündig. Aber selbst die deutschsprachigen Weingüter und -händler sind mit vielen Seiten vertreten. Nur die Weinprobe kommt bei dieser Art der Degustation etwas zu kurz.

Spezielles für Senioren

Interessieren Sie Webseiten, die sich mit Themen der zweiten Lebenshälfte auseinandersetzen? Suchen Sie Kontakt zu Gleichgesinnten und möchten Sie an den Erfahrungen Gleichaltriger teilhaben? Obwohl viele den Begriff »Senior(in)« (ver-)meiden, möchte ich Ihren Blick doch auf dieses Stichwort lenken. Sicherlich bietet das Web viele Themen, die Menschen sowohl in der ersten als auch in der zweiten Lebenshälfte interessieren. Mit dem Begriff »Senioren« können Sie sich aber auf Bereiche konzentrieren, die stärker Menschen ab 50 betreffen.

Die typischen Seniorenseiten »leiden« noch etwas darunter, dass sie von engagierten Hobbyisten gestaltet werden. Aber was an Umfang vielleicht noch fehlt, machen die Inhalte sowie die Möglichkeit zum Kennenlernen Gleichgesinnter allemal wett!

1 Besuchen Sie doch einmal die Seite *www.seniorennet.de.*

Hier sehen Sie die Eingangsseite der Interessengemeinschaft SeniorenNet. Über Links gelangen Sie zu regionalen Angeboten, können Chaträume besuchen und weitere Angebote abrufen.

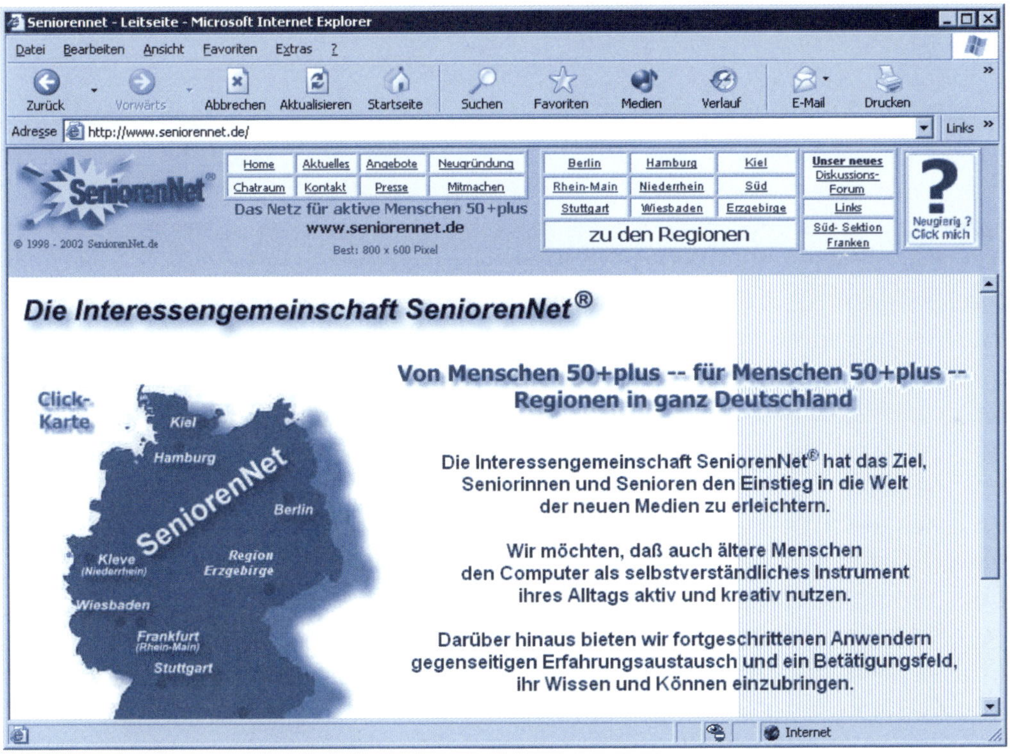

Die folgende Tabelle enthält einige weitere Adressen von Webseiten, die sich mit Seniorenthemen befassen.

Adresse	**Bemerkungen**
www.cafegarten.de	Eine schöne Webseite mit interessanten Themen und netten Leuten.
www.seniorentreff.de	Interessante Einstiegsseite für deutschsprachige Senioren.
www.seniorweb.ch	Link für Senioren in der Schweiz
www.feierabend.com	Webportal für Leute in den »besten Jahren«.
www.netzpunkt.de/url/senioren.htm	Seite mit vielen Links zu Webseiten für Senioren.

TIPP

Interessieren Sie sich für Sport? Fast jedes Webportal hält eine Rubrik zu diesem Thema bereit. Ihr persönliches Fernsehprogramm lässt sich unter *www.tvtv.de* zusammenstellen. Besuchen Sie auch die ZDF-Seite *www.zdf.de*, um sich ggf. über das Fernsehprogramm zu informieren. Sind Sie an Politik interessiert? Über *www.bundestag.de* kommen Sie zu einem Portal rund um den Deutschen Bundestag, welches auch Links zu allen im Bundestag vertretenen Parteien bietet. Viele Städte (z.B. *www.berlin.de*) und Kommunen sind ebenfalls im Internet mit Stadtplänen, Veranstaltungshinweisen, Beschreibungen von Sehenswürdigkeiten und mehr vertreten. Einen guten Einstieg finden Sie über *www.bundesgebiet.de*. Schauen Sie einmal nach, was Ihre Gemeinde so im Internet anbietet. Aber mit dieser Aufzählung soll es nun genug sein. Da sich Internetadressen ändern können und eine Auswahl immer subjektiv ist, empfehle ich Ihnen eines der Webportale oder eine Suchmaschine anzuwählen (z.B. *www.web.de*) und dann nach dem gewünschten Stichwort recherchieren zu lassen. Zu den allermeisten Stichworten werden Sie mehr als genug Treffer in der Ergebnisseite finden. Wechseln Sie bei Bedarf auch mal zwischen verschiedenen Suchmaschinen, um neue Seiten zu finden.

Cookies, Viren und sonstiges

In diesem Buch dürfen Hinweise auf Risiken und negative Begleiterscheinungen des Internets natürlich nicht fehlen. Viele Webanbieter versuchen Informationen über Sie als Surfer zu erhalten. Es gibt auch Zeitgenossen, die ihre Mitmenschen gezielt durch Computerviren schädigen wollen. Damit Sie beim Surfen keinen Schiffbruch erleiden, sollen auf den folgenden Seiten Fragen nach der Sicherheit beim Surfen gegen das Ausspionieren von Benutzerdaten, Kennwörtern oder der Schutz vor Viren kurz besprochen werden.

Schutz vor Viren

Viren sind Computerprogramme, die Schäden an Ihrem Computer anrichten können. Daneben gibt es noch so genannte **Trojanische Pferde**, die sich unbemerkt auf dem Rechner einnisten und den Benutzer bzw. seine Kennworteingaben ausspähen und per Internet an ihre Urheber melden.

Trotz entsprechender Meldungen in der Presse ist die reale Virengefahr aber begrenzt. Die Schäden lassen sich in der Regel durch umsichtiges Verhalten der Benutzer verhindern.

- **Viren** und Trojanische Pferde können Sie sich **per Internet einschleppen**, wenn Sie Programme herunterladen und dann auf dem Rechner ausführen.
- Die **zweite Quelle** für solche »Schädlinge« sind **E-Mails mit angehängten** Dateien und **Programmen**. Öffnet der Benutzer einen solchen Anhang, wird das Programm ausgeführt.

Schützen können Sie sich vor Viren, indem Sie Programmdateien nur von vertrauenswürdigen Webseiten herunterladen. E-Mails mit Anhängen von unbekannten Personen sollten Sie auf keinen Fall öffnen und die Nachricht im Zweifelsfall löschen.

ACHTUNG

Den zuverlässigsten Schutz bieten natürlich so genannte Virenschutzprogramme. Die deutsche Firma H+BEDV Datentechnik GmbH bietet unter der Webadresse *www.free-av.de* die Möglichkeit an, den Virenscanner **AntiVir** kostenlos herunterzuladen. Sie dürfen dieses Programm auf dem privaten Computer kostenlos nutzen. Es gibt weitere Anbieter (z.B. Symantec mit **Norton AntiVirus**) von Virenschutzprogrammen, die sogar aus dem Internet heruntergeladene Dateien prüfen. Jeder gute Fachhändler wird Ihnen hier eine Beratung geben können. Wichtig ist aber, dass Sie diese Programme von Zeit zu Zeit aktualisieren, da immer neue Viren auftauchen.

Gelegentlich stoßen Sie vermutlich auch auf den Begriff **Firewall**. Was steckt dahinter? Nun, während Sie im Internet surfen, könnten Dritte über die bestehende Telefonverbindung aus dem Internet Kontakt mit Ihrem Computer aufnehmen und diesen ausspionieren. Solange Sie nur kurzzeitig im Internet online sind, ist diese Gefahr gering. Leute oder Firmen, die z.B. mit DSL rund um die Uhr online sind, setzen sich einer höheren Gefahr aus. Ein Firewall ist ein auf dem lokalen Computer installierbares Sicherheitssystem, welches Zugriffsversuche aus dem Internet auf diesen Computer blockiert. Falls Sie einen Rechner mit Windows XP verwenden, ist automatisch ein solcher Firewall vorhanden. Da die Handhabung der Sicherheitseinstellungen aber umfangreichere Kenntnisse erfordert, möchte ich dieses Thema an dieser Stelle nicht vertiefen. Im privaten Bereich, in dem nur ein Rechner kurzzeitig mit dem Internet verbunden ist, spielen Firewalls keine große Rolle.

HINWEIS

An dieser Stelle noch ein Hinweis für Überängstliche: In gut 16 Jahren intensiver Arbeit am PC habe ich bisher nur in drei Fällen Viren erhalten. In allen Fällen hatte ich Glück, die Viren wurden sofort identifiziert und konnten keinen großen Schaden anrichten. Der Überträger dieser Viren war aber in keinem Fall eine Webseite im Internet (sondern E-Mails oder aus dem Internet geladene Programme).

Wie kann ich mich sonst noch schützen?

In Kapitel 2 hatte ich Sie vor der (unbeabsichtigten) Installation so genannter Dialer-Programme gewarnt. Diese und andere »Schädlinge« nutzen häufig ungenügende Sicherheitseinstellungen des Browsers zur automatischen Installation. Wenn Sie ein Dialogfeld mit der Frage, ob eine so genannte **ActiveX-Komponente** installiert werden soll, erhalten, versucht die gerade angesurfte Webseite, eine solche Komponente auf Ihrem Computer zu installieren. Lassen Sie diesen Schritt zu, kann diese ActiveX-Komponente später ohne weitere Nachfragen ausgeführt werden. Diese eigentlich von Microsoft gut gemeinte und zur Erweiterung der Browserfunktionen eingeführte Option erweist sich als Einfallstor für kriminelle Aktivitäten. Handelt es sich bei der installierten ActiveX-Komponente um einen Virus oder einen Trojaner, stehen dem Missbrauch Tür und Tor offen. Standardmäßig wird der Internet Explorer von Microsoft so eingestellt, dass beim Surfen bestimmte Sicherheitseinstellungen gewährleistet sind. Um der Gefahr einer unbeabsichtigten Installation von ActiveX-Komponenten vorzubeugen, können Sie die betreffenden Sicherheitseinstellungen weiter verschärfen.

1 Wählen Sie hierzu im Fenster des Internet Explorer den Befehl *Internetoptionen* im Menü *Ansicht* bzw. im Menü *Extras* (hängt von der Browserversion ab).

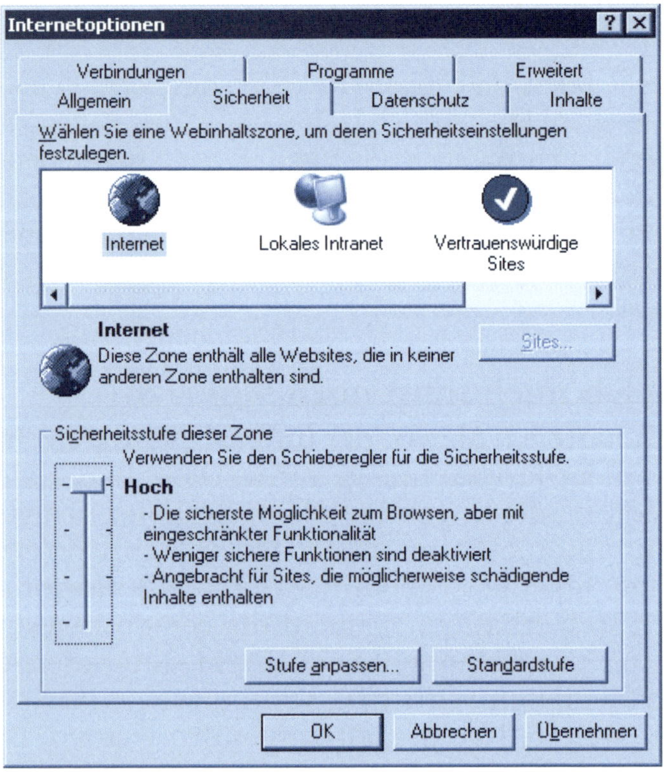

2 Auf der Registerkarte *Sicherheit* wählen Sie die Zone »Internet« und setzen dann die Sicherheitsstufe für diese Zone von »Mittel« auf »Hoch«.

Beim Schließen der Registerkarten über die *OK*-Schaltfläche wird die Sicherheitsstufe aktiv. Das Einstellen der Sicherheitsstufe erfolgt, je nach Browserversion, mit unterschiedlichen Elementen. Beim Internet Explorer 4.0 wird die Zone über ein Listenfeld und die Sicherheitsstufe über ein Optionsfeld angegeben. Ab dem Internet Explorer 5.0 zeigt die Registerkarte *Sicherheit* dagegen die Zonen über Symbole an und die Einstellung der Sicherheitsstufe erfolgt über einen Schieberegler.

FACHWORT

Listenfelder werden auf Registerkarten zur Auswahl von Werten benutzt. Über eine kleine Schaltfläche am rechten Rand des Listenfelds lässt sich die Liste zur Auswahl des Werts öffnen. **Optionsfelder** sind dagegen die kleinen Kreise auf Registerkarten, die eine Auswahl einer Variante aus einer Gruppe von Optionen erlauben. Das aktuell gewählte Optionsfeld wird durch einen kleinen schwarzen Punkt markiert. Im Gegensatz dazu stehen die viereckigen **Kontrollkästchen**, bei denen Optionen durch ein eingeblendetes Häkchen aktiviert werden.

Je höher die Sicherheitsstufe für die Zone »Internet« gesetzt wird, umso mehr wird die Funktionalität des Browsers eingeschränkt. Es kann dann passieren, dass sich verschiedene Webseiten nicht mehr anzeigen lassen (weil diese niedrigere Sicherheitsstufen erfordern). Sie müssen sich daher entscheiden, ob Sie dieses Risiko eingehen oder lieber auf den Besuch der betreffenden Seite verzichten.

HINWEIS

Erfahrene Benutzer können auf der Registerkarte *Sicherheit* die Schaltfläche *Stufe anpassen* betätigen. Der Browser zeigt dann ein Dialogfeld mit allen Sicherheitsoptionen (gemäß den Microsoft-Vorgaben für die betreffende Stufe). Sie können die Markierung der Optionsfelder für ActiveX-Steuerelemente und Plug-Ins sowie für Active Scripting auf »Deaktivieren« stellen, um die Sicherheitseinstellungen noch zu verschärfen. Sie werden dann aber bei vielen Webseiten den Hinweis erhalten, dass sich diese nicht mehr nutzen lassen.

Was sind Cookies?

Wer im Web surft, wird früher oder später auf den Begriff der Cookies stoßen. Dieser von dem englischen Wort für Plätzchen herstammende Begriff beschreibt einen Mechanismus, bei dem eine Webseite eine kleine Textdatei auf Ihrem Rechner ablegt.

Besuchen Sie diese Webseite erneut, liest diese die Informationen aus der Cookie-Datei und »weiß« dann zumindest über Ihren letzten Besuch Bescheid. Einige Webseiten verwenden solche Cookies, um Einstellungen, die der Benutzer bei der persönlichen Anpassung der Seite gewählt hat, zu speichern. Oder es wird die Identifizierung des Benutzers über diese Cookies vorgenommen.

An sich sind Cookies eine gute Sache. Ärgerlich ist aber der Umstand, dass Cookies für Sie als Benutzer überhaupt nicht kontrollierbar sind. Sie wissen nicht, welche Daten von Ihnen gespeichert werden. Und es gibt Firmen, die über diese Cookies die Surfgewohnheiten der Internetnutzer auskundschaften. Aus diesen Gründen will ich nicht, dass mich jede »Wald-und-Wiesen«-Webseite mit ihren Cookies beglückt. Daher folgende Tipps:

- Schalten Sie die automatische Cookie-Annahme ab.
- Akzeptieren Sie Cookies nur von Webseiten, von denen Sie meinen, dass sie in Ordnung sind (z.B. um persönliche Profile abzulegen). Webseiten mit Bestellsystemen benötigen z.B. Cookies, um den Inhalt des Warenkorbs auf Ihrem Computer zu speichern.
- Meiden Sie Webseiten, die allzu aufdringlich Cookies bei jedem Ihrer Schritte setzen möchten, aber eigentlich keinen Grund hierzu angeben.

HINWEIS

Das Abschalten der automatischen Cookie-Annahme erfolgt im Internet Explorer Version 4 auf der Registerkarte *Erweitert* (Aufruf über den Befehl *Internetoptionen* im Menü *Ansicht*). Suchen Sie die Kategorie »Sicherheit« und dann »Cookies«. Markieren Sie das Optionsfeld *Vor Annahme von Cookies fragen.*

Beim Internet Explorer ab der Version 5 wird die Cookie-Annahme mit folgenden Schritten abgeschaltet:

1 Wählen Sie den Befehl *Internetoptionen* im Menü *Extras.*

2 Auf der Registerkarte *Sicherheit* wählen Sie als Zone *Internet*.

3 In der Gruppe *Sicherheitsstufe dieser Zone* klicken Sie auf die Schaltfläche *Stufe anpassen*.

4 Im dann angezeigten Dialogfeld *Sicherheitseinstellungen* suchen Sie den Eintrag *Cookies*.

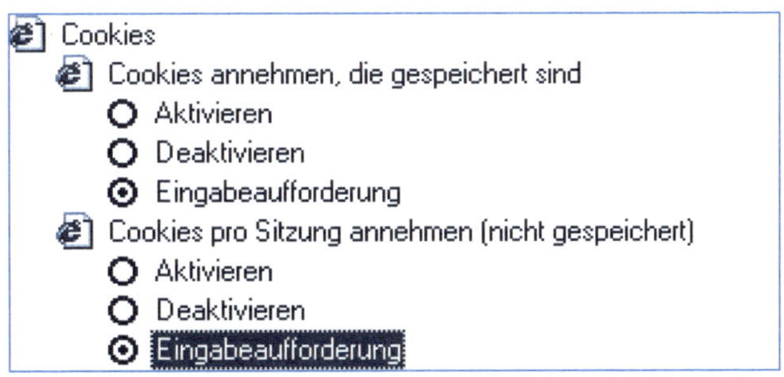

5 Markieren Sie im Zweig *Cookies pro Sitzung annehmen (nicht gespeichert)* das Optionsfeld *Eingabeaufforderung*.

Sobald Sie die Dialogfelder und Registerkarten über die *OK*-Schaltfläche schließen (das gilt für alle Versionen), wird die neue Einstellung übernommen.

HINWEIS

Der Internet Explorer 6.0 enthält im Eigenschaftenfenster *Internetoptionen* zusätzlich die Registerkarte *Sicherheit*. Über einen Schieberegler können Sie die Datenschutzeinstellung (Standardvorgabe ist »Mittel«) für die Internetzone verändern.

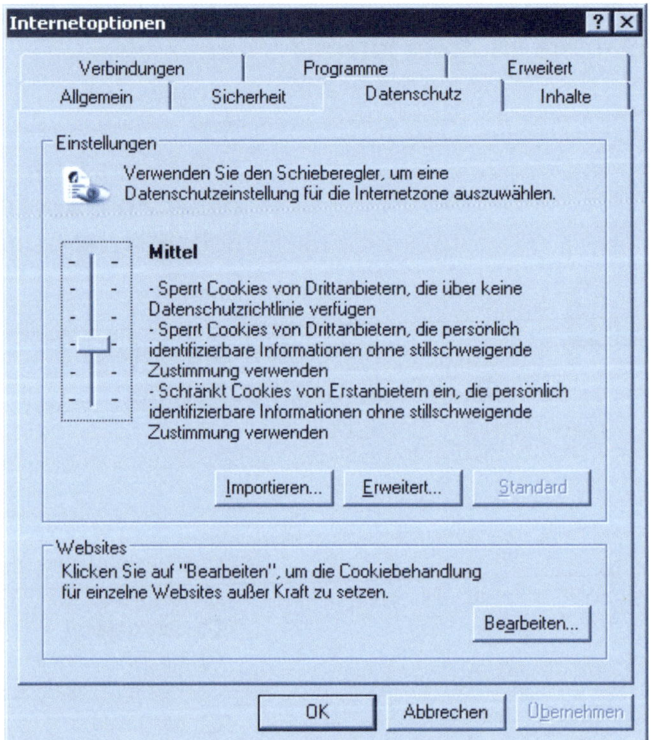

TIPP

Die Version des Internet Explorer ermitteln Sie, indem Sie im Hilfemenü den Befehl *Info* wählen. Dann erscheint ein Dialogfeld, welches die Versionsangabe enthält.

Wenn Sie nach Anpassung der Cookie-Einstellungen im Internet Explorer Webseiten besuchen, erscheint jedes Mal, wenn die Seite ein Cookie setzen möchte, folgendes Dialogfeld.

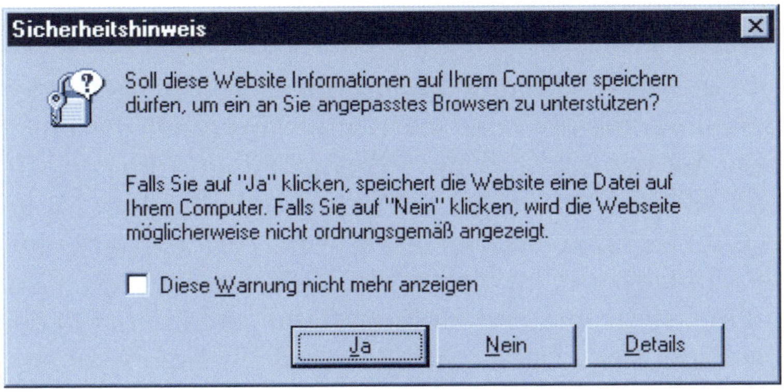

Nur wenn Sie die *Ja*-Schaltfläche anklicken, kann die Webseite ein Cookie ablegen. Meist klicke ich auf die Schaltfläche *Nein*, um das Cookie abzulehnen. Im Internet Explorer 6.0 sieht das Dialogfeld geringfügig anders aus. Die Schaltflächen heißen dort *Zulassen* und *Ablehnen*. Die Webseiten fragen oft mehrfach nach, d.h., Sie müssen auch mehrfach die betreffende Schaltfläche wählen.

HINWEIS

Nervt mich eine Webseite mit solchen Cookies sehr, muss sie schon sehr sehr gute Inhalte bieten, damit ich sie erneut besuche oder Cookies zulasse. Viele Webseiten haben auf diese Weise schon zahlreiche Besucher verloren – eine Ausnahme sind natürlich solche Seiten, die Cookies wirklich benötigen (z.B. für den Warenkorb). Wenn alle Benutzer so reagieren, merken die Seitenbetreiber dies schnell und stellen sich um. Viele gute Webseiten fallen mir mittlerweile dadurch auf, dass sie keine Cookies benutzen. Diese Seiten überzeugen durch Inhalt und nicht durch Tricks.

TIPP

Der Internet Explorer 6.0 erlaubt Ihnen Cookies zu löschen, indem Sie über den Befehl *Internetoptionen* im Menü *Extras* das Eigenschaftenfenster öffnen. Auf der Registerkarte *Allgemein* finden Sie dann die Schaltfläche *Cookies löschen.* Ältere Versionen des Internet Explorer hinterlegen Cookies im Windows-Ordner, und zwar entweder im Unterordner *Cookies* oder im Unterordner *\Profiles\[name]\Cookies.* [name] steht hier stellvertretend für Ihren Benutzernamen, mit dem Sie am PC angemeldet sind. Ziehen Sie einfach die Ihnen obskur erscheinenden Cookie-Dateien aus dem Ordnerfenster zum Papierkorb.

Geld und Sicherheit im Internet

Ein wichtiges Thema stellen die eigenen Finanzen dar. Onlinebanking, Aktienhandel mit Direktbrokern, Bestellungen und Bezahlung im Internet sind teilweise brisante Themen. Auch hier möchte ich Ihnen zeigen, wie Sie Klippen und unsicheres »Fahrwasser« umgehen.

Bestellung und Bezahlung per Internet

Das Internet glänzt neben Informationen vor allem durch Angebote. Einige Firmen werben lediglich für ihre Produkte, aber es tauchen auch immer mehr virtuelle Einkaufsläden im Internet auf. Von Büchern über CDs oder Reisen bis hin zu Lebensmitteln können Sie fast alles per Internet bestellen und ins Haus liefern lassen. Zudem erfreuen sich Onlineversteigerungen (z.B. *www.ebay.de*) steigender Beliebtheit. Damit es später keinen Ärger gibt und Sie keinen finanziellen Schaden erleiden, sollten Sie einige Grundregeln beherzigen.

Sind Internetbestellungen rechtskräftig?

Diese Frage wird von den meisten Juristen mit Ja beantwortet. Wenn Sie etwas im Internet bestellen oder ersteigern, kommt zwischen Ihnen und dem Verkäufer ein rechtsgültiger Vertrag zustande. Dem Verkäufer obliegt aber im Zweifelsfall der Nachweis, dass die Bestellung von Ihnen wirklich ausgelöst wurde.

Bezahlung, wie läuft das?

Ein heikles Thema ist die Bezahlung von Internetkäufen. Kreditkartenbetrug gehört zur häufigsten Kriminalitätsform im Internet.

- Am seriösesten sind Anbieter, die auf Rechnung liefern.
- Eine weniger optimale Lösung ist die Bezahlung per Nachnahme (Sie haben vorab keine Möglichkeit zur Prüfung des Lieferumfangs).
- Besser ist eine Abbuchungserlaubnis (hier können Sie ggf. der Abbuchung bei der Bank widersprechen, wenn die Lieferung nicht eintrifft oder den Erwartungen nicht entspricht).
- Viele Anbieter verlangen Kreditkarten zur Begleichung der Warenwerte. Dem sollten Sie sehr kritisch gegenüberstehen – Sie können nie kontrollieren, was mit Ihren Kreditkartendaten passiert. Was ist, wenn der Rechner des Anbieters von Hackern geknackt wird, die dann die Kreditkartendaten im Internet weiterreichen? So etwas ist alles schon passiert!
- Eine recht pfiffige Lösung bietet der Dienst **Paypal**, um Geld per Internet zu transferieren. Als Privatperson kann man sich kostenlos unter *www.paypal.com* registrieren. Dabei werden Kreditkarte oder Bankverbindung angegeben. Um etwas zu bezahlen, teilt man Paypal die E-Mail-Adresse des Empfängers und den Betrag mit. Der Dienst Paypal schickt dem Empfänger die Information über die Zahlung per E-Mail. Akzeptiert der Empfänger, wird der Betrag auf dessen Paypal-Konto gutgeschrieben. Seit der Anbieter eBay hinter diesem Modell steht, erfreut es sich steigender Beliebtheit und wird von immer mehr Web-Shops akzeptiert. Eine ausführlichere Anleitung findet sich z.B. unter *www.ich-surfe-gratis.de/gratis/surfen/paypal.htm*

ACHTUNG

Verlangt ein Anbieter **Vorkasse**, sollten Sie einen großen Bogen um den Webshop machen. Wenn etwas schief geht, sehen Sie Ihr Geld mit hoher Wahrscheinlichkeit nie wieder. Achten Sie auch darauf, dass Sie die Adresse des Anbieters auf der Webseite finden, um ggf. bei Reklamationen einschreiten zu können. Bestellungen im Ausland sind teilweise wegen ungeklärter Zoll- und Mehrwertsteuerfragen mit Vorsicht zu genießen. Achten Sie bei allen **Angaben** zu **Kontonummer** oder **Kreditkartennummer** für die Abbuchungen darauf, dass der Anbieter eine **sichere Verbindung** über HTTPS bzw. über SSL bereitstellt (siehe unten).

Eine **sichere Verbindung** zu einem HTTPS-Webserver **erkennen** Sie daran, dass in der Adressleiste der Text *https://* anstelle von *http://* angezeigt wird. Noch wichtiger ist aber, dass der Internet Explorer Ihnen beim Zugriff auf eine solche Webseite die sichere Verbindung bestätigt.

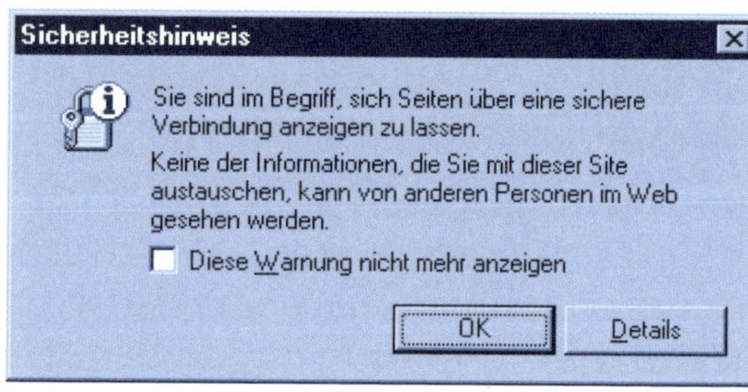

Diese Bestätigung erfolgt über das nebenstehende Dialogfeld, welches Sie über die *OK*-Schaltfläche schließen.

Beim Verlassen der sicheren Seiten erscheint ein ähnlicher Sicherheitshinweis.

HINWEIS

Solange die **sichere Verbindung** besteht, wird dies in der Statuszeile des Browsers **durch** ein stilisiertes **Schloss angezeigt**.

Einige Unternehmen reichen die verschlüsselten Kreditkartendaten direkt zur Zahlungsstelle weiter, kommen also gar nicht in den Besitz der Kreditkartennummer. Wenn es sich um seriöse Anbieter mit solchen Sicherheitsmaßnahmen handelt, ist die Bezahlung per Kreditkarte als sicher zu betrachten. Problematisch wird die Sache, wenn keine sichere Verbindung besteht oder wenn das Unternehmen bei der Datenübernahme schlampt. Dann können Kreditkartennummern in dunkle Kanäle des Internets geraten und für kriminelle Zwecke benutzt werden.

HINWEIS

Ich selbst nutze das Internet gelegentlich für Bestellungen bei seriösen Anbietern. Nach Möglichkeit vermeide ich aber Kreditkartenzahlungen. Ärgerlich ist auch, dass viele Internetanbieter ihre Hausaufgaben nicht gemacht haben. Von schlecht gestalteten Webseiten, bei denen ohne Möglichkeit zur Kontrolle oder ohne weitere Nachfrage eine Bestellung ausgelöst wird, über nicht reagierende Kundencenter, die E-Mails mit Stornos oder Reklamationen ignorieren bis hin zu Lieferverzögerungen um Wochen ist alles drin. Aber es soll auch erwähnt werden, dass es gute Anbieter gibt, die pünktlich liefern, umgehend eine Lieferbestätigung ausstellen und auch sonst keinen Service missen lassen. Renommierte Versandhäuser wie Quelle, Neckermann oder Otto, die ihr Geschäft beherrschen, haben diese Probleme eigentlich im Griff.

Bei *www.web.de* gibt es eine Rubrik »WEB.DE Shopping«, die sich mit Einkaufen im Internet befasst. In diesem Webportal ist eine Liste renommierter Anbieter von Webshops abrufbar. Die Anbieter von Büchern und CDs wie *www.amazon.de, www.buch.de* oder *www.buecher.de* bieten ebenfalls entsprechende Modelle zur Bezahlung an.

eBay – größter Basar Deutschlands

Haben Sie gebrauchte oder gar neue Sachen, die Sie eigentlich weiter verkaufen möchten? Suchen Sie spezielle Sachen oder möchten Sie benötigte Waren gebraucht erwerben? Dann ist der Kleinanzeigenmarkt in Zeitschriften die erste Wahl. Je nachdem was Sie aber anbieten oder suchen, bleiben die Erfolgsaussichten oft gering, da der Leserkreis der jeweiligen Zeitschriften (lokal) begrenzt ist. Im Internet bewegen Sie sich dagegen in einem globalen Dorf. Das haben auch Versteigerungs- oder Kaufbörsen erkannt, die Käufer und Verkäufer im WWW zusammenbringen.

Der größte und populärste Anbieter ist **eBay**, dessen deutschsprachiges Angebot unter der Webadresse *www.ebay.de* zu finden ist. Auf dieser Webseite lassen sich gebrauchte Gegenstände versteigern oder ersteigern. Professionelle Anbieter stellen oft auch neue Warenangebote gegen Festpreis in die betreffenden Seiten. eBay finanziert sich aus einer geringen Versteigerungsgebühr, die der Verkäufer zu leisten hat.

- Der **Vorteil für Verkäufer** besteht bei eBay darin, dass das Angebot einen riesigen Interessentenkreis erreicht. Durch die Popularität lassen sich auch die exotischsten Sachen anbieten und häufig findet sich ein Liebhaber dafür – eine Option, die lokale Anzeigenblätter kaum leisten können. Das Ausfüllen eines Verkaufsformulars ist auch für Neulinge recht einfach. Viele Firmen sehen eBay daher als Erweiterung des eigenen Ladens, über die sich weitere Käuferschichten erreichen lassen. Privatleute haben die Möglichkeit, Gebrauchtes kostengünstig einer potentiell riesigen Interessentengemeinschaft zu präsentieren.
- Als **Käufer haben** Sie **den Vorteil**, dass Sie sich umfassend über das Angebot gebrauchter Waren informieren können. Dies ist auf Flohmärkten kaum möglich. Oder wüssten Sie jetzt auf Anhieb, wo man einen gebrauchten Laserdrucker Kyocera FS 1750, einen gebrauchten Overhead-Projektor oder ein spezielles Ersatzteil für ein Gerät herbekommen kann? Bei eBay bin ich bereits häufig fündig geworden!

Es ist erstaunlich, was alles angeboten wird und was Käufer findet. Sie können ja bei Interesse einmal die Webseite *www.ebay.de* besuchen.

Hier sehen Sie die Startseite dieses Anbieters.

- In einer Spalte sind die Angebote dieses Versteigerers nach Kategorien wie »Auto & Motorrad«, »Briefmarken« etc. geordnet. Ein Klick auf den betreffenden Hyperlink bringt Sie zu den jeweiligen Angeboten.
- Sind Sie sich unsicher bezüglich der Kategorie, finden Sie zudem ein Textfeld »Was suchen Sie?«, in dem Sie einen Suchbegriff eintippen können. Über die Schaltfläche *Los* neben dem Textfeld lässt sich das eBay-Angebot nach diesem Stichwort durchsuchen.

Vielleicht stöbern Sie versuchsweise im eBay-Angebot. Wenn Ihnen ein Hyperlink zusagt, können Sie die Folgeseite durch Anklicken abrufen. Das funktioniert so einfach wie das Surfen in Webseiten.

HINWEIS

Bevor Sie bei eBay in Aktionen mitbieten bzw. etwas **kaufen oder verkaufen** können, **müssen Sie sich** einmalig **anmelden**. Die betreffende Schaltfläche *Anmelden* finden Sie direkt auf der Startseite (siehe oben). Von dort gelangen Sie zu einem Anmeldeformular, in dem Sie Ihre Adresse und einen Benutzernamen (z.B. ein Pseudonym) zur Teilnahme an Auktionen eintragen müssen. Der Benutzername wird durch ein von Ihnen vorgegebenes Kennwort abgesichert. Solange dieses Kennwort geheim bleibt, kann niemand unter Ihrem Benutzernamen bieten und dadurch Waren unter Ihrem Namen kaufen.

Hier habe ich einmal die Kategorie »Automobile« gewählt. Sie sehen, dass diese Kategorie nach Marken oder Fahrzeugtypen untergliedert wird.

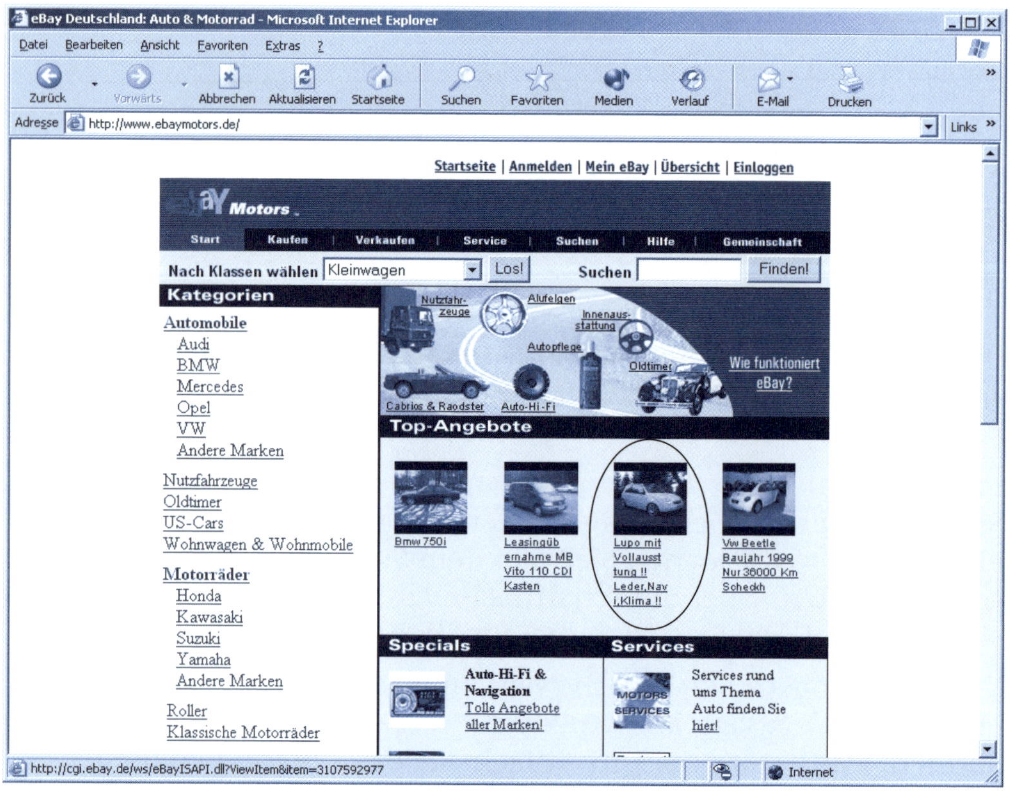

Zudem finden Sie einige Top-Angebote auf dieser Seite. Sagt Ihnen ein Angebot zu, können Sie direkt auf den betreffenden Hyperlink klicken und gelangen zur Angebotsseite. Dort finden Sie alle Informationen zum angebotenen Produkt.

Bei eBay kann der Verkäufer einen Festpreis oder ein Mindestgebot vorgeben. Die hier gezeigte **Angebotsseite** für ein Auto **zeigt das aktuelle Gebot** samt dem Bieter.

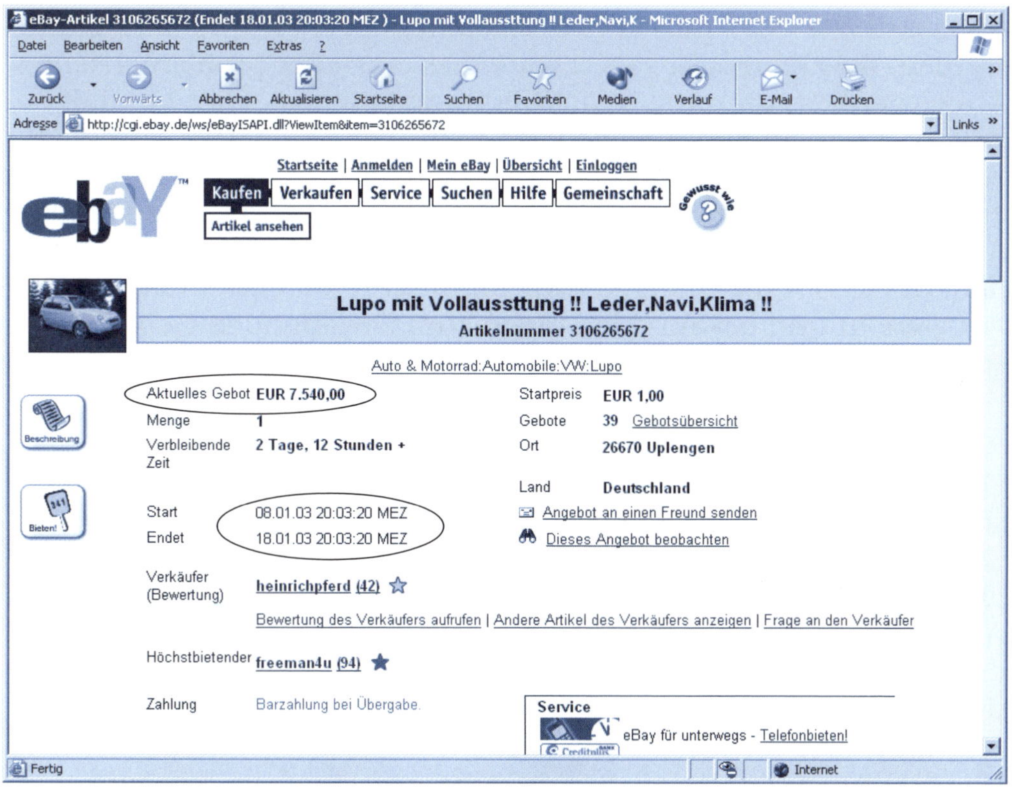

eBay bietet dem Verkäufer die Möglichkeit, neben einer Textbeschreibung des Angebots auch Fotos auf der Seite zu hinterlegen. In der betreffenden Seite lässt sich nach unten blättern, um diese Details zum betreffenden Angebot nachzulesen. Sehen Sie sich diese Angaben genau an, um herauszufinden, ob Ihnen das Angebot auch wirklich zusagt. Das letzte Gebot, welches bei Ablauf der

Aktion eingegangen ist, erhält dann bei eBay den Zuschlag. Wenn Sie also mitbieten und den Zuschlag erhalten, ist ein Vertrag mit der Verpflichtung zur Abnahme der Ware zustande gekommen.

Im Kopf der Angebotsseite erfahren Sie auch, wann die Auktion begann und wie lange diese noch läuft. Über den Hyperlink *Gebotsübersicht* können Sie sich auch darüber informieren, wie viele Leute mitbieten und wie die Auktion läuft. Dort erfahren Sie auch etwas über Zahlungsmodalitäten und Übergabe der Ware. Der oben gezeigte PKW muss beim Verkäufer abgeholt und bar bezahlt werden. Bei Gebrauchtwagen wäre dies eine eher problematische Angelegenheit, da keine Besichtigung möglich ist. Hier handelt es sich aber um einen Neuwagen, und falls der Käufer den Zuschlag zum aktuellen Gebotspreis erhielte, wäre dies ein echtes Schnäppchen. Also Achtung, wenn Sie Ware anbieten, kann dies auch ins Auge gehen. Dies musste vor einiger Zeit ein Autohändler erleben, dem das Gebot für einen Neuwagen nicht reichte. Der Käufer zog vor Gericht und bekam den Wagen zum betreffenden Gebot zugesprochen.

Wie steht's mit der Sicherheit?

Da es bei Auktionen mitunter um beträchtliche Beträge geht, stellt sich die Frage der Sicherheit. Bekomme ich als Verkäufer auch mein Geld? Zahle ich als Käufer und sehe niemals die Ware? Wohl jeder wird sich diese Frage stellen. Vorab: Auch eBay ist vor Betrügern nicht sicher und Fälle geprellter Kunden bzw. Anbieter gab es durchaus. Aber auch auf Floh- oder Gebrauchtwarenmärkten gibt es die Gefahr, übers Ohr gehauen zu werden. Andererseits dient die Auktionsbörse einer großen Gemeinschaft von Menschen zum Handel untereinander. eBay stellt daher verschiedene Mechanismen bereit, um »schwarze Schafe« bei Käufern oder Verkäufern herauszufinden und zu sperren. Käufer und Verkäufer können sich gegenseitig bewerten. Diese Bewertung wird durch Zahlen und kleine Sternchen neben dem Hyperlink *Verkäufer (Bewertung)* und *Höchstbietender* dargestellt. In den Angebotsseiten lässt sich bei vielen Verkäufern daher sofort erkennen, wie die Kundenzufriedenheit ist. Schauen Sie sich bei Verkäufern die Bewertung an. Ein Verkäufer kann sich andererseits über die Bewertung des Höchstbietenden informieren. Solange diese Bewertungen nicht durch Anbieter oder Käufer gefälscht werden, können Sie die Seriosität sehr schnell feststellen.

Bezüglich der finanziellen Transaktion stellt eBay verschiedene Zahlungsmodi bereit. Werden Waren zwischen Käufer und Verkäufer direkt übergeben, bietet sich Barzahlung an. Beim Versand von Waren bestehen viele Käufer auf Vorkasse, was für den Käufer ein Risiko bedeutet, da das Geld dann weg ist. eBay bietet daher einen Treuhänderservice an, bei dem die Zahlung auf ein Treuhandkonto geht. Nach Zahlungseingang erhält der Verkäufer eine Benachrichtigung. Geht die Ware beim Käufer ein, gibt dieser die Zahlung an den Verkäufer frei.

HINWEIS

An dieser Stelle spare ich mir eine detaillierte Diskussion der Anforderungen, der Geschäftsbedingungen, des Ablaufs einer Aktion, etc. Auf der Startseite finden Sie neben der Anmeldung zwei Schaltflächen *So kaufen Sie* und *So verkaufen Sie*, über die Sie detaillierte Anleitungen zu diesen Themen abrufen können. Zudem finden Sie auf den eBay-Seiten Hyperlinks zu Tipps, Foren und Chats, in denen sich alles um das Thema Online-Auktionen dreht. Im Kopf einer Angebotsseite finden Sie zudem das Logo *Gewusst wie*, über welches Sie Hilfe abrufen können. Wenn Sie sich zu Beginn noch unsicher sind, stöbern Sie doch einfach in den Angeboten und beobachten Sie, wie das Bieten läuft. Zur Probe können Sie ja Waren mit geringem Wert ersteigern, bevor Sie sich an »größere Brocken« heranwagen.

Auf ein Wort – Onlinebanking

Interessieren Sie sich für Onlinebanking? Möchten Sie Ihre Bankgeschäfte rund um die Uhr von den eigenen vier Wänden aus abwickeln? Onlinebanking wird unter Bankkunden immer beliebter und auch die Banken sind daran interessiert, personalintensive Arbeiten aus dem Angebot herauszuhalten. Onlinebanking wird daher durch vergünstigte Kontenführung oder sonstige Bonusse versüßt. Bevor Sie sich aber auf dieses Parkett begeben, sollten Sie sich über die Möglichkeiten und die Risiken klar sein.

Vorab müssen Sie die genauen Modalitäten mit Ihrer Bank (sei es mit Ihrer Hausbank oder einer der Onlinebanken) klären. Mit einer Umstellung auf Onlinebanking akzeptieren Sie auch die Geschäftsbedingungen der betreffenden Bank!

Technisch gesehen benötigen Sie für Onlinebanking einen Rechner, einen Onlinezugang und eine Onlinebanking-Software.

HINWEIS

Viele Banken setzen mittlerweile auf so genannte Multikanalzugänge per Telefon, Fax, T-Online oder das Web. Handys zur Autorisierung werden zukünftig sicherlich ebenfalls eine Rolle spielen.

Heute wird bei den meisten Banken nur noch ein Internetzugang sowie ein Browser für das Homebanking vorausgesetzt. Durch geeignete Softwarezusätze in den Webseiten für Onlinebanking soll die Sicherheit für Transaktionen gewährleistet werden.

Bevor ich kurz diese Sicherheitsmechanismen skizziere, möchte ich erst auf die Funktionen des Homebanking eingehen und klären, welche Missbräuche es geben könnte.

- Über Onlinebanking können Sie natürlich jederzeit Ihre Kontostände abfragen. Hier ist es für mich persönlich wichtig, dass kein Dritter an diese geheimen Daten herankommt.

HINWEIS

Bedenken Sie auch, dass neben dem ordinären Girokonto ggf. weitere Konten wie Depots einsehbar sind. Sicherheitspannen wie bei der Barklays Bank, wo im Sommer 2000 Kontendaten stundenlang offen im Internet standen, können nach Aussagen von Experten überall passieren.

- Der zweite Funktionsbereich besteht im Ausführen von Überweisungen sowie im Erstellen oder Stornieren von Daueraufträgen. Hier ist es wichtig, dass Überweisungen auf Fremdkonten nicht missbräuchlich durch Dritte vorgenommen werden können. Eine Überweisung lässt sich (im Gegensatz zu einer Abbuchung) durch die Bank nicht rückgängig machen!

  Sie sehen also, Onlinebanking bringt ein gewisses Risiko mit sich. Schauen wir uns doch jetzt einmal an, wie die Banken hier an die Sicherheit ihrer Kunden denken. Zur Sicherung des Zugangs beim Onlinebanking kommen zur Zeit zwei Verfahren zum Einsatz:

- **PIN/TAN:** Dieses ältere Verfahren teilt dem Kunden eine PIN (**per**sönliche **I**dentifikations**n**ummer) zu. Dies ist so etwas wie die Geheimnummer der Scheckkarte, mit der Sie an Ihre Kontostände etc. herankommen. Um Geldtransfers durchzuführen, benötigen Sie dann noch so genannte TANs (**T**rans**a**ktions**n**ummern). Diese bestellen Sie bei Ihrer Bank. Jede Buchung (z.B. eine Überweisung) erfordert eine eigene TAN, die anschließend nicht mehr verwendet werden kann. Solange diese TANs nicht in fremde Hände gelangen oder erraten werden, können keine Transaktionen wie Überweisungen ausgeführt werden. Beim Zugang per Internet wird dann zur Sicherung der übertragenen Daten das SSL-Verfahren (wie bei Kreditkartenzahlungen) angewandt. Ich benutze dieses Verfahren seit Jahren problemlos.

- **HBCI:** Dies ist ein neuer, sehr sicherer Standard zur Übertragung der Daten im Internet, der 1998 von allen Banken in Deutschland flächendeckend eingeführt werden sollte. Als Zugangskennung für Konten dient eine PIN oder zukünftig wohl eine Chipkarte (was Kosten verursacht). Leider sieht die Situation Ende 2002 so aus, dass diese Technik nur von knapp 20% der Banken genutzt wird. Es deutet sich an, dass sich HBCI nicht durchsetzt.

Obwohl Banken keine Probleme beim Homebanking sehen, empfehlen Verbraucherverbände und Bankexperten, immer die sicherste Methode beim Onlinebanking einzusetzen. Bei geschlossenen Benutzersystemen wie T-Online finden die eigentlichen Transaktionen nicht im Internet statt, die Missbrauchsgefahr ist geringer. Mit HBCI haben Sie auch im Internet einen hohen Sicherheitsstandard gegen ein Abfangen und Entschlüsseln der übertragenen Daten durch Dritte. Aber auch das PIN/TAN-Verfahren ist sicher, solange Sie unverbrauchte TAN-Nummern nicht im Rechner speichern und die TAN-Liste für Dritte unzugänglich aufbewahren. Die für das Onlinekonto zugeteilte PIN sollten Sie zyklisch (z.B. alle drei Monate) wechseln. Teilen Sie niemandem diese Geheimnummern mit; Bankmitarbeiter werden Sie nie nach der PIN für Onlinebanking fragen (etwas anderes ist es natürlich, wenn Sie Telefonbanking betreiben und sich gegenüber dem Mitarbeiter identifizieren müssen – selbst dann werden aber nur einzelne Ziffern der Geheimzahl abgefragt, niemals die gesamte PIN).

TIPP

Als Kunde sollten Sie sich über Haftungsfragen informieren und darauf achten, dass Sie nur haften, wenn Ihnen ein Verschulden nachzuweisen ist.

Wenn Sie sich für das Thema interessieren, sprechen Sie mit Ihrer Bank und lassen Sie sich die technischen Möglichkeiten, die Risiken und die Haftung detailliert erklären. Wenn Sie sich unsicher sind, lassen Sie es lieber bleiben. Dies gilt auch, falls Sie noch keine Interneterfahrung besitzen.

Homebanking zur Probe

Möchten Sie einmal probieren, wie Homebanking funktioniert? Dazu brauchen Sie noch nicht einmal ein eigenes Konto. Viele Bankinstitute bieten zum Üben Probekonten an. Dort können Sie nach Herzenslust probieren und sich so die Technik zum Homebanking erarbeiten. Erst wenn alles klappt und Sie die Schritte sicher beherrschen, lässt sich Homebanking beim eigenen Konto anwenden.

Welches Bankinstitut Sie zum Üben verwenden, bleibt Ihnen freigestellt. Auf den Webseiten der Advance Bank *www.advancebank.de* findet sich z.B. eine Möglichkeit, den Ablauf mit einem Testkonto zu üben. Dort können Sie sich mit einer fiktiven PIN anmelden und ein Konto abrufen. Ein ähnliches Modell bieten auch andere Banken sowie die örtlichen Sparkassen. Wenn Sie die Webseite *www.sparkasse.de* wählen, findet sich dort ein Hyperlink *Internetbanking*. Wird der Link angewählt, öffnet sich ein Formular zur Eingabe einer Postleitzahl. Nach Bestätigung der Formulareingaben werden die Hyperlinks zu den Internetseiten der lokalen Sparkassen eingeblendet. Auch dort sollte sich ein Zugang für ein Testkonto finden lassen. Haben Sie ein Konto bei einer anderen Bank, schauen Sie mal auf der Webseite dieses Instituts vorbei. Meist wird unter dem Stichwort »Probekonto«, »Demo« oder Ähnlichem ein Testzugang angeboten. Wenn alle Stricke reißen, versuchen Sie doch einmal, in einer Suchmaschine wie Google die Stichworte »Homebanking + Demokonto« einzugeben. Sie werden eine ganze Liste mit Links zu Testkonten erhalten.

HINWEIS

Fast jedes Geldhaus, welches etwas auf sich hält, bietet mittlerweile Informationen rund um das Thema Internetbanking an. Wie bereits oben skizziert, benötigen Sie nur einen Internetzugang sowie einen Browser, um Homebanking zu machen. Auf die Installation spezieller Banking-Software würde ich sogar verzichten – zumindest solang Sie sich mit der Materie noch nicht so gut auskennen.

Zur ersten Orientierung möchte ich nachfolgend eine Überweisung per Homebanking skizzieren. Ich habe für diesen Zweck ein Testkonto der Sparkassen unter der Webadresse *osgv.tzv.de* benutzt.

1 Rufen Sie die Webseite des Homebanking-Kontos (hier *osgv.tzv.de*) im Browser auf.

Nach dem Aufruf der Webseite erscheint ein Formular zur Eingabe der Kontonummer und der PIN. Beim Testkonto werden die zulässigen Eingaben in der rechten Spalte angezeigt.

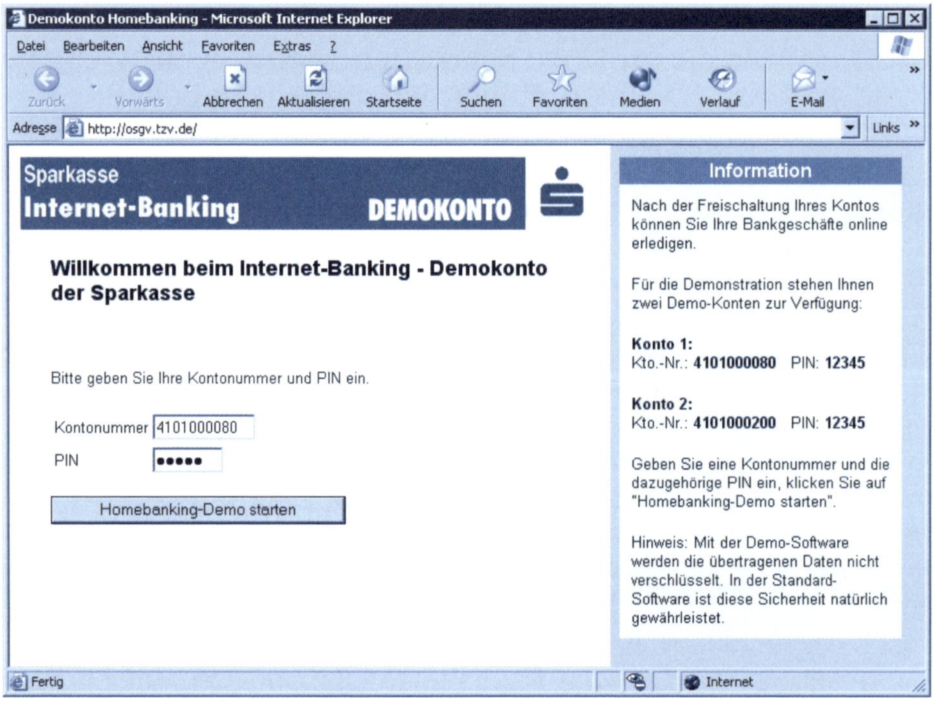

2 Als Benutzer müssen Sie die beiden Angaben in den Feldern des Formulars eintippen und dann über die Schaltfläche *Homebanking-Demo starten* bestätigen.

3 Bei erfolgreicher Anmeldung erscheint eine Begrüßungsseite, auf der Ihnen der Zeitpunkt der letzten Homebanking-Sitzung angezeigt wird. Klicken Sie auf die Schaltfläche *Weiter*, um zur eigentlichen Homebanking-Seite zu gelangen.

Hier sehen Sie die Hauptseite mit dem aktuellen Kontostand. Die verfügbaren Banking-Funktionen lassen sich über Schaltflächen in der rechten Spalte abrufen.

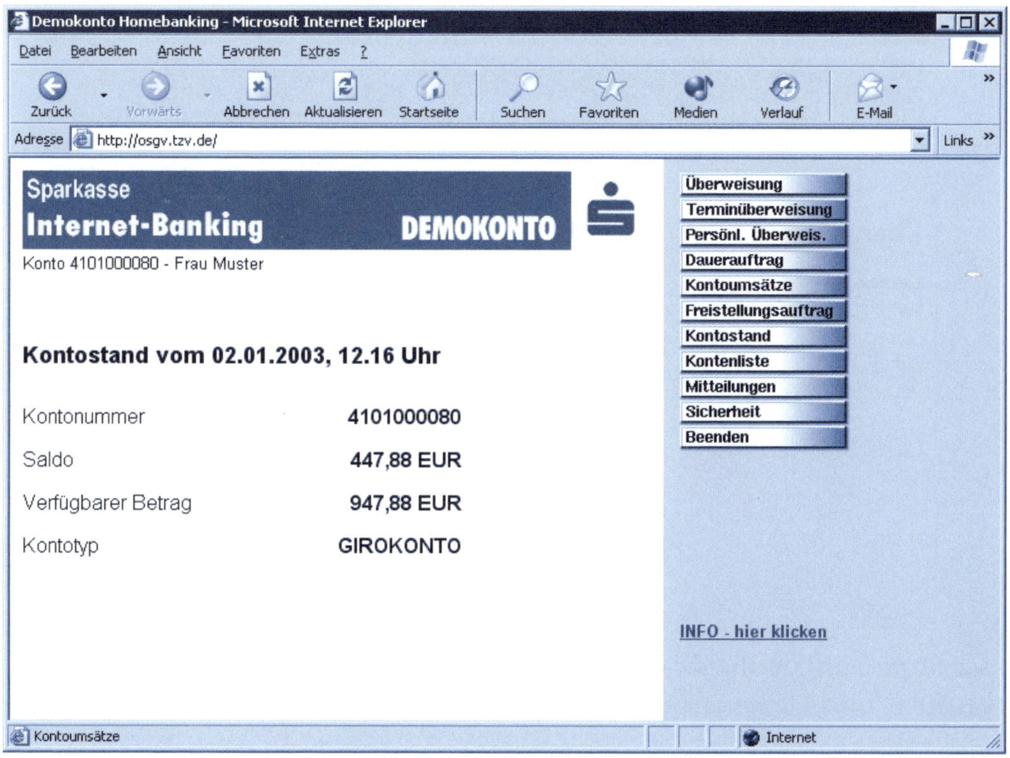

Zum Ausführen einer Überweisung sind nur wenige Schritte erforderlich.

1 Klicken Sie in der rechten Spalte auf den Eintrag *Persönl. Überweisung*, um das Überweisungsformular abzurufen (je nach Testkonto kann der Eintrag abweichend benannt sein).

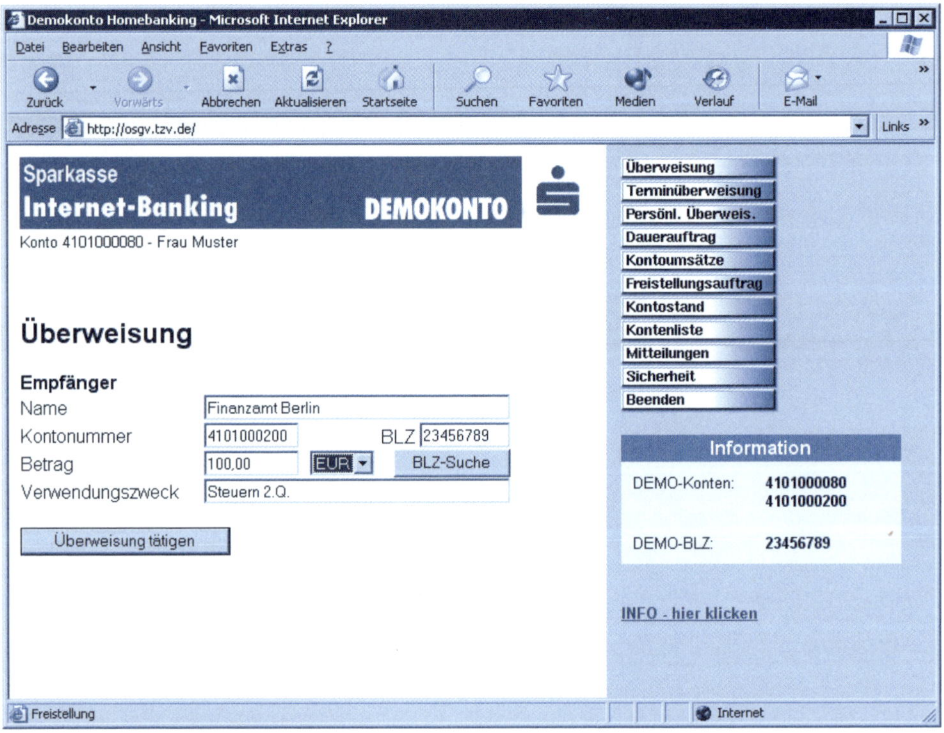

2 Ergänzen Sie die Angaben für den Empfänger im Überweisungsformular und klicken Sie dann auf *Überweisung tätigen*.

Der obige Schritt entspricht dem manuellen Ausfüllen eines Überweisungsformulars bei Ihrer Bank.

ACHTUNG

Beim Homebanking sollten Sie besondere Vorsicht beim Eintragen der Empfängerdaten walten lassen. Bei manuellen Überweisungen haftet die Bank bei Fehlüberweisungen, falls die Kontonummer nicht zum Empfänger passt. Schreibfehler beim Homebanking gehen dagegen zu Ihren Lasten, da die Banken für Fehlüberweisungen wegen Schreibfehlern bei Kontendaten nicht haften müssen.

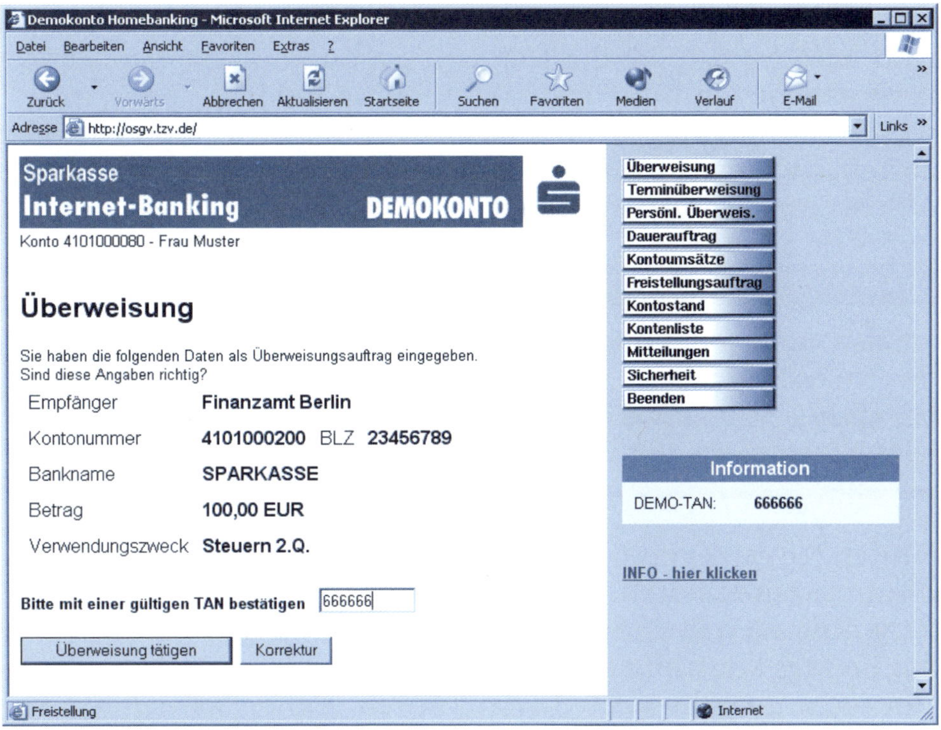

3 Kontrollieren Sie im Folgeformular nochmals die Angaben. Bei Abweichungen können Sie die Schaltfläche *Korrektur* wählen.

Stimmt alles? Dann muss die Überweisung per TAN bestätigt werden. Von der Bank erhalten Sie hierzu eine Liste mit mehreren TANs. Für jede Transaktion (z.B. Dauerauftrag, Überweisung etc.) muss eine unverbrauchte TAN angegeben werden. Verbrauchte TANs streicht man am besten aus der Liste aus. Beim obigen Testkonto wird die TAN 666666 benutzt.

4 Stimmen die Eingaben, tippen Sie eine unbenutzte TAN aus der Liste im betreffenden Formularfeld ein und klicken dann auf die Schaltfläche *Überweisung tätigen.*

Jetzt überträgt der Browser die Daten an den Computer der Bank. Dort wird geprüft, ob die TAN gültig ist und ob das bei der Bank vorgegebene Limit für Transaktionen noch nicht überschritten wurde. Stimmt alles, wird die Überweisung ausgeführt. In einer automatisch erscheinenden Webseite wird die Ausführung oder Ablehnung der Überweisung bestätigt.

HINWEIS

Bei den meisten Banken werden bei erfolgreicher Transaktion die Überweisungsdaten mit angezeigt. Ich drucke mir die betreffende Seite, um eine Kontrolle des jeweiligen Überweisungsvorgangs zu haben, und hefte den Ausdruck ab.

Führen Sie die Transaktion während der üblichen Banköffnungszeiten durch, können Sie bereits wenige Sekunden nach dem Absenden über die Funktion »Kontoumsätze« die Abbuchung des Betrags kontrollieren. Über weitere Funktionen lässt sich eine Übersicht über die verfügbaren Konten und die aktuellen Kontenstände abrufen. Alles in allem eine sehr komfortable Angelegenheit, die ich seit Jahren nutze. Na, wie wäre es denn nun, möchten Sie Homebanking probieren? Besuchen Sie doch einmal eine Webseite mit einem Probekonto und probieren Sie die obigen Schritte.

Auch wenn Sie Ihr Girokonto nicht per Internet verwalten, könnte ein Termingeldkonto bei einer Onlinebank wie der Direktbank (*www.diba.de*) oder der Noris-Bank (*www.norisbank.de*) interessant sein. Diese Banken bieten meist höhere Zinssätze als Vor-Ort-Banken. Wenn Sie dann noch die Sicherheit erhalten, dass Überweisungen nur zwischen Festgeldkonto und Ihrem Girokonto möglich sind, ist einem möglichen Missbrauch von vornherein ein Riegel vorgeschoben.

Onlinebrokerage

Sind auch Sie im Aktienfieber? Kümmern Sie sich selbst um Ihre Wertpapierdepots und Vermögensentwicklung? Dann haben Sie vermutlich zwei Probleme: ständig Informationen über die wirtschaftliche Lage und Entwicklung zu bekommen und die Kosten für Wertpapiergeschäfte zu reduzieren. Auf beiden Feldern bietet das Internet neue Chancen – aber auch neue Risiken.

Um sich über laufende Entwicklungen oder Börsenkurse zu informieren, finden Sie im Web massenhaft Seiten. Jede gute Suchmaschine bzw. jedes Internetverzeichnis wird Ihnen Rubriken zu Börse, Geld oder Wirtschaft anbieten. Börsenkurse werden auch

HINWEIS

Das Wörtchen »Risiko« wird nicht immer gerne gehört. Gerade beim Wertpapierhandel sind vermeintliche Informationen und Insidertipps oft heiß gehandelte Ware. Vor einiger Zeit flogen dann auch die ersten **Betrügereien** auf: Findige Zeitgenossen hatten Aktien gekauft und durch geschickt in Chaträumen, Webseiten und Nachrichtendiensten platzierte Meldungen über die Unternehmen den Kurs in die Höhe getrieben. Die Aktien wurden dann schnell verkauft, bevor die Blase platzte. Da Börsengeschäfte gerade in den USA der Börsenaufsicht unterliegen, fielen größere Manipulationen aber schnell auf und die Urheber konnten ermittelt werden. Solche Betrügereien sind natürlich auch in Deutschland nicht ausgeschlossen.

von fast allen im Netz vertretenen Banken angeboten. Die folgende Tabelle enthält einige Startadressen, wobei die Seiten der Financial Times Deutschland recht interessant sind. Außerdem finden Sie in der Tabelle die Webadressen einiger Direktbanken.

Adresse	Bemerkungen
www.ftd.de	Seite der Financial Times Deutschland mit Wirtschaftnachrichten sowie Fonts- bzw. Aktien-Tools. Interessant auch die Broker-Ampel, die die Erreichbarkeit von Direktbrokern anzeigt.
www.boerse.de	Seite mit Wirtschaftsdaten, Versicherungsvergleichen und Zugriffen auf Börsenkurse etc.
www.entrium.de	Direktbank
www.comdirect.de	Direktbank
www.consors.de	Direktbroker
www.diraba.de	Direktbank

Im Portal von WEB.DE (*www.web.de*) finden Sie im Verzeichnis ebenfalls Rubriken wie »Wirtschaft & Finanzen«, die zu Aktienclubs, Analyseseiten, Börsenkursen etc. führen. Wieder einmal haben Sie also die Qual der Wahl.

Zusammenfassung

Mit diesem Kapitel möchte ich das Thema Surfen im Internet abschließen. Nach der einführenden Darstellung des Browsers im vorherigen Kapitel haben Sie in diesem Kapitel das Suchen nach Webinhalten gelernt. Weiterhin habe ich Ihnen eine kursorische Auflistung von Webseiten zu verschiedenen Themen gezeigt. Dieses »Futter« sollte Ihnen den Start ins Web sowie die ersten Ausflüge leichter machen. Mit zunehmender Erfahrung werden Sie die für sich persönlich interessanten Webseiten selbst zusammenstellen (z.B. in der Liste der Favoriten). Auf jeden Fall werden Sie jede Menge interessante Informationen finden. Mit Sicherheit stoßen Sie auch auf viele Seiten, die Einführungen in Computer- und Internetthemen zum Ziel haben. Hier können Sie bei Bedarf Ihr Wissen ergänzen.

Lernkontrolle

- **Wie finde ich Seiten zu bestimmten Themen im Internet?**
  (Indem Sie über ein Webverzeichnis oder über eine Suchmaschine nach dem Thema suchen lassen.)
- **Was ist der Unterschied zwischen einer Suchmaschine und einem Internetverzeichnis?**
  (Eine Suchmaschine erlaubt die Eingabe eines Suchbegriffs und greift auf maschinell erstellte interne Stichwortlisten zurück. Webverzeichnisse entsprechen Katalogen oder Inhaltsverzeichnissen und werden von Redakteuren zusammengestellt und gepflegt.)
- **Was ist beim Thema Geld und Internet zu beachten?**
  (Die Sicherheit bei der Abwicklung von Geldgeschäften sollte immer durch geeignete Maßnahmen gewährleistet sein, um Missbrauch zu verhindern.)

E-Mail für alle!

In den vorhergehenden Kapiteln haben Sie die Grundlagen für Ausflüge ins Internet sowie den Umgang mit dem Browser und das Surfen im World Wide Web kennen gelernt. Sind Sie jetzt neugierig auf eine neue Internetfunktion? Wie wäre es denn mit elektronischer Post, auch als E-Mail bezeichnet? E-Mail ist populär, komfortabel, schnell und preiswert. In dem Film »E-Mail für Dich« wurde das Thema sogar schon cineastisch verarbeitet. Wollen Sie nicht auch mal E-Mail nutzen?

Das lernen Sie in diesem Kapitel **5**

- E-Mail im Überblick
- Woher bekomme ich eine E-Mail-Adresse?
- Einführung in Outlook Express
- Meine ersten E-Mails

Wenn Sie bereits im Web surfen, haben Sie eigentlich alles, was Sie zum Austausch von elektronischer Post brauchen. In diesem Kapitel zeige ich Ihnen, wie E-Mail funktioniert, wie Sie eine kostenlose E-Mail-Adresse bekommen und wie Sie Ihren Computer für E-Mail fit machen. Außerdem erstellen Sie Ihre ersten E-Mails, schicken diese ab und holen E-Mails aus dem Internet ab.

E-Mail im Überblick

Besitzen Sie bereits eine E-Mail-Adresse (z.B. über T-Online) und ist Ihr Computer schon für den E-Mail-Verkehr eingerichtet (Sie haben Kinder, Enkel oder Bekannte, die das für Sie erledigt haben)? Dann können Sie direkt zum Abschnitt »Meine ersten E-Mails« weiterblättern.

Vielleicht sind Sie aber ganz neu dabei und tasten sich erst ans Internet sowie an E-Mail heran? Haben Sie noch kein E-Mail-Postfach oder interessieren Sie sich für einige Grundlagen? Möchten oder müssen Sie Ihren Computer noch für E-Mail einrichten? In diesem und dem folgenden Abschnitt gehe ich mit Ihnen alle Schritte durch, mit denen Sie den Computer für E-Mail fit machen. Weiterhin lernen Sie, wie Sie an ein kostenloses E-Mail-Konto kommen und wie dieses auf dem Computer eingerichtet wird.

E-Mail – Was brauche ich dazu?

Bei der Post ist es recht einfach. Wie Sie einen Brief schreiben, haben Sie irgendwann gelernt. Papier und Schreibzeug haben Sie auch. Dass Sie einen Umschlag benötigen und diesen mit Absender und Empfänger versehen müssen, ist ebenfalls klar. Briefmarke gekauft, frankiert und ab in den nächsten Briefkasten. Eintreffende Post bringt der Briefträger und wirft die Sendungen in Ihren Hausbriefkasten. Alles kinderleicht. Aber Hand aufs Herz, was Ihnen so selbstverständlich erscheint, setzt doch einige Kenntnisse voraus. Oder trauen Sie sich zu, in einem anderen Land wie z.B. Saudi-Arabien ohne weitere Rückfragen einen Brief abzuschicken? Obwohl vieles gleich funktioniert, dürften Ihnen doch ein paar Details unbekannt sein.

Ähnlich ist es auch bei der elektronischen Post. Im Grunde genommen ist alles kinderleicht. Aber Sie benötigen einige Kenntnisse über den Ablauf und müssen zum Beispiel wissen, wie die »Poststelle« erreicht werden kann. Außerdem benötigen Sie wie für die normale Post eine E-Mail-Adresse, damit Sie auch für den

»Postzusteller« bzw. für die Korrespondenzpartner erreichbar sind. Aber gehen wir die ganze Sache einmal schrittweise durch.

- Um E-Mails zu empfangen, benötigen Sie einen Briefkasten für eingehende Post. Dieser muss im Internet bekannt sein und wird über Ihre so genannte E-Mail-Adresse identifiziert.
- Sie benötigen auch ein Fach für ausgehende Post, das zur Zustellung dann geleert wird.

Während dies bei der herkömmlichen Post alles relativ formlos über Postfilialen läuft (die Post erledigt alles als Dienstleister im Hintergrund), müssen Sie sich im Internet um einige Sachen selbst kümmern. Als Erstes benötigen Sie im Internet ein so genanntes E-Mail-Konto. Dies ähnelt einem Bankkonto, das Sie auch brauchen, um Zahlungen empfangen und Überweisungen ausführen zu können. Aber **wie komme ich an** ein solches **E-Mail-Konto**?

- Haben Sie einen Vertrag für den Internetzugang bei einem Anbieter wie T-Online abgeschlossen, wird für Sie in der Regel automatisch ein E-Mail-Konto geführt und ein Postfach eingerichtet. Es wird Ihnen dann zusammen mit den Unterlagen für den Internetzugang auch die zum Postfach gehörende eigene E-Mail-Adresse mitgeteilt.
- Sind Sie meinem Rat gefolgt und schnuppern erst einmal mit Internet-by-Call im Internet? Oder haben Sie Zugang zum Internet über ein Internet-Café? Dann haben Sie vermutlich noch kein Postfach. Kein Grund zur Klage, das können wir nachholen – und das Ganze ist sogar noch kostenlos.

Ich zeige Ihnen die entsprechenden Schritte zum Beantragen eines solchen Postfachs. Sie erfahren auch, wie Sie ein Postfach in dem auf Ihrem Computer vorhandenen Programm Outlook Express eintragen. Dann können Sie zukünftig Ihre Post recht bequem mit diesem Programm bearbeiten. Vor allem sparen Sie Zeit und Nerven und müssen sich nicht jedes Mal in ein neues Programm einarbeiten, wenn Sie mal den Internetanbieter wechseln oder dieser eine neue Programmversion auf den Markt bringt.

E-Mail-Konten – zwei Varianten

Sie haben gerade gelernt, dass zur Teilnahme an E-Mail ein E-Mail-Konto bei einem Internetanbieter erforderlich ist. Der Anbieter stellt Ihnen über dieses Konto die notwendigen Funktionen zum Verschicken und Empfangen von Post über eine Art Postfach zur Verfügung. Bei der Bereitstellung von E-Mail-Postfächern werden zwei Varianten unterschieden, die für Sie als Nutzer durchaus von Bedeutung sind:

- **Variante A:** Der einfachste Weg besteht darin, den Posteingangskorb auf einer Internetseite anzubieten. Über einen Benutzernamen und ein Kennwort erhalten Sie Zugang zum eigenen Postfach und können dann Ihre E-Mails lesen. Möchten Sie eine neue E-Mail schreiben, können Sie dies über eine zweite Webseite tun. In einer Art Formular tippen Sie die Nachricht ein und schicken diese ab.
- **Variante B:** Der Anbieter stellt Ihnen einen Posteingangs- und einen Postausgangskorb auf seinem Internetrechner (als **E-Mail-Server** bezeichnet) bereit. Mit einem auf Ihrem Computer installierten Programm holen Sie eingegangene Post ab und verschicken gleichzeitig neue bereits geschriebene Nachrichten. Die komplette Bearbeitung der Post erfolgt auf Ihrem Rechner.

Beide Varianten haben Vor- und Nachteile. Schauen wir uns einmal Variante A an. Wird ein Postfach im Internet gehalten, brauchen Sie nur den Internet Explorer oder einen anderen Webbrowser, um die Seiten abzurufen und die Post zu bearbeiten. Dieses Programm kennen Sie schon vom Websurfen, um das Einrichten der E-Mail-Funktionen brauchen Sie sich nicht zu kümmern. Wer häufig auf Reisen ist und nur über fremde Rechner (z.B. in Internet-Cafés) Zugang zum Internet hat, wird dies zu schätzen wissen. Sie müssen sich nur Benutzername und Kennwort merken, um beispielsweise auf Ibiza Ihre E-Mails abzuholen.

HINWEIS

Wer im Urlaub E-Mail nutzt, muss doch spinnen, oder? Vielleicht nicht! Es soll ja Leute geben, die den Winter im Süden verbringen. Aber lassen die sich dann für 6 Wochen einen Internetanschluss auf Ibiza oder Mallorca legen? Muss nicht sein, Internet-Cafés gibt es mittlerweile an vielen Orten. Wäre es nicht schön, auch in dieser Zeit gelegentlich mit den Lieben zu Hause per E-Mail in Kontakt zu treten? Ich hatte mein Aha-Erlebnis vor zwei Jahren, als mein damals 16-jähriger Sohn über Weihnachten 1998/99 zum Weltpfadfindertreffen nach Chile reiste. Drei Stunden vor Abflug besuchten wir die Webseiten des Lagers in Chile und druckten ihm letzte Informationen aus. Aus einer plötzlichen Eingebung heraus richtete ich ihm noch eine kostenlose E-Mail-Adresse bei einem Internetanbieter ein und zeigte ihm, wie das Ganze funktioniert. Im Pfadfinderlager gab es ein Internet-Café. Zwei Tage nach der Abreise erreichte uns die erste E-Mail aus Südamerika und die Familie war beruhigt.

Sie ahnen es sicher schon, Variante A muss doch einen Haken haben? Hat sie auch! Zum Schreiben, Lesen und Bearbeiten von E-Mails müssen Sie die ganze Zeit online sein. Zwei bis drei Stunden vergehen da schnell – u.U. eine teure Angelegenheit. Außerdem hat jeder dieser Anbieter andere Funktionen bzw. die Webseiten mit den E-Mail-Konten sehen unterschiedlich aus.

Um Ihnen eine einfache Postbearbeitung zu erlauben, bieten Anbieter wie America Online (AOL), T-Online, CompuServe und weitere die Variante B zur Postbearbeitung an. Meist halten diese Firmen noch ein Programm mit den betreffenden Funktionen für den PC bereit. Sie gehen nur für einige Minuten online, um Post abzuholen und Post zu versenden. Wenn Sie wieder offline sind, können Sie die Nachrichten in Ruhe lesen oder bearbeiten. Es ist auch kein Problem, an einer E-Mail über einen Zeitraum von mehreren Tage zu schreiben.

Leider stehe ich als Autor dieses Buchs vor zwei Problemen. Beschreibe ich die Postbearbeitung mit dem T-Online-Programm, bleiben alle Leser außen vor, die einen anderen Anbieter verwenden. Wähle ich einen anderen Anbieter, ist es dasselbe in Grün. Außerdem: Jede neue Version der Zugangssoftware besitzt eine gänzlich neue Oberfläche. Persönlich bin ich natürlich auch von dieser Situation betroffen und möchte Sie in diesem Buch von meinen Erfahrungen profitieren lassen. Ich besitze z.B. aus verschiedenen Gründen Postfächer bei verschiedenen Anbietern und habe deswegen früher mit mehreren Programmen gearbeitet. Dies bedeutete einen hohen Aufwand und Doppelarbeit (z.B. sind Adressenlisten mehrfach anzulegen). Jede neue Softwareversion der Anbieter erforderte eine aufwändige Installation sowie die Einarbeitung in die neuen Funktionen. Das Ganze war also ziemlich unbefriedigend.

HINWEIS

Genervt von den unterschiedlichen Programmen dieser Hersteller und frustriert von Fehlern, die häufig in neuen Programmversionen steckten, habe ich schließlich irgendwann die Notbremse gezogen. Ich verwende nur noch ein E-Mail-Programm zur Bearbeitung meiner Post. Dieses Programm kann alle Postfächer gleichzeitig verwalten – und ich bin sehr zufrieden.

Wer den **Internet Explorer** unter Windows **besitzt**, hat automatisch **auch** das Programm **Outlook Express.** Dies ist ein recht komfortables Werkzeug, mit dem sich Adressen verwalten oder E-Mails bearbeiten lassen. Daher stelle ich es auch in diesem Buch vor, um Ihnen daran die Funktionen zur Bearbeitung von E-Mails zu erläutern.

ACHTUNG

Leider gibt es eine schlechte Nachricht für AOL-Nutzer: Sie sind zur Postbearbeitung auf die Software dieses Herstellers angewiesen. Diese bietet zwar Offline-Postbearbeitung und integriert sogar den Internet Explorer zum Websurfen. Die Software weicht aber stark von der Beschreibung der Funktionen in diesem Buch ab und bleibt außen vor. Aber das soll Sie natürlich nicht daran hindern, sich per America Online ins Internet einwählen, den Internet Explorer zu starten und loszusurfen – zumindest können Sie dann Ihre E-Mails über die AOL-Webseite *www.aol.de* bearbeiten. Oder Sie legen sich wie unten beschrieben eine freie E-Mail-Adresse zu und bearbeiten dieses Postfach mit Outlook Express. Dann dient AOL nur noch als Internetzugang.

Woher bekomme ich eine E-Mail-Adresse?

Sind Sie noch ohne? (E-Mail-Adresse meine ich.) Es gibt Anbieter, die E-Mail-Konten kostenlos bereitstellen. Wenn Sie die Zeitschriften studieren oder die Werbung verfolgen, werden Ihnen solche Angebote sicher schon aufgefallen sein. Fast jedes Web-Portal, das etwas auf sich hält, verfügt über entsprechende Angebote (z.B. *www.lycos.de*, *www.yahoo.de*, *www.hotmail.de* etc.). Viele Internet-by-Call-Anbieter stellen den Nutzern freie E-Mail-Konten auf Anfrage auf ihren Webseiten bereit.

HINWEIS

Allerdings gibt es ziemliche Unterschiede in den Leistungen dieser Anbieter. Als ich dieses Buch schrieb, hatte ich eine Liste verschiedener Anbieter freier E-Mail-Konten geplant. Bei meiner **Auswahl** legte ich **Wert** auf Seriösität, **Sicherheit**, Komfort und einen guten **Leistungsumfang**. Offen gesagt war ich nach einigen Tests doch etwas enttäuscht. Soll ich Ihnen, liebe(r) Leser(in), zum Beispiel einen Anbieter zumuten, der Sie nach Ihrer E-Mail-Adresse fragt, um Ihnen auf diesem Wege die Daten des neuen (Ihres ersten und bisher einzigen) E-Mail-Kontos zuzuschicken? Oder was halten Sie von Anbietern, deren Sicherheitssystem so löcherig ist, dass E-Mail-Konten tagelang für jeden im Internet einsehbar sind? Ich habe mich für den Anbieter WEB.DE entschieden. Selbstverständlich steht es Ihnen aber frei, einen anderen Anbieter (z.B. *www.gmx.de*) für ein kostenloses Postfach zu wählen.

In diesem Buch verwende ich den Anbieter WEB.DE, den Sie bereits aus den vorherigen Kapiteln von der Suchmaschine *www.web.de* kennen und bei dem ich seit einiger Zeit selbst ein freies E-Mail-Konto habe. Das so genannte FreeMail-Angebot dieser Firma überzeugt mich seit Jahren durch gute Bedienung und Kompetenz. So können Sie das Postfach wahlweise über Webseiten (z.B. im Urlaub) als auch mit Outlook Express bearbeiten.

Ein Postfach bei WEB.DE beantragen

Wenn Sie bereits ein Postfach besitzen, können Sie diesen Schritt überspringen. Wenn Sie aber noch ohne eigene E-Mail-Adresse sind, zeige ich Ihnen, wie Sie in wenigen Schritten eine kostenlose E-Mail-Adresse beim Anbieter WEB.DE beantragen.

1 Rufen Sie im Internet Explorer die Webseite *www.web.de* auf.

Da Sie noch über keine E-Mail-Adresse bzw. über kein E-Mail-Konto bei WEB.DE verfügen, müssen Sie sich erst anmelden.

2 Klicken Sie in der FreeMail-Rubrik der WEB.DE-Startseite auf den Hyperlink *Jetzt registrieren.*

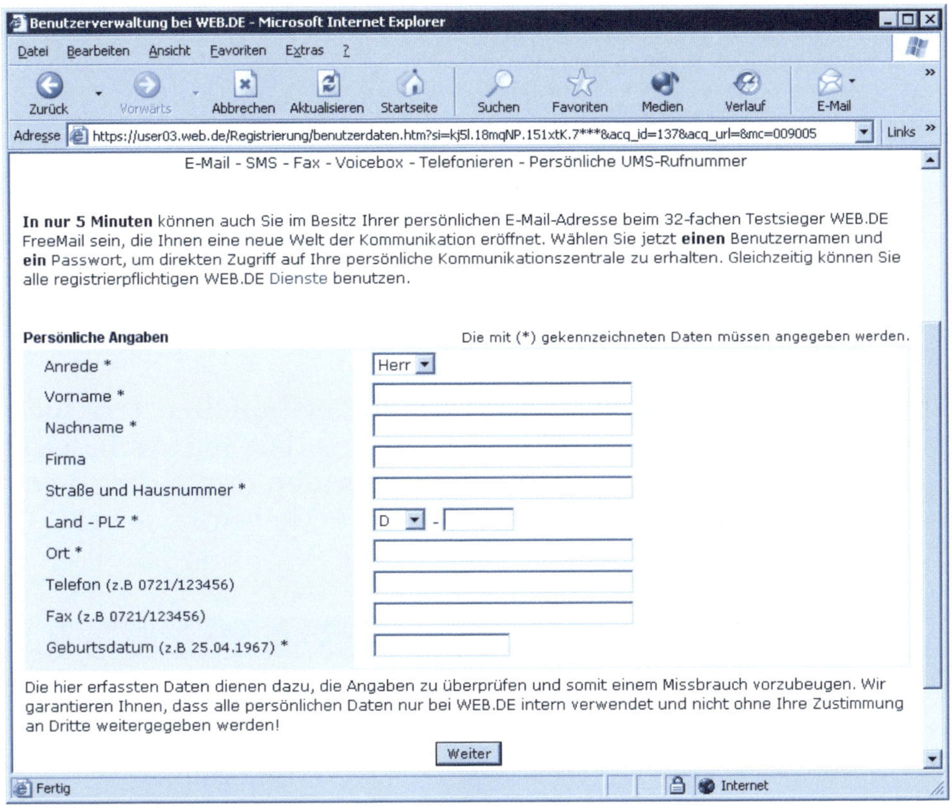

3 Jetzt erscheint ein Formular, in dem Sie Ihren Namen und Ihre Anschrift eingeben müssen.

HINWEIS

Ihre Adresse ist erforderlich, da WEB.DE Ihre Anschrift zur Überprüfung verwendet. So wird vermieden, dass anonyme E-Mail-Konten eingerichtet werden.

Verwenden Sie die in den Formularen eingeblendeten Schaltflächen, um zwischen den einzelnen Seiten zu blättern.

4 In dem folgenden Formular müssen Sie Ihre gewünschte E-Mail-Adresse eintragen und über *Weiter* bestätigen.

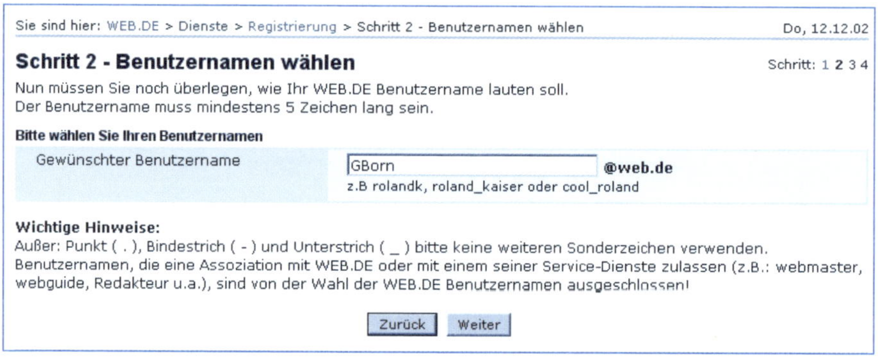

Die E-Mail-Adresse setzt sich aus einem persönlichen Teil (hier zum Beispiel »GBorn«) und dem feststehenden Teil »web.de« zusammen. Die beiden Teile der Adresse werden durch das so genannte AT-Zeichen (@) getrennt. Meine E-Mail-Adresse bei WEB.DE lautet also *GBorn@web.de*.

TIPP

Wählen Sie eine Adresse, die Sie leicht schreiben und sich leicht merken können. Verzichten Sie auf Umlaute. In dem von Ihnen wählbaren Teil dürfen auch keine Leerzeichen enthalten sein. Häufig verwendet man die Initialen des Vornamens zusammen mit dem Nachnamen. Sie können notfalls den Unterstrich _ zum Trennen von Namensteilen benutzen. Bei Doppelnamen sollten Sie nach Möglichkeit Abkürzungen wählen. Keiner Ihrer Briefpartner wird gerne eine E-Mail-Adresse der Art *Brunhild.Mathilde.Happel-Haukenschlag@web.de* eingeben. Da vertippt man sich schnell und dann kommen die E-Mails als unzustellbar zurück. Die E-Mail-Adresse *BHappel@web.de* lässt sich dagegen leicht merken und schreiben.

HINWEIS

Eine E-Mail-Adresse ist weltweit eindeutig. Haben Sie eine Adresse gewählt, die bereits belegt ist, erscheint eine Seite mit einer entsprechenden Nachricht. Sie erhalten dann Vorschläge für alternative Namen und Sie können in einem Eingabefeld eine andere Variante der Adresse eingeben.

Damit nicht jeder Ihre E-Mails lesen und abrufen kann oder sogar in Ihrem Namen E-Mails verschickt, wird Ihr E-Mail-Konto über ein Kennwort geschützt. Als Benutzer benötigen Sie daher neben dem so genannten Benutzernamen, dies ist der erste Teil der E-Mail (z.B. *GBorn* in meinem Beispiel), ein Kennwort.

5 Sobald in der Anmeldung ein gültiger Name für die E-Mail-Adresse akzeptiert wurde, erscheint das Formular zur Eingabe des Kennworts. Dieses Formular müssen Sie ausfüllen und über *Weiter* bestätigen.

Das Kennwort muss mindestens sechs Zeichen lang sein und ist im Formular zweimal in den Feldern *Passwort* und *Passwort (Wdhg.)* einzutippen.

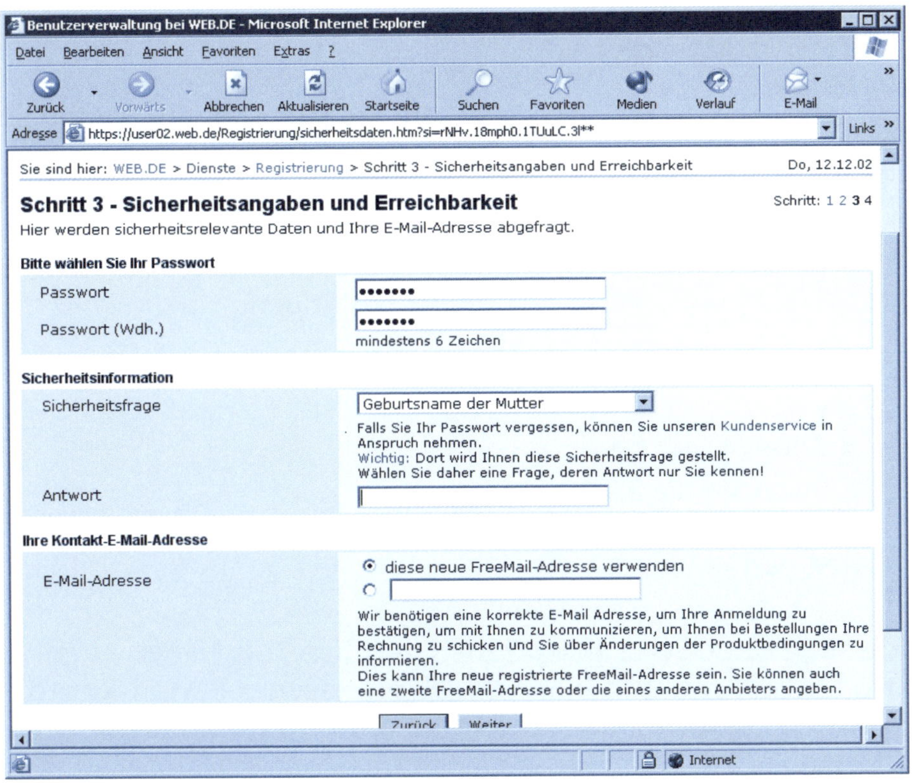

Wenn Sie das Kennwort vergessen, können Sie nicht mehr auf das E-Mail-Konto zugreifen. Im unteren Teil des Formulars bietet WEB.DE Ihnen aber die Eingabe einiger Sicherheitsinformationen wie Geburtsdatum und den Namen Ihrer Mutter etc. an. Haben Sie das Kennwort vergessen, können Sie sich auf der WEB.DE-Anmeldeseite für FreeMail an das Passwort erinnern lassen. Zur Kontrolle werden dann aber vor der Herausgabe des Kennworts die von Ihnen im Formular geleisteten Sicherheitsfragen sowie die Antworten abgefragt. Nur wer diese Fragen und Antworten kennt, kann das Passwort erneut abrufen.

ACHTUNG

Das Kennwort ist für Außenstehende tabu, verraten Sie es niemandem! Kein Mitarbeiter von WEB.DE wird Sie jemals nach Ihrem Kennwort fragen!

6 Die Eingaben schließen Sie durch einen Mausklick auf *Weiter* ab.

7 Im Folgefenster werden Ihnen nochmals alle Benutzerangaben und Sicherheitsinformationen gezeigt. Sie können diese Seite bei Bedarf ausdrucken und dann durch einen Klick auf *Weiter* bestätigen.

8 Im letzten Schritt müssen Sie die allgemeinen Geschäftsbedingungen bestätigen.

Wurde auch diese Seite akzeptiert? Gratuliere, Sie haben es geschafft! Sie besitzen nun bei WEB.DE ein eigenes E-Mail-Konto und können zukünftig über dieses Medium in Kontakt mit der Welt treten.

WEB.DE-FreeMail per Internet nutzen

Direkt nach der Beantragung des E-Mail-Kontos sind dessen Funktionen verfügbar. Sie können das weiter unten beschriebene Programm Outlook Express zum Postversand verwenden oder mit dem Internet Explorer eingehende Briefe lesen sowie neue Briefe verfassen. An dieser Stelle möchte ich Ihnen daher kurz zeigen, wie Sie ein bei WEB.DE eingerichtetes E-Mail-Konto per Internet Explorer nutzen.

1 Rufen Sie die Freemail-Seite von WEB.DE (aus *www.web.de* oder direkt *freemail.web.de*) im Internet Explorer auf.

2 Tippen Sie im Anmeldeformular Benutzername und Passwort ein und klicken Sie auf die Schaltfläche *Login*.

Im Internet Explorer erscheint dann die Eingangsseite Ihres E-Mail-Kontos.

Sie können nun die Symbole auf der Startseite oder die Schaltflächen am linken Rand der Seite zur Verwaltung des Postfachs verwenden. WEB.DE bietet Ihnen verschiedene Funktionen an.

- Neue E-Mails erstellen Sie, indem Sie entweder in der Seite auf den Hyperlink *E-Mail schreiben* oder in der Rubrik »Neu« auf die Schaltfläche *E-Mail* klicken. In dem dann angezeigten Formular tippen Sie die Empfängeradresse, den Betreff sowie den Text der Nachricht ein und schicken diese über die entsprechende Schaltfläche ab. Dies klappt ähnlich wie unten am Beispiel des Programms Outlook Express beschrieben.
- Die eingetroffenen Nachrichten speichert WEB.DE im Ordner *Posteingang* ab. Dessen Inhalt lässt sich direkt über das Symbol *Posteingang/Ordner* der Seite oder über den Wert *Posteingang* des

Listenfelds *Ordner* der Rubrik »Posteingang« abrufen. Sie sehen eine Seite, die alle eingegangenen Nachrichten als Liste enthält. Über Schaltflächen der Seite lassen sich per Maus markierte Nachrichten abrufen und auch entfernen.

Die Seite bietet Ihnen weitere Symbole, um Zusatzfunktionen wie Adressbücher, FAX- oder SMS-Versand etc. abzurufen. Auf FAX und SMS gehe ich im folgenden Kapitel ein.

Nach dem Einrichten des E-Mail-Kontos erhalten Sie von WEB.DE eine Begrüßungsnachricht. Sie können dann bereits diese Nachricht zur Übung lesen. Ist das Postfach erfolgreich eingerichtet, können Sie zudem zum Test eine Nachricht an die eigene E-Mail-Adresse schicken. Oder Sie verfassen eine neue E-Mail und schicken diese an Bekannte, die bereits online sind.

ACHTUNG

Wenn Sie Ihr E-Mail-Postfach über die Webseiten besuchen, achten Sie darauf, die Seite über die Schaltfläche *Logout* zu verlassen. Erst dann sollten Sie die Verbindung zum Internet abbauen.

Einführung in Outlook Express

Verfügen Sie über eine E-Mail-Adresse (z.B. von T-Online oder bei WEB.DE)? Dann sollten Sie Outlook Express zur Organisation Ihres Postverkehrs verwenden. Das Programm ist recht komfortabel und auf (fast) allen Windows-Rechnern kostenlos dabei. Outlook Express enthält Funktionen zum Erstellen, Bearbeiten und Versenden von E-Mails oder zur Adressenverwaltung. Sie können problemlos mehrere E-Mail-Konten bei verschiedenen Anbietern gleichzeitig verwalten. Daher nutze ich fast ausschließlich Outlook Express für diese Zwecke.

HINWEIS

Fehlt Outlook Express oder das Adressbuch unter Windows? Sie können diese optionalen Windows-Komponenten nachträglich über das Symbol *Software* der Windows-Systemsteuerung installieren. Die verschiedenen Optionen finden Sie auf der Registerkarte *Windows Setup* (vergleiche auch den Abschnitt »Hilfe, bei mir fehlt das DFÜ-Netzwerk« in Kapitel 2).

Outlook Express starten

Das Starten von Outlook Express geht ganz einfach, da ein entsprechendes Symbol in der Schnellstart-Symbolleiste am unteren Rand des Bildschirms und auf dem Desktop eingerichtet ist.

1 Doppelklicken Sie auf das Desktop-Symbol von Outlook Express oder klicken Sie in der Schnellstart-Symbolleiste auf die betreffende Schaltfläche, um das Programm zu starten.

HINWEIS

Alternativ können Sie das Programm auch über den Eintrag *Microsoft Outlook Express* im Startmenü aufrufen.

ACHTUNG

Rufen Sie Outlook Express oder den Internet Explorer erstmalig auf, meldet sich ein Assistent, der sowohl den Internetzugang als auch die E-Mail-Konten einrichten will. Sie können diesen Assistenten direkt abbrechen. Das Einrichten eines Internetzugangs ist in Kapitel 2 dargestellt. Das Anlegen von **E-Mail-Konten** wird weiter unten besprochen. Bitten Sie bei Problemen ggf. einen Bekannten oder den Händler, beim Einrichten des Internetzugangs und der **E-Mail-Konten** behilflich zu sein.

Outlook Express im Überblick

Sobald Sie Outlook Express starten, öffnet das Programm ein Fenster, dessen Aufbau über das Menü *Ansicht/Layout* angepasst werden kann. Bevor wir das Programm nutzen, möchte ich Ihnen zur Orientierung die wichtigsten Elemente des Outlook Express-Fensters vorstellen.

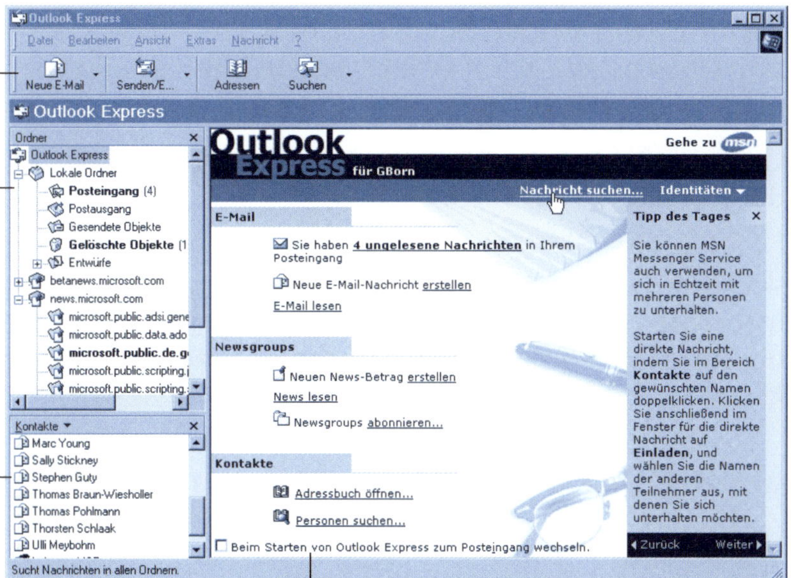

HINWEIS

Es gibt mehrere Versionen von Outlook Express, die in der Gestaltung des Fensters geringfügig voneinander abweichen. Hier wird mit Version 5.x gearbeitet. Sie sollten aber keine Probleme haben, die Funktionen in Version 4.0 oder 6.0 zu nutzen.

- Das Programm besitzt im Anwendungsfenster die von anderen Windows-Anwendungen bekannten Symbol- und Menüleisten.
- Im Dokumentbereich wird beim Aufruf die Startseite als HTML-Dokument angezeigt. Über die Hyperlinks können Sie die betreffenden Funktionen (z.B. E-Mail lesen) abrufen.
- In der linken Spalte blendet Outlook Express die Ordnerleiste für den Posteingang und optional die Newsgroup-Konten ein. Unter *Lokale Ordner* finden Sie die Ordner *Posteingang, Postausgang, Gesendete Objekte, Gelöschte Objekte* sowie *Entwürfe*, in denen Outlook Express die Nachrichten und Entwürfe hinterlegt.
- Unterhalb der Ordnerliste zeigt Outlook Express ggf. noch die Liste der Kontakte (mit Adressen) an.

Die Statusleiste zeigt Ihnen allgemeine Informationen zum angewählten Ordner. Wir werden diese Elemente später beim Arbeiten mit dem Programm noch öfter benutzen. Beachten Sie aber, dass die Anordnung der Fenster vom Benutzer einstellbar ist. Bei Ihnen kann der Bildschirm also etwas anders aussehen.

Mein Tipp: Arbeiten Sie mit der Outlook-Leiste

Outlook Express zeigt in der Ordnerleiste Posteingang und Postausgang an. Für Brillenträger sind die kleinen Symbole aber nicht immer gut erkennbar. Weiterhin kann für Einsteiger die Ordnerstruktur etwas verwirrend sein. Lassen Sie sich in diesem Fall von Outlook Express unterstützen, indem Sie die so genannte Outlook-Leiste im Fenster einblenden.

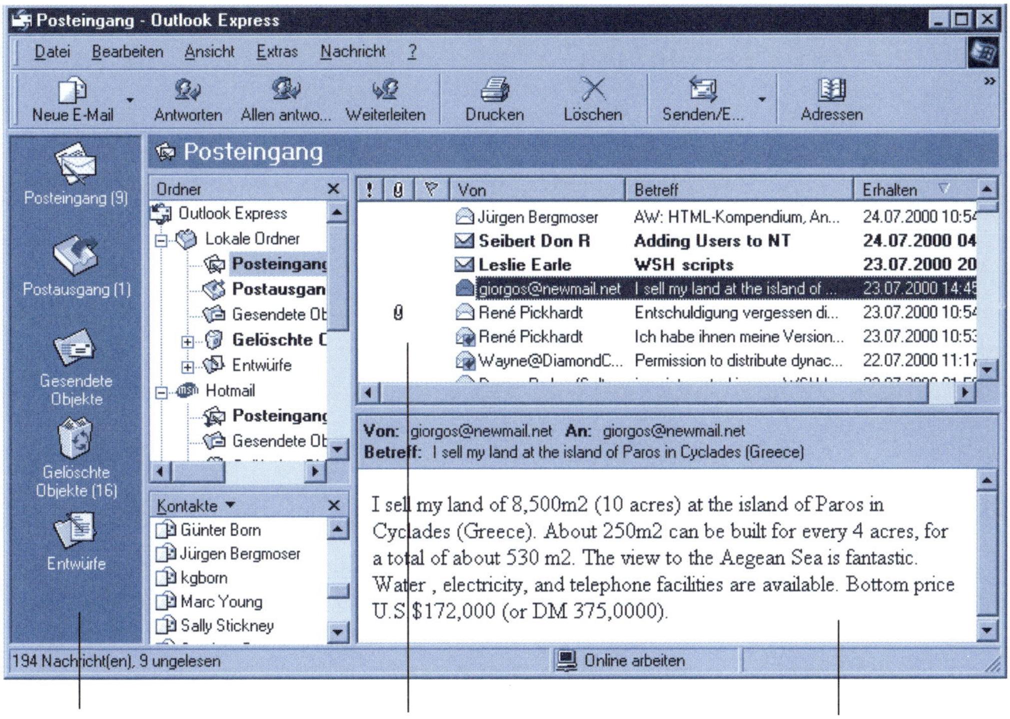

Outlook-Leiste

Nachrichtenleiste

Text aktuelle Nachricht

1 Hierzu wählen Sie im Menü *Ansicht* des Fensters den Befehl *Layout.*

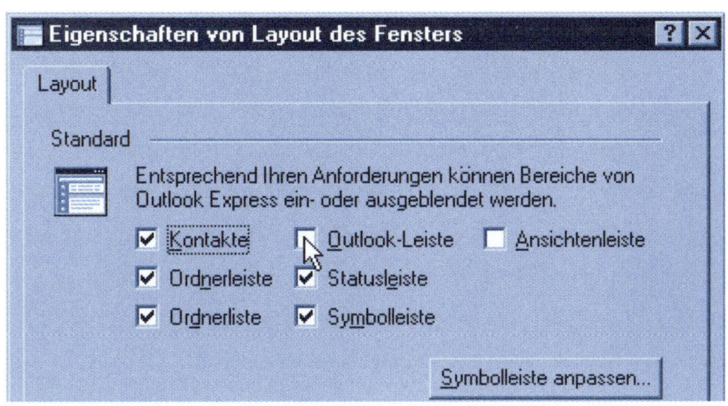

2 Auf der dann gezeigten Registerkarte *Layout* markieren Sie in der Gruppe *Standard* das Kontrollkästchen *Outlook-Leiste.*

Durch Löschen der Markierung der Kontrollkästchen (das Häkchen muss verschwinden) können Sie jedes einzelne Element im Fenster ausblenden.

3 Schließen Sie das Dialogfeld über die *OK*-Schaltfläche.

Jetzt sollte die Outlook-Leiste im Fenster zu sehen sein. Die großen Symbole der Outlook-Leiste vereinfachen den Umgang mit dem Programm, da sich die Symbole von selbst erklären und gut erkennbar sind.

Ein E-Mail-Konto in Outlook Express einrichten

Um mit Outlook Express arbeiten zu können, muss das Programm wissen, wo es Ihre E-Mails abholen kann und wo neue E-Mails in Ihrem »Internet-Briefkasten einzuwerfen« sind. Daher müssen Sie dem Programm noch die Daten des Kontos (bzw. der Konten, falls Sie mehrere besitzen) mitteilen.

HINWEIS

Die erforderlichen Daten erhalten Sie in der Regel vom Anbieter des Postfachs (also T-Online, WEB.DE, CompuServe etc.). Wichtig ist, dass der E-Mail-Server des Providers die beiden Übertragungsstandards POP3 (zum Lesen) und SMTP (zum Versenden) unterstützt. Das Kürzel **POP3** steht für **P**ost **O**ffice **P**rotocol Version **3** und bezeichnet ein Verfahren, mit dem ein Programm E-Mails aus einem Postfach des Internetrechners auf den heimischen PC herunterladen kann. **SMTP** steht für **S**imple **M**ail **T**ransfer **P**rotocol und beschreibt ein Verfahren, mit dem ein Programm ausgehende E-Mails an den E-Mail-Server des Anbieters zum weiteren Transport überträgt.

Nehmen wir an, Sie kennen Ihre E-Mail-Adresse (z.B. BHuber@web.de), das Kennwort sowie die Namen der POP3- und SMTP-Server (die erfahren Sie auf den Webseiten des Anbieters).

Dann lässt sich das E-Mail-Konto in Outlook Express folgendermaßen eintragen:

HINWEIS

Je nach Outlook Express-Version sehen die Dialoge des Assistenten leicht unterschiedlich aus. Dies muss Sie aber nicht stören, da die grundlegenden Eingaben gleich geblieben sind.

1 Wählen Sie in Outlook Express den Befehl *Extras/Konten.*

2 Im Eigenschaftenfenster *Internetkonten* wählen Sie die Schaltfläche *Hinzufügen.*

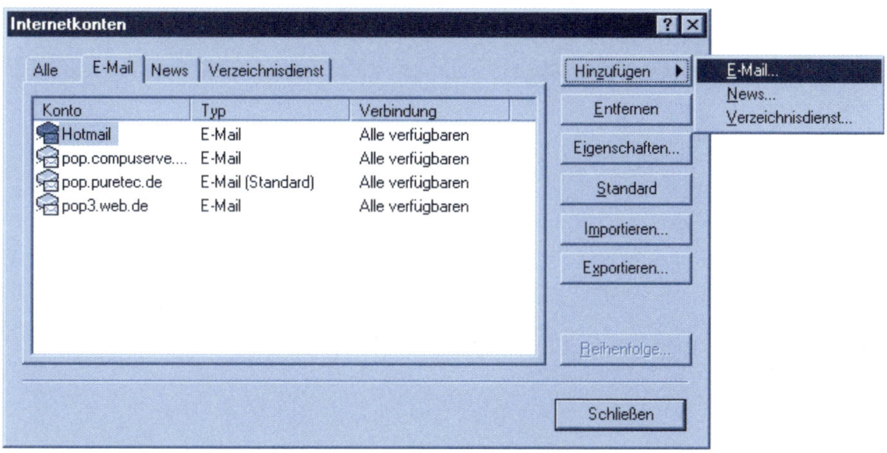

3 Klicken Sie in dem dann angezeigten Menü auf *E-Mail.*

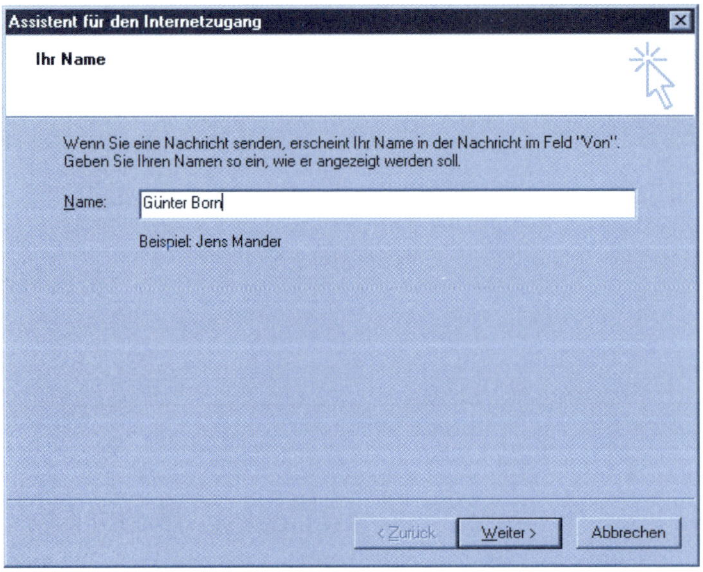

4 Tippen Sie im ersten Dialogschritt des Assistenten Ihren Namen ein und klicken Sie auf die Schaltfläche *Weiter*.

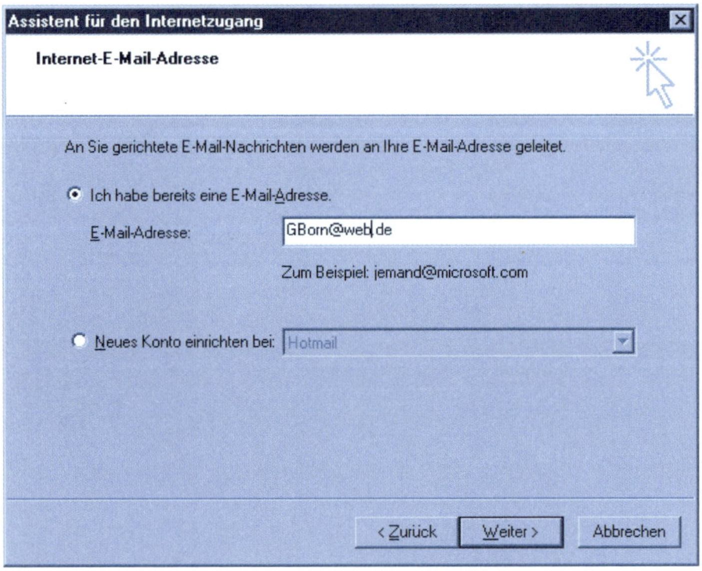

5 Markieren Sie im nächsten Dialogfeld das Optionsfeld *Ich habe bereits eine E-Mail-Adresse.*

6 Tippen Sie Ihre E-Mail-Adresse im betreffenden Feld ein.

7 Klicken Sie auf die Schaltfläche *Weiter*.

ACHTUNG

Outlook benutzt den eingegebenen Namen sowie die E-Mail-Adresse als Absender bei ausgehenden Nachrichten. Achten Sie beim Eintippen der E-Mail-Adresse, bei den Kontennamen, den Kennwörtern und den Adressen für die Postfachserver auf die Groß- und Kleinschreibung.

Jetzt müssen Sie die Adressen der POP3- und SMTP-Server, auf denen Ihr E-Mail-Konto geführt wird, eintippen. Bei WEB.DE lauten sie *pop3.web.de* und *smtp.web.de*. Arbeiten Sie mit CompuServe, verwenden Sie *pop.compuserve.de* und *smtp.compuserve.de*. T-Online verlangt die Angaben *pop.t-online.de* (für POP3) und *mailto.t-online.de* (für SMTP). Bei anderen Anbietern werden ähnliche Adressen benutzt, die Ihnen der Provider mitteilt oder die er in den Hilfeseiten zum E-Mail-Konto angibt.

Hier sehen Sie die Daten für mein E-Mail-Konto bei WEB.DE. Haben Sie ein Konto bei einem anderen Anbieter, müssen Sie natürlich dessen Adresse und Vorgaben verwenden.

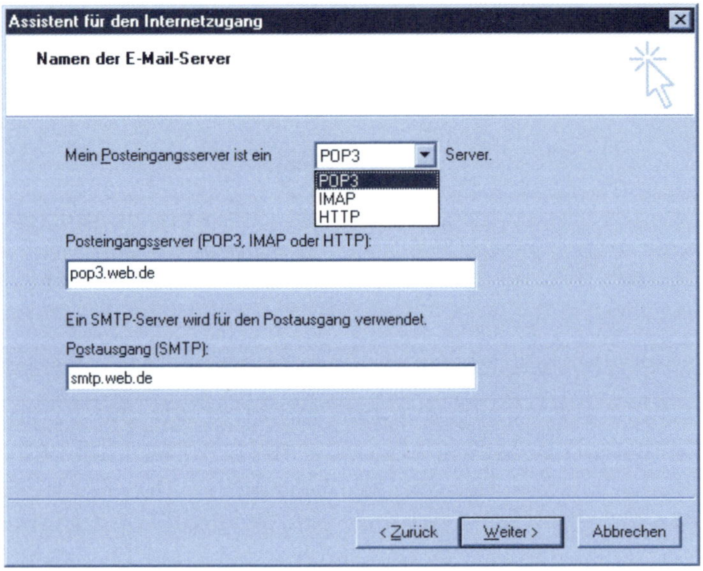

8 Tippen Sie in den Feldern die Adressen des POP3-Posteingangsservers sowie des SMTP-Postausgangsservers ein.

HINWEIS

Bei Bedarf können Sie über das Listenfeld *Mein Posteingangsserver ist ein .... Server* noch die Art des Servers einstellen. Bei WEB.DE ist dies ein POP3-Server. Je nach Anbieter können Sie auf dessen Anweisung auch IMAP- (IMAP steht für **I**nternet **M**essage **A**ccess **P**rotocol) oder HTTP-Server (HTTP steht für **H**yper**t**ext **T**ransfer **P**rotocol) für den Posteingang einstellen.

9 Klicken Sie auf die Schaltfläche *Weiter*, um zum nächsten Dialogschritt zu gelangen.

Jetzt müssen Sie Outlook Express noch mitteilen, wie sich das Programm am Postserver identifizieren kann. Ihre E-Mails sollen ja nur von Ihnen und nicht von jedem x-Beliebigen abgeholt werden können. Erinnern Sie sich noch? Sie haben beim Einrichten des E-Mail-Kontos (hier bei WEB.DE) einen Benutzernamen und ein Kennwort gewählt. Diese beiden Angaben benötigen Sie jetzt.

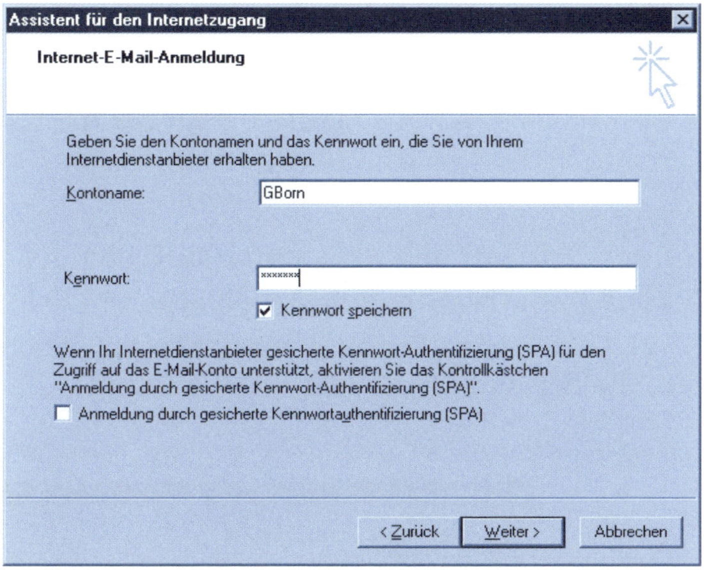

10 Geben Sie in diesem Dialogschritt den Kontonamen (Ihren Benutzernamen) sowie das Kennwort für das E-Mail-Konto ein.

ACHTUNG

Achten Sie auch hier auf die Groß- und Kleinschreibung!

HINWEIS

Sie können die Markierung des Kontrollkästchens *Kennwort speichern* löschen. Outlook Express fragt dann später bei jedem Zugriff auf den E-Mail-Server das Kennwort ab. Diese Maßnahme erhöht die Sicherheit gegen Missbrauch, erfordert aber, dass Sie sich das Kennwort merken. Daher lasse ich (wegen der Vielzahl der von mir benutzten E-Mail-Konten) Outlook Express die Kennwörter auf meinen Systemen speichern.

11 Klicken Sie auf die Schaltfläche *Weiter.*

12 Klicken Sie im letzten Dialogschritt auf die Schaltfläche *Fertig stellen.*

Outlook Express schließt den Assistenten und blendet das neue Konto auf der Registerkarte *E-Mails* ein.

Bei einem WEB.DE-E-Mail-Konto können Sie jetzt noch Einträge vornehmen, die der Assistent leider nicht abfragt:

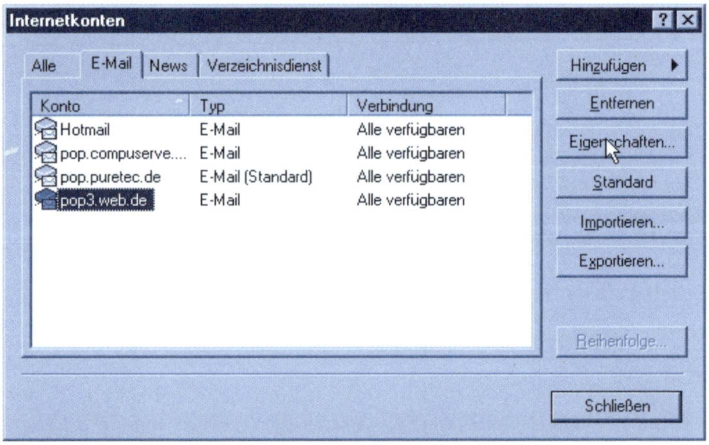

13 Markieren Sie das bereits eingerichtete WEB.DE-POP3-Konto auf der Registerkarte *E-Mail* und klicken Sie dann auf die Schaltfläche *Eigenschaften.*

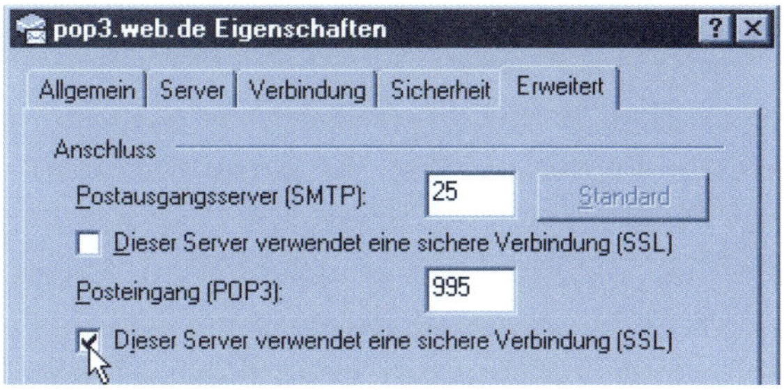

14 Markieren Sie auf der Registerkarte *Erweitert* beim Posteingang das Kontrollkästchen *Dieser Server verwendet eine sichere Verbindung (SSL).*

15 Markieren Sie auf der Registerkarte *Server* das Kontrollkästchen *Server erfordert Authentifizierung* beim Postausgangsserver.

16 Schließen Sie die Registerkarte über die *OK*-Schaltfläche und schließen Sie dann das Dialogfeld mit den Konten über die Schaltfläche *Schließen.*

Jetzt sollte Outlook Express Ihr E-Mail-Konto bei WEB.DE kennen. Auf diese Weise können Sie mehrere E-Mail-Konten von verschiedenen Anbietern eintragen, die Sie mit Outlook Express verwalten. Sobald die obigen Schritte erfolgreich ausgeführt und der Internetzugang per DFÜ-Netzwerk konfiguriert wurde (siehe Kapitel 2), können Sie Nachrichten empfangen und versenden (siehe folgende Seiten).

HINWEIS

Bei einigen Providern gibt es Einschränkungen beim Versenden von E-Mails. Manchmal fordert der Provider, dass Sie seinen Internetzugang zum Zugriff auf das Postfach verwenden. Falls Sie auf Probleme beim Einrichten des Kontos in Outlook Express stoßen, lassen Sie sich von einem Experten helfen. Wenn es einmal eingerichtet ist, brauchen Sie sich um solche Dinge keine weiteren Gedanken zu machen.

Einstellungen zum Sammeln von E-Mails

Bevor wir E-Mails erstellen und verschicken, möchte ich noch auf zwei Details eingehen. Outlook Express wird leider so eingerichtet, dass jede geschriebene E-Mail beim Klick auf die Schaltfläche *Senden* sofort an den E-Mail-Server im Internet übertragen wird. Außerdem prüft Outlook Express alle 30 Minuten, ob neue E-Mails im Internetpostfach vorliegen. In beiden Fällen versucht der Rechner online zu gehen, was nicht wünschenswert ist. Ich habe Outlook Express deshalb so eingestellt, dass alle neuen und bearbeiten E-Mails im Postausgangskorb gesammelt werden. Zweimal täglich stelle ich eine Onlineverbindung her und lasse neue Mails abholen bzw. geschriebene Nachrichten verschicken. Das ist bequemer, preiswerter und vor allem sicherer als die Werkseinstellung! Sie müssen nur ein paar Mausklicks ausführen.

1 Wählen Sie im Outlook Express-Fenster im Menü *Extras* den Befehl *Optionen*.

2 Im Eigenschaftenfenster *Optionen* klicken Sie auf den Registerreiter *Senden*.

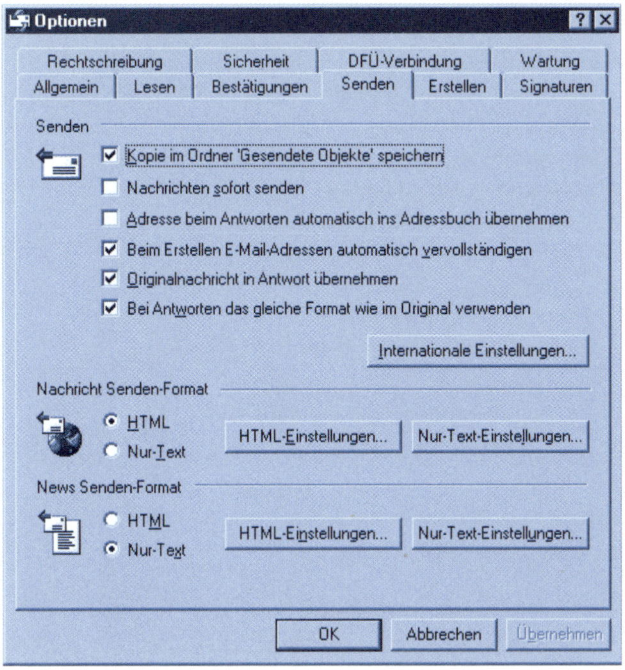

3 Stellen Sie sicher, dass auf der Registerkarte *Senden* das Kontrollkästchen *Nachricht sofort senden* nicht mit einem Häkchen markiert ist.

TIPP

Passen Sie auch die anderen Einstellungen wie hier gezeigt an.

Jetzt müssen wir noch verhindern, dass Outlook Express das E-Mail-Konto regelmäßig auf eintreffende Nachrichten abfragt.

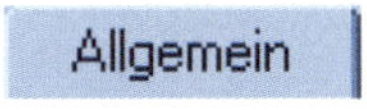

4 Klicken Sie im Eigenschaftenfenster *Optionen* auf den Registerreiter *Allgemein*.

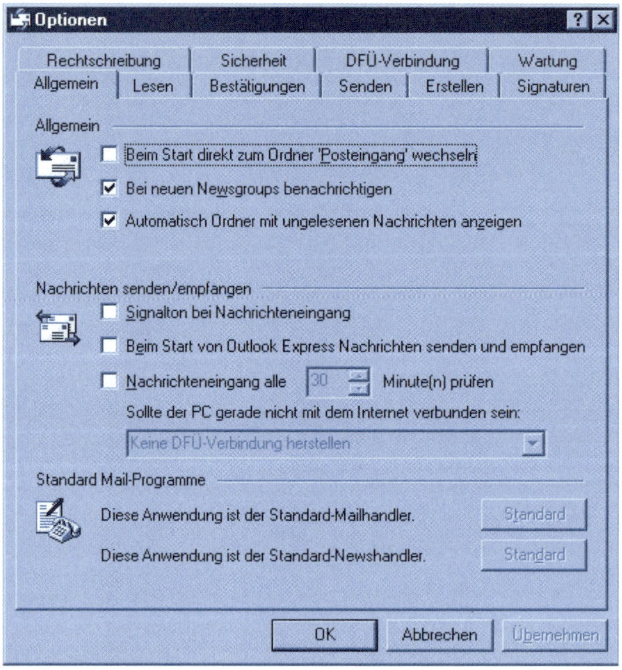

5 Stellen Sie sicher, dass auf der Registerkarte *Allgemein* die Kontrollkästchen *Beim Start von Outlook Express Nachrichten senden und empfangen* sowie *Nachrichteneingang alle 30 Minute(n) prüfen* nicht mit einem Häkchen markiert sind.

6 Schließen Sie die Registerkarte mit der *OK*-Schaltfläche.

Wenn Sie Outlook Express zukünftig nutzen, sammelt das Programm alle neuen Nachrichten lokal im Postausgangsordner. Sie können diese dann gezielt versenden und auch neue Post abholen. Wie das funktioniert, lernen Sie auf den nächsten Seiten.

HINWEIS

Je nach Outlook-Express-Version können die Registerkarten etwas anders aussehen. Der Befehl *Optionen* findet sich ggf. im Menü *Ansicht*. Die Optionen der Registerkarten sind aber zumindest ähnlich benannt.

Meine ersten E-Mails

Falls Sie mit den obigen Ausführungen noch Probleme haben, lassen Sie sich von einem Experten helfen. Besitzen Sie ein E-Mail-Konto und ist Outlook Express mit den Daten des Kontos eingerichtet? Wir wollen jetzt gemeinsam die erste E-Mail verfassen, dann abschicken und die empfangene Post später lesen. Aber alles in Ruhe und der Reihe nach.

Das Verfassen einer neuen Nachricht

Um eine neue Nachricht zu schreiben, müssen Sie Outlook Express starten (wie das geht, habe ich am Kapitelanfang skizziert). Dort haben Sie auch eine grobe Übersicht über die Elemente des Outlook Express-Fensters erhalten. Aber wie geht es weiter?

1 Klicken Sie in der Symbolleiste des Outlook Express-Fensters einfach auf die Schaltfläche *Neue E-Mail.*

Auf dem Bildschirm sollte jetzt folgendes Fenster erscheinen. Outlook Express hat ein Formular für eine neue E-Mail vorbereitet, das Sie jetzt nur noch ausfüllen müssen.

HINWEIS

Lassen Sie sich nicht verwirren, wenn das Fenster bei Ihnen geringfügig anders aussieht. Es gibt verschiedene Versionen von Outlook Express, aber die wichtigsten Funktionen stimmen überein.

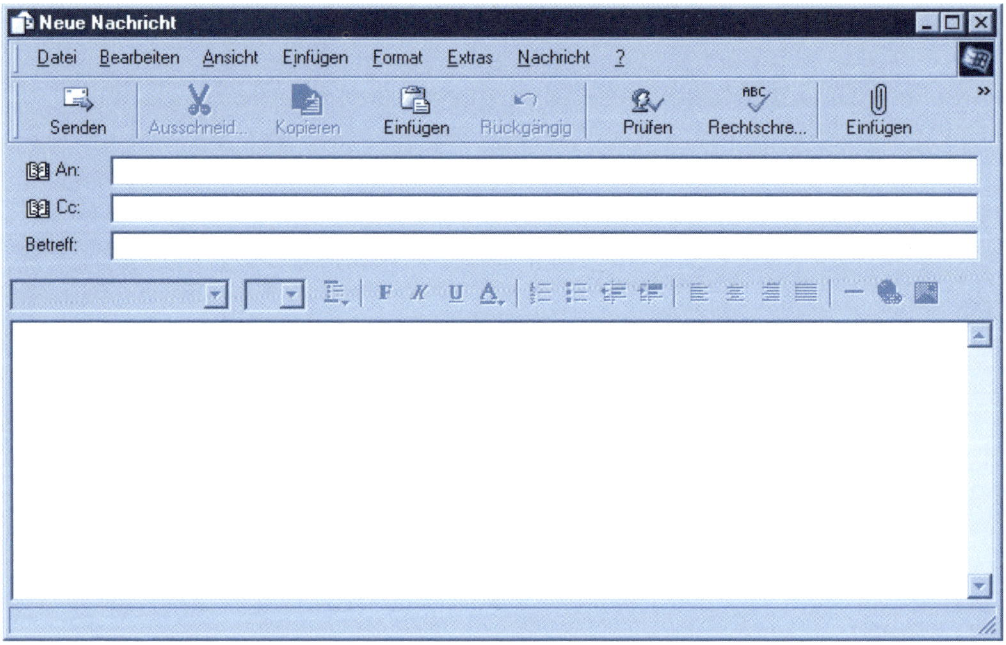

2 Klicken Sie auf den Anfang des Textfelds *An* und tippen Sie in diesem Feld die Empfängeradresse ein.

TIPP

Um das in allen E-Mail-Adressen vorkommende Zeichen @ einzutippen, drücken Sie gleichzeitig die Tasten AltGr und Q. Die Taste AltGr finden Sie auf der Tastatur in der unteren Tastenreihe rechts neben der langen Leertaste. Später zeige ich Ihnen noch, wie Sie E-Mail-Adressen in einem Adressbuch verwalten und in eine E-Mail übernehmen können.

Wem wollen Sie eine E-Mail schreiben? Kennen Sie bereits jemanden mit einer E-Mail-Adresse? Haben Sie noch Angst, sich zu blamieren, und möchten erst einmal herumprobieren?

Meine oben gezeigte E-Mail-Adresse fällt als Testadresse leider aus – wenn ich täglich Hunderte von Test E-Mails erhalte, bricht mein Postfach zusammen und wichtige Nachrichten erreichen mich nicht mehr. Aber Sie könnten sich selbst eine E-Mail schicken! Eine E-Mail-Adresse haben Sie ja und dann sehen Sie gleich, wie das Ergebnis nach dem Empfang aussieht. Ist doch ideal, oder? Tippen Sie also Ihre eigene E-Mail-Adresse im Feld *An* ein.

HINWEIS

E-Mail-Adressen verstehen

Ihre Postanschrift besteht aus einem Namen und einer Ortsangabe. Ähnliches gilt auch bei E-Mails, die die Form *Name@anbieter.xxx* aufweisen. *Name* steht für den E-Mail-Namen des Empfängers. Dann kommt das als at oder Klammeraffe bezeichnete Zeichen @. Dahinter folgt eine Art Ortsangabe, an welcher Stelle im Internet nämlich der E-Mail-Server mit dem Postfach des Empfängers zu finden ist (z.B. zeigt mir *web.de*, dass der Betreiber die Firma WEB.DE ist).

Als unzustellbar zurück

Eine **E-Mail-Adresse** für den Empfänger **muss gültig** bzw. **richtig geschrieben** sein. Manchmal erhalten Sie eine E-Mail als unzustellbar zurück. Prüfen Sie dann, ob die Adresse wirklich richtig geschrieben ist. In E-Mail-Adressen sind keine Leerzeichen oder Sonderzeichen erlaubt. Manchmal ist die Adresse richtig geschrieben, aber der Empfänger hat sein Postfach aufgegeben oder ist innerhalb des Internets umgezogen. Gelegentlich ist auch schon mal ein kurzzeitig ausgefallener Internetrechner die Ursache. Probieren Sie es in einem solchen Fall zu einem späteren Zeitpunkt einfach noch mal.

Das Feld *Cc* steht für »Carbon Copy« (für Kohlepapierdurchschlag) und lässt sich zum Versenden eines »Durchschlags« der E-Mail nutzen. Wir tragen im ersten Beispiel aber nichts in *Cc* ein, da keine Kopie benötigt wird.

Haben Sie die Empfängeradresse eingetragen?

3 Klicken Sie im Fenster der neuen Nachricht auf das Feld *Betreff* und geben Sie dort einen kurzen Bezug zur Nachricht ein (ähnlich wie bei der Betreffzeile bei herkömmlichen offiziellen Briefen).

Diesen Text sieht der Empfänger dann, bevor er die Nachricht öffnet.

4 Klicken Sie in den unteren Textbereich und tippen Sie den Text der Nachricht ein.

Das Ergebnis könnte dann wie hier gezeigt aussehen.

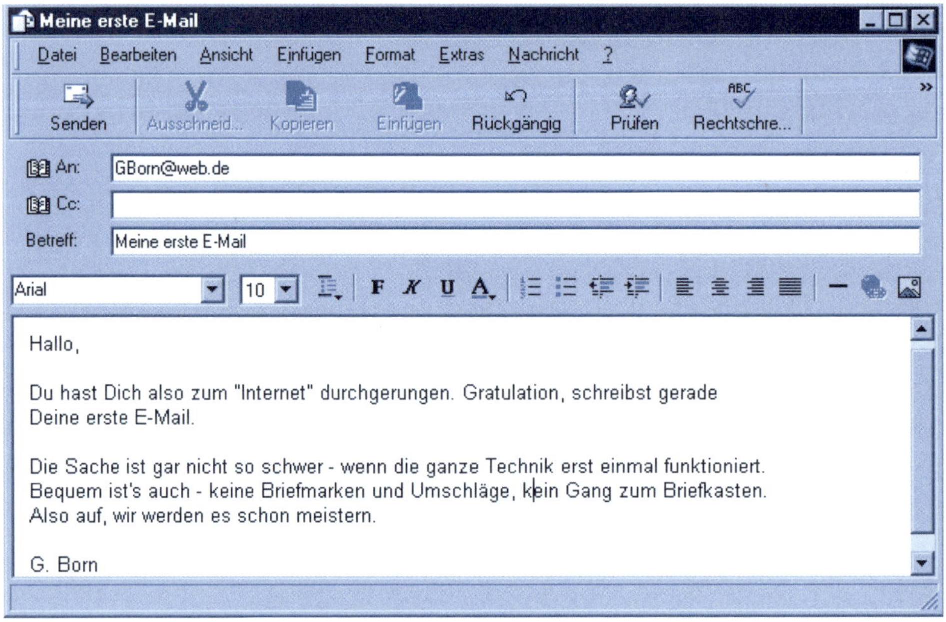

5 Klicken Sie zum Abschluss im Fenster der Nachricht auf die Schaltfläche *Senden*.

Outlook Express speichert die Nachricht im Postausgangsordner und schließt das Fenster. Je nach Einstellung erscheint beim Versenden noch ein Dialogfeld, welches Sie informiert, dass die Nachricht lediglich im Postausgangsordner hinterlegt wurde. Schließen Sie dieses Dialogfeld über die *OK*-Schaltfläche.

TIPP

In der Ordnerliste des Postausgangsordners wird diese neue Nachricht durch die Zahl 1 in der Form angezeigt. Sie erkennen also an den in Klammern angezeigten Zahlen im Postausgang und auch im Posteingang, wie viele neue Nachrichten jeweils im Fach liegen.

Hat alles wie beschrieben geklappt? Gratuliere, Sie haben gerade Ihre erste E-Mail verfasst! Wenn Sie noch etwas Schwierigkeiten, z.B. mit dem Finden der richtigen Tasten haben, ist das nicht schlimm. Vieles wiederholt sich ständig und Sie lernen quasi nebenbei. Hier noch einige Tipps zum Eingeben des Texts.

- Die Groß- und Kleinschreibung lässt sich über die [⇧]-Taste steuern. Halten Sie die [⇧]-Taste gedrückt und drücken Sie eine Buchstabentaste. Dann wird ein Großbuchstabe angezeigt. Bei den Zifferntasten erzeugt die [⇧]-Taste Sonderzeichen wie §, $, %, & etc. Für das Eurozeichen drücken Sie dagegen die Tastenkombination [AltGr]+[E].
- Haben Sie sich vertippt, können Sie mit der Maus auf das falsch geschriebene Wort klicken. Mit der Taste [←] löschen Sie die Zeichen links vom Textcursor (dies ist der senkrechte Strich, der im

Text sichtbar wird). Zeichen rechts vom Textcursor entfernen Sie durch Drücken der Taste [Entf]. Anschließend können Sie die richtigen Zeichen eintippen.

Denken Sie beim Schreiben daran, dass E-Mail meist am Bildschirm gelesen wird. Unterteilen Sie den Text daher in kürzere Absätze, die Sie zusätzlich durch Leerzeichen trennen. Dies erreichen Sie durch Drücken der [↵]-Taste.

HINWEIS

Verzichten Sie beim Schreiben des Texts möglichst auf das Drücken der [↵]-Taste, sobald der rechte Zeilenrand erreicht ist. Outlook Express leitet automatisch eine Folgezeile ein. Drücken Sie dagegen für jede neue Zeile die [↵]-Taste, kann es Probleme beim Empfänger geben. Outlook Express bricht beim Senden und Empfangen alle Zeilen länger als 76 Zeichen auf die Folgezeile um. Dann sieht der Empfänger u.U. eine ziemlich »verstümmelte« Nachricht, bei der in jeder zweiten Zeile nur ein oder zwei Wörter stehen.

sicherlich haben Sie es beim Zugriff auf Ihre eigene E-Mail bereits
gemerkt:
FreeMail ist schneller geworden, die Seiten werden zügig aufgebaut
und alle
Funktionen stehen sofort zur Verfügung. Eine Selbstverständlichkeit
werden

Bevorzugen Sie Briefpapier mit Stil?

Vielleicht möchten Sie, dass Ihre Briefe eine persönliche Note aufweisen, und Sie schreiben normalerweise auf richtigem Briefpapier. Auch bei E-Mail müssen Sie darauf nicht verzichten! Outlook Express ermöglicht Ihnen die Verwendung von Briefpapier, Fettschrift, Farben und mehr. Versuchen wir doch gleich eine zweite E-Mail, die wir mit diesen Funktionen etwas ansprechender gestalten.

1 Klicken Sie im Outlook Express-Fenster auf den Pfeil neben der Schaltfläche *Neue E-Mail*, so dass sich das hier gezeigte Menü öffnet.

2 Wählen Sie jetzt eines der angebotenen Muster für das Briefpapier.

Ich habe mich hier für Efeu als Motiv entschieden. Fehlt das Motiv *Efeu*, klicken Sie im Menü auf *Briefpapier wählen*. Sie können später ja noch experimentieren und andere Motive wählen.

HINWEIS

Beachten Sie aber, dass bei manchen Motiven der Text schlechter lesbar ist. Das Muster Efeu stellt hier einen guten Kompromiss dar. Die verfügbaren Motive können aber von Ihrem System abhängen.

Outlook Express öffnet ein leeres Nachrichtenfenster, in dem jetzt aber im Textbereich das Motiv des Briefpapiers sichtbar ist.

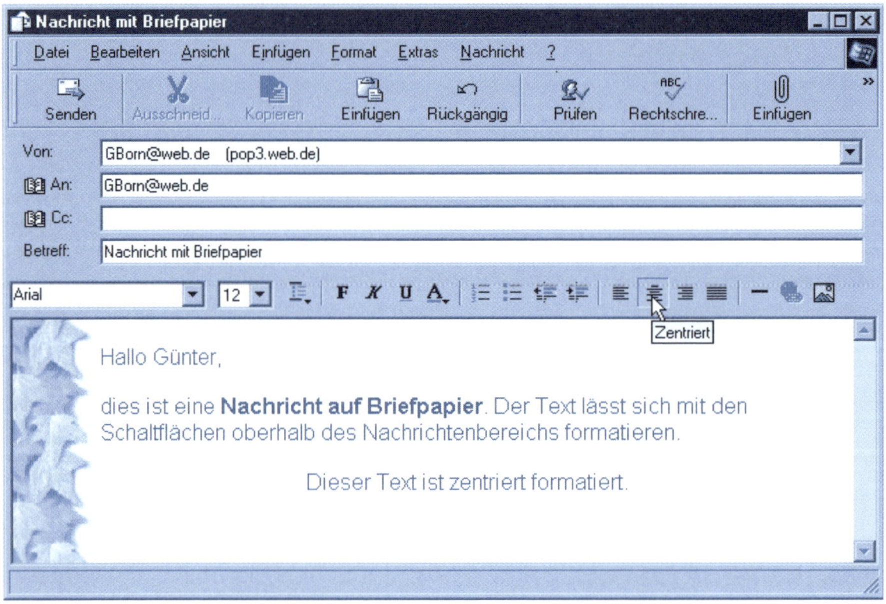

Sie können anschließend wie im vorherigen Beispiel die Empfängeradresse, den Betreff sowie den Text eintippen. Je nach gewähltem **Briefpapier** verwendet Outlook Express eine andere **Schriftgröße** (auch als Schriftgrad bezeichnet), eine andere **Schriftfarbe** etc. Sie können aber auch auf ein Wort klicken oder einen **Textabschnitt markieren** (per Maus auf den Anfang des Texts klicken und dann bei gedrückter linker Maustaste den Mauszeiger zum Ende des Markierungsbereichs ziehen – der markierte Bereich wird dann farbig hervorgehoben). Anschließend lässt sich das aktuelle Wort oder der markierte Bereich über die Schaltflächen oberhalb des Dokumentbereichs anpassen.

Man bezeichnet dieses **Auszeichnen des Texts** mit verschiedenen Schriftarten, Schriftgraden, Fettdruck, Kursivschrift, Unterstreichungen, Farben etc. auch als **Formatieren**.

TIPP

Zeigen Sie per Maus auf eine solche Schaltfläche, blendet das Programm ein Fenster mit dem Namen der zugehörigen Funktion ein.

Wenn Sie Lust haben, können Sie ja noch etwas experimentieren. Ich habe hier einige Wörter fett hervorgehoben sowie den untersten Absatz zentriert. Ob Sie solche Formatierungen verwenden, bleibt Ihnen überlassen. Aber es ist schon eine erfreuliche Angelegenheit, wenn man eine hübsch gestaltete E-Mail zugeschickt bekommt.

3 Wenn Sie die neue Nachricht gestaltet haben, schicken Sie diese wieder über die Schaltfläche *Senden* ab.

So, jetzt wissen Sie eigentlich schon eine ganze Menge über das Erstellen von E-Mails. Sie können eine neue Nachricht anlegen, die E-Mail-Adresse des Empfängers eingeben, den Text gestalten und Briefpapier verwenden.

TIPP

Um das Briefpapier nachträglich zu ändern, öffnen Sie im Fenster das Menü *Format* und klicken dann auf den Befehl *Briefpapier*. Über das Untermenü können Sie das Briefpapier wählen.

HINWEIS

Der kleine E-Mail-Knigge

Grundsätzlich können Sie natürlich den Inhalt einer E-Mail nach Gutdünken gestalten und das werden Sie bei einer privaten Korrespondenz wohl auch tun. Bei Kontakten mit anderen Adressaten (Firmen, Behörden etc.) sollten Sie einige Regeln (als **Netiquette** bezeichnet), die sich für die E-Mail-Kommunikation herausgebildet haben, zumindest kennen. Durch die Schnelligkeit des Mediums

E-Mail gelten etwas andere Gepflogenheiten als bei der üblichen Geschäfts- oder Privatkorrespondenz. Zweck der E-Mail ist die schnelle Informationsübermittlung zu einem Sachverhalt. Machen Sie es Ihrem Gegenüber leicht, auf die E-Mail zu reagieren – E-Mails im geschäftlichen Bereich sollten deshalb kurz gefasst werden. In Antworten auf eine Mail werden häufig die relevanten Passagen des Absenders, auf die sich Ihre Antwort bezieht, wiederholt (siehe auch folgendes Kapitel im Abschnitt zum Beantworten von Nachrichten). Denken Sie aber immer daran, dass Sie mit Menschen korrespondieren – ein böses Wort ist schnell geschrieben und lässt sich nach dem Absenden nicht mehr zurückholen. Und seien Sie etwas großzügiger bezüglich Tippfehlern in empfangenen Nachrichten (Sie selbst können ja auf die korrekte Schreibweise achten).

Kleiner Dolmetscher für E-Mail-Kürzel

Manche E-Mails enthalten aus der englischen Sprache abgeleitete Abkürzungen wie BTW (by the way), FYI (for your information), CU (see you) etc. Der Absender spart dadurch etwas Tipparbeit. Da die Bedeutung dieser Kürzel aber nicht jedem Empfänger klar ist, sollten Sie auf diese Kürzel verzichten.

E-Mails enthalten darüber hinaus auch häufiger Zeichen der Art :-), die allgemein als **Smileys** bezeichnet werden. Es handelt sich um aus Buchstaben geformte stilisierte »Gesichter«, die um 90 Grad nach links gekippt sind. Mit diesen Smileys lassen sich Emotionen innerhalb der Nachricht ausdrücken (eine E-Mail ist selten so förmlich gehalten wie ein geschriebener Brief). Smileys erlauben Ihnen, dem Empfänger einen Hinweis zu geben, wie der Text gemeint war. Hier eine Kostprobe solcher Smileys:

:-)	Freude/Lächeln	:-(	Traurigkeit
;-)	Augenzwinkern	:-o	Überraschung/Schreck

Achten Sie beim Schreiben darauf, dass Wörter oder Textstellen nicht in Großbuchstaben geschrieben sind. Dies gilt allgemein als Ausdruck für

Schreien und der Empfänger könnte dies übel nehmen. Das Zeichen <g> (grin) steht für ein Grinsen. Das früher gebräuchliche Auszeichnen von Wörtern mit Zeichen wie *wichtig* oder _heute_ verliert an Bedeutung, da Sie Wörter in Outlook Express auch direkt fett oder kursiv hervorheben können.

So senden und empfangen Sie Nachrichten

Sie haben die oben beschriebenen Nachrichten als Beispiel erstellt und an die eigene E-Mail-Adresse adressiert? Na dann lassen wir Outlook Express die fertigen Nachrichten im »Internet-Briefkasten« zur weiteren Beförderung »einwerfen«. Und dann holen wir noch die Post im Postfach ab.

1 Rufen Sie (sofern noch nicht geschehen) das Programm Outlook Express auf.

2 Stellen Sie eine Internetverbindung her (dies haben Sie bereits in Kapitel 2 sowie in den Kapiteln zum Websurfen gelernt).

3 Klicken Sie im Outlook Express-Fenster in der Symbolleiste auf die Schaltfläche *Senden/Empfangen*.

Outlook Express nimmt jetzt über das Internet Verbindung mit dem Rechner auf, der Ihr E-Mail-Konto enthält. Dann werden eingetroffene Nachrichten im Postfach gelesen sowie die fertigen Nachrichten versandt.

HINWEIS

Haben Sie beim Einrichten des E-Mail-Kontos die Markierung des Kontrollkästchens *Kennwort speichern* im Dialogfeld *Anmeldung* gelöscht (siehe vorherige Seiten)? Dann fragt Outlook Express bei jeder Verbindungsaufnahme mit dem E-Mail-Server das Kennwort neu ab. Sie müssen in diesem Fall Ihren Benutzernamen sowie das Kennwort im betreffenden Dialogfeld ergänzen und die *OK*-Schaltfläche betätigen.

Während der Übertragung zeigt Outlook Express die einzelnen Schritte in diesem Fenster. Über die Schaltfläche *Details* lässt sich der untere Fensterteil ein- oder ausblenden.

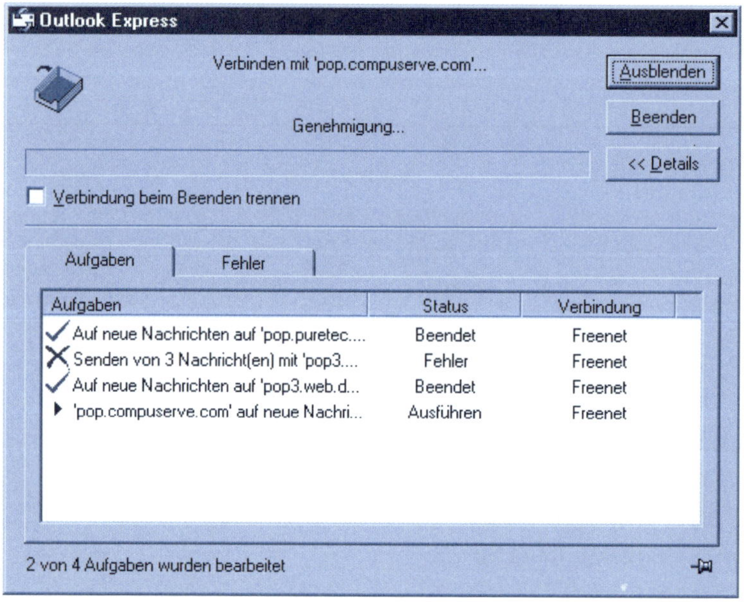

Treten Fehler auf, werden diese im unteren Teil des Fensters durch eine rotes X vor der betreffenden Zeile signalisiert. Details finden Sie unter *Fehler.*

Markieren Sie das Kontrollkästchen *Verbindung beim Beenden trennen,* baut Outlook Express die Verbindung zum Internet automatisch nach dem Austausch der Nachrichten ab. Ich verzichte aber meist auf diese Möglichkeit, um gegebenenfalls auf Fehler reagieren zu können oder noch im Internet zu surfen. Dann baue ich die Internetverbindung später selbst ab (siehe auch Kapitel 2).

ACHTUNG

Bei manchen Konten ist eine Besonderheit zu beachten. Aus Sicherheitsgründen erwartet der E-Mail-Server, dass Sie vor dem Versenden von Post erst Ihr Postfach leeren. Dann gibt der Server Ihnen den Briefkasten für einige Minuten frei. Dummerweise versucht Outlook Express aber bei Anwahl der Schaltfläche *Senden/Empfangen* immer zuerst neue Post loszuwerden und leert dann das Eingabepostfach. Sie erhalten also eine Fehlermeldung beim Versenden der Post. Warten Sie bis Outlook Express fertig ist und klicken Sie erneut auf *Senden/Empfangen.* Jetzt ist der Briefkasten zum »Einwerfen« von Post freigegeben und das Versenden klappt.

Oder Sie klicken auf den Pfeil neben *Senden/Empfangen* und wählen den Befehl *Alle empfangen.* Ist die Übertragung fertig, klicken Sie nochmals auf *Senden/Empfangen.* Die meisten SMTP-Server erlauben aber die Anmeldung per Kennwort, so dass die umständliche Prozedur des zweimaligen Senden/Empfangens überflüssig ist.

Empfangene Nachrichten lesen

Haben Sie die obigen Schritte ausgeführt? Dann sollten in Ihrem Posteingangsordner neue Nachrichten eingetroffen sein. Möchten Sie die empfangene Post lesen?

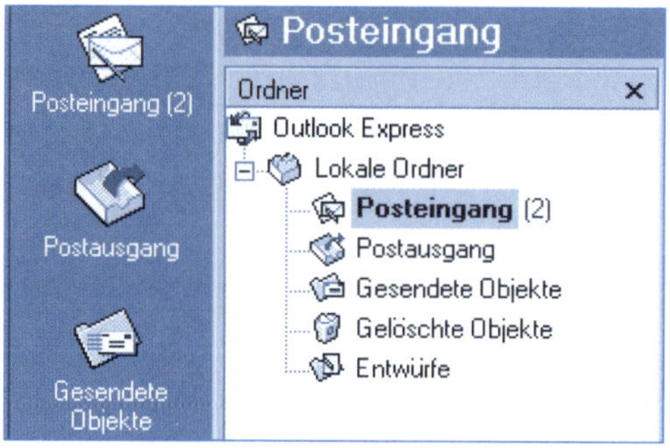

1 Klicken Sie in der Outlook-Leiste oder im Fenster *Ordner* auf das Symbol *Posteingang*.

> **TIPP**
>
> Die im Namen des Symbols in Klammern aufgeführte Zahl gibt Ihnen die im Posteingang enthaltenen ungelesenen Nachrichten an.

Outlook Express zeigt jetzt alle im lokalen Postfach eingegangenen Nachrichten (den Inhalt des Ordnerfensters *Posteingang*) an. Im oberen Teil des Fensters finden Sie die **Nachrichtenleiste**, die alle eingetroffenen Nachrichten aufgelistet.

Für jede Nachricht ist eine Zeile reserviert, in der der Status der Nachricht, der Absender, der Betreff und das Empfangsdatum aufgeführt sind.

1 Klicken Sie jetzt auf eine dieser Zeilen mit den eingegangenen Nachrichten.

Outlook zeigt den Inhalt der aktuell markierten Nachricht in einem eigenen Nachrichtenfenster (unterhalb der Nachrichtenleiste).

2 Doppelklicken Sie in der Nachrichtenleiste auf die Nachricht.

Outlook Express öffnet jetzt ein eigenes Fenster zum Lesen und zur Bearbeitung der Nachricht. Der Kopfbereich enthält die Angaben über den Absender, den Betreff etc.

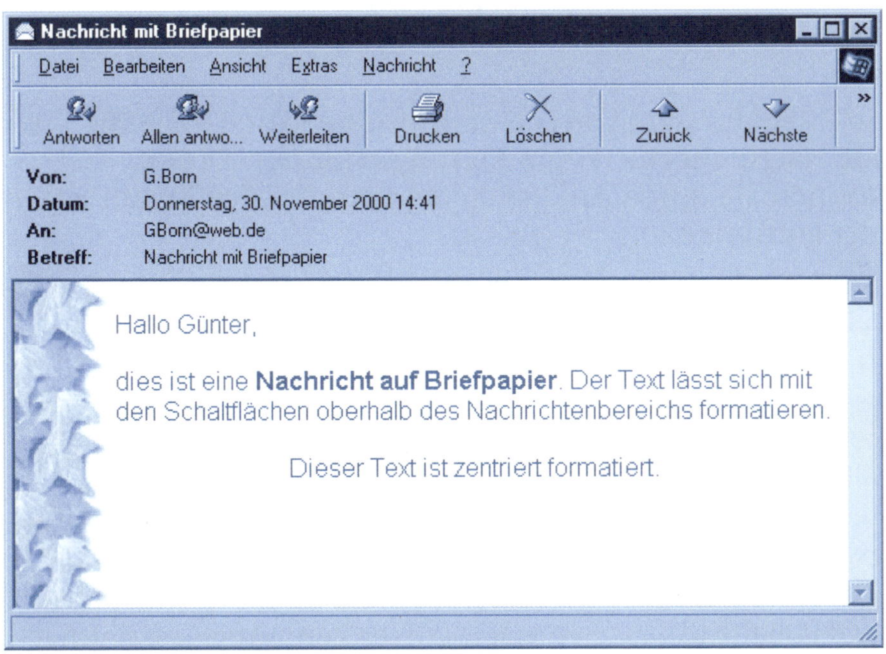

Über die Schaltfläche *Schließen* in der rechten oberen Ecke des Fensters können Sie das Fenster schließen.

Symbole der Nachrichtenleiste

Die Nachrichtenleiste des Posteingangs enthält neben der Absenderangabe und dem Betreff weitere hilfreiche Informationen.

Am Zeilenanfang der Nachrichtenleiste finden Sie drei Spalten mit Symbolen.

- Die erste Spalte mit dem stilisierten Ausrufezeichen zeigt die Priorität der Nachricht an. Der Absender kann mit Outlook Express für seine Nachricht eine normale, erhöhte oder niedrige Priorität vergeben. Meist bleibt diese Spalte aber leer, da die Nachrichten mit normaler Priorität versehen sind.
- Die zweite Spalte zeigt anhand einer stilisierten Briefklammer, ob es einen Anhang zur Nachricht gibt. Jede Nachricht kann Dateien als Anhang enthalten. Auf diesen Punkt komme ich später zurück.
- In der dritten Spalte signalisiert eine stilisierte Fahne, dass die betreffende Nachricht noch eine Klärung erfordert. Dieses Symbol können Sie durch Anklicken der betreffenden Spalte setzen oder wieder entfernen.
- In der vierten Spalte unter *Von* signalisiert ein geschlossener oder ein geöffneter Briefumschlag, ob die Nachricht ungelesen oder gelesen ist.

TIPP

Eine detaillierte Auflistung aller Symbole samt den zugehörigen Beschreibungen finden Sie in der Outlook Express-Hilfe unter dem Stichpunkt »Symbole der Nachrichtenliste«.

In diesen Spalten können Sie auf einen Blick den Status der Nachricht erkennen. Sobald Sie eine Nachricht in der Nachrichtenleiste des Posteingangs anklicken, wird deren Symbol in der Statusspalte nach kurzer Zeit auf gelesen umgesetzt (es wird ein geöffnetes Kuvert gezeigt).

HINWEIS

Haben Sie eine Nachricht irrtümlich angeklickt, Ihnen fehlt aber die Zeit zum Lesen? Klicken Sie die Zeile mit der Nachricht in der Nachrichtenleiste mit der rechten Maustaste an und wählen Sie im Kontextmenü den Befehl *Als ungelesen markieren*. Der Status wird wieder zurückgesetzt.

Zusammenfassung

An dieser Stelle möchte ich die Einführung in Outlook Express beenden. Sie haben jetzt das Grundwissen zum Umgang mit E-Mails erworben. Sie haben gelernt, wie Sie ein FreeMail-Konto beantragen und dessen Daten in Outlook Express eintragen. Weiterhin wissen Sie, wie eine E-Mail erstellt und verschickt wird. Zusätzlich können Sie eintreffende Nachrichten aus dem Postfach im Internet oder mit Outlook Express abholen und anschließend lesen. Für den Einstieg reicht dieses Wissen vollständig aus. Wenn Sie mehr wissen möchten, geht es im nächsten Kapitel weiter. Dort lernen Sie E-Mails zu beantworten sowie Anhänge (z.B. Bilder) zu verschicken oder aus E-Mails auszupacken. Weiterhin zeige ich Ihnen, wie Sie Nachrichten löschen oder mit dem Adressbuch umgehen. Dort gehe ich auch auf Sicherheitsfragen ein. Zur Überprüfung Ihres Wissens können Sie die folgenden Aufgaben lösen.

Lernkontrolle

- **Wie erstelle ich eine E-Mail?**
  (Auf die Schaltfläche *Neue E-Mail* klicken, die Empfängeradresse sowie den Betreff hinzufügen und den Text verfassen.)
- **Wie lese ich eine E-Mail?**
  (Klicken Sie im Fenster *Ordner* auf das Symbol *Posteingang*. Zum Lesen der Nachricht doppelklicken Sie auf den betreffenden Eintrag in der Nachrichtenliste.)

- **Wie hole ich E-Mails im Internet ab?**
  (Ist Outlook Express entsprechend vorbereitet, stellen Sie eine Onlineverbindung her. Dann klicken Sie im Outlook Express-Fenster auf die Schaltfläche *Senden/Empfangen*. Sobald alle Nachrichten ausgetauscht sind, bauen Sie die Verbindung zum Internet wieder auf.)
- **Wie hole ich E-Mails ohne Outlook Express im Internet ab?**
  (Sie müssen die Webseite Ihres Postfachs, z.B. bei WEB.DE, im Internet Explorer abrufen sowie Benutzername und Kennwort eingeben. Dann lassen sich die Nachrichten direkt in Webseiten bearbeiten.)

E-Mail smart genutzt

Haben Sie Ihre ersten E-Mails verfasst und eintreffende Nachrichten gelesen? Prima, damit beherrschen Sie die wichtigsten Funktionen und der elektronischen Kommunikation mit der »Welt« steht nichts mehr im Wege. Mit der Zeit werden Sie aber sicherlich etwas mehr Komfort wünschen oder wissen wollen, was sonst noch alles beim E-Mail-Verkehr möglich ist. Genau das möchte ich in diesem Kapitel behandeln. Sie lernen, E-Mail mit Outlook Express besser zu nutzen und Ihre Adressen bequemer zu verwalten. Zusätzlich gebe ich Hinweise hinsichtlich der Sicherheit und den Risiken beim E-Mail-Verkehr.

Das lernen Sie in diesem Kapitel **6**

- Mit dem Adressbuch arbeiten
- Die Kniffe der E-Mail-Profis
- Sicherheitsfragen

Mit dem Adressbuch arbeiten

Outlook Express besitzt eine eigene Funktion zur **Verwaltung von Adressen**, die auch **als Kontakte bezeichnet** werden. Sie können nicht nur Adressen mit Anschrift und Telefonnummer hinterlegen sondern auch Ihre **E-Mail-Adressen** verwalten. Übernehmen Sie doch einfach beim Schreiben einer E-Mail die Empfängeradresse aus dem Adressbuch, hinterlegen Sie die Absenderadresse einer empfangenen E-Mail in das Adressbuch und vieles mehr.

Das Adressbuch öffnen

Aus dem vorherigen Kapitel wissen Sie vielleicht noch, dass Outlook Express (ab Version 5) in der linken unteren Ecke die Liste der Kontakte anzeigt. Ich persönlich nutze das Adressbuch allerdings lieber in einem eigenen Fenster. Das Öffnen des Fensters mit dem Adressbuch ist kinderleicht.

1 Klicken Sie im Outlook Express-Fenster auf diese Schaltfläche.

HINWEIS

Das Adressbuch lässt sich auch direkt im Startmenü im Zweig *(Alle) Programme/ Zubehör* aufrufen.

Dann öffnet sich das Adressbuch, und zeigt eine Liste der von Ihnen eingetragenen Kontakte (Adressen) an.

Hier sehen Sie eines meiner Adressbücher, in dem einige Adressen sowie ein Eintrag für die Familie enthalten ist.

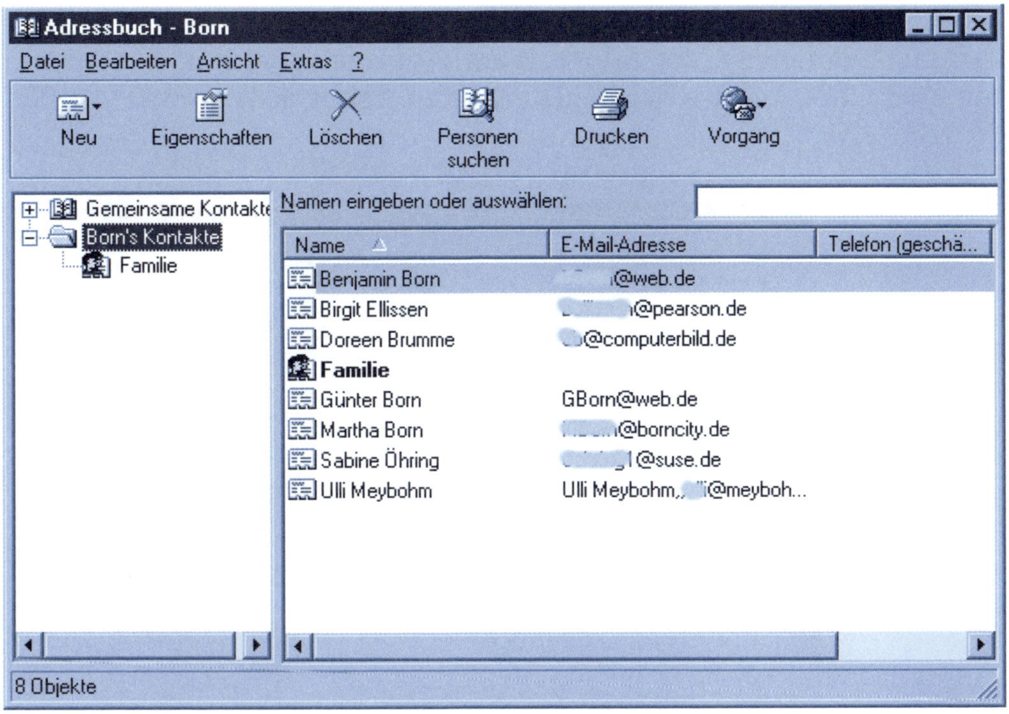

Eine neue Adresse eintragen

Zum Eintragen einer neuen Adresse im Adressbuch sind nur wenige Schritte notwendig. Ist das Adressbuch geöffnet, gehen Sie folgendermaßen vor.

1 Klicken Sie im Fenster des Adressbuchs auf die Schaltfläche *Neu*.

2 Wählen Sie im dann angezeigten Menü den Befehl *Neuer Kontakt*.

Das Programm öffnet jetzt ein Fenster mit verschiedenen Registerkarten, in denen Sie die Adressdaten eintragen können. Die Anordnung und der Aufbau der Registerkarten hängt dabei etwas von der Programmversion ab.

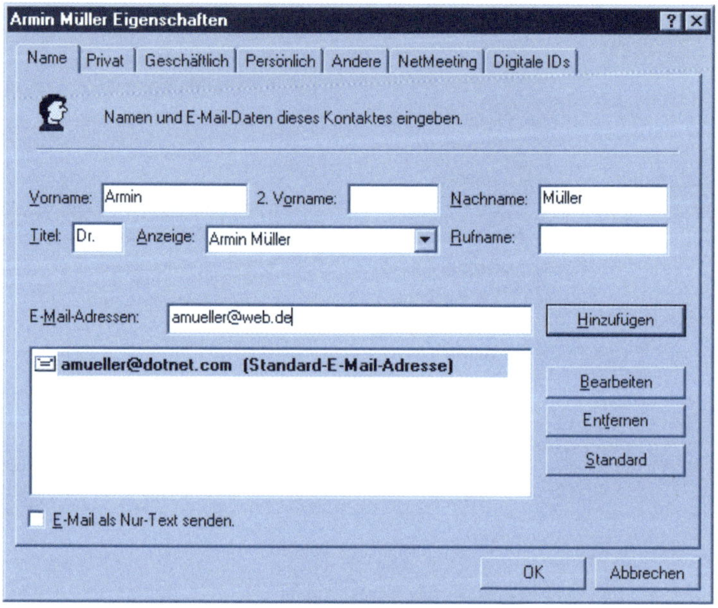

3 Geben Sie auf der Registerkarte *Name* den Vornamen, den Nachnamen und ggf. den Titel ein.

4 Klicken Sie auf das Feld *E-Mail-Adressen*, tippen Sie die E-Mail-Adresse ein und klicken Sie dann auf die Schaltfläche *Hinzufügen*.

Die E-Mail-Adresse wird in die Liste aufgenommen. Hat die betreffende Person mehrere E-Mail-Adressen, wiederholen Sie Schritt 4 und geben die nächste Adresse ein. Jedes Mal wenn Sie auf *Hinzufügen* klicken, wird die Adresse in die Liste übernommen.

TIPP

Ein Eintrag der Liste erhält den Zusatz »(Standard-E-Mail-Adresse)«. Diese Adresse wird standardmäßig beim Versenden von Nachrichten benutzt. Sie können aber eine andere Adresse der Liste als Standard wählen. Hierzu müssen Sie diese nur anklicken und dann die Schaltfläche *Standard* bzw. *Als Standard* wählen.

Das Adressbuch kann neben der E-Mail-Adresse weitere Informationen aufnehmen. Um diese Informationen anzusehen, abzurufen oder einzutragen, verwenden Sie einfach die übrigen Registerkarten des Fensters.

5 Klicken Sie auf den Registerreiter der gewünschten Karte.

6 Tragen Sie die gewünschten Daten auf der angezeigten Registerkarte ein.

Hier sehen Sie die Registerkarte *Privat,* in der die Postadresse und die Telefonnummer hinterlegt sind.

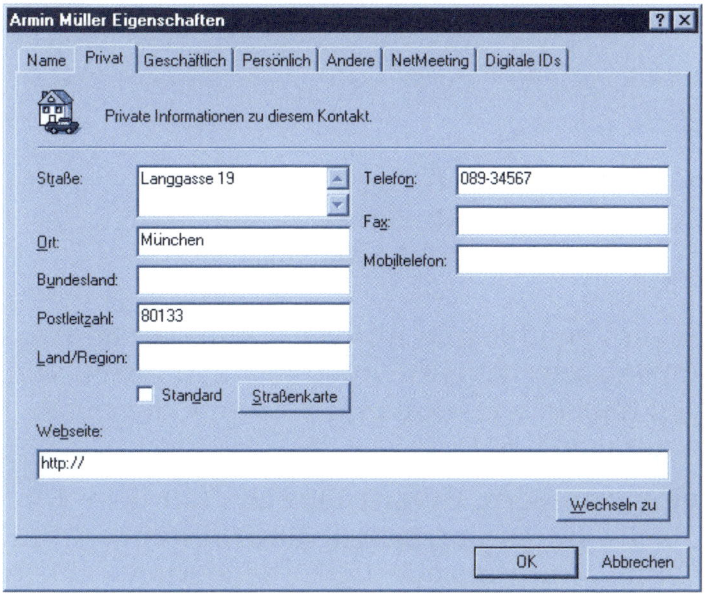

TIPP

Sehen Sie sich doch einmal die Registerkarte *Persönlich* an. Dort können Sie nicht nur den/die Partner/in, sondern auch Kinder eintragen. Für Kinder klicken Sie auf die Schaltfläche *Hinzufügen* und tippen dann den Namen ein.

Anschließend können Sie das Geschlecht sowie den Geburtstag und einen Jahrestag wie den Hochzeitstag eintragen (einfach auf den Pfeil neben dem Feld klicken und dann im angezeigten Kalenderblatt das Datum wählen).

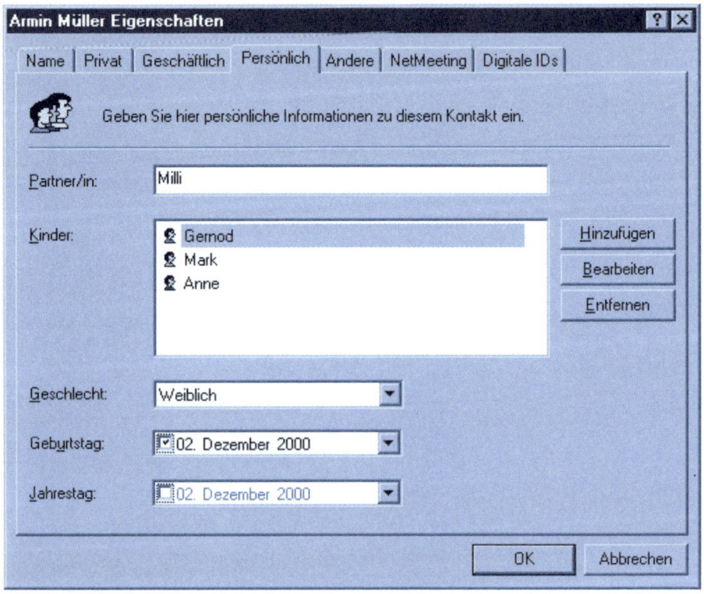

7 Zum Speichern des Kontakts klicken Sie auf die *OK*-Schaltfläche.

Das Fenster wird geschlossen und Sie sehen den Eintrag in der Liste des Adressbuchs. Falls Sie noch keine Adressen von Freunden und Kollegen haben, wie wäre es, schon mal die eigene E-Mail-Adresse einzutragen?

Ob Sie Telefonnummern, Geburtstage etc. mit dem Adressbuch verwalten, bleibt Ihnen überlassen. Telefonnummern führe ich nach wie vor im – mittlerweile arg zerfledderten – Telefonregister meines Taschenkalenders. Zur Verwaltung der E-Mails finde ich das Adressbuch aber ganz prima.

HINWEIS

Die Schaltfläche *Neu* des Adressbuchs zeigt Ihnen zwei weitere Befehle zum Anlegen von Ordnern und Gruppen an. Mit Hilfe von Ordnern können Sie Adressen strukturieren (z.B. indem Sie einen für sich selbst und einen für Ihren Partner anlegen). Kontakte lassen sich auch Gruppen zuordnen (z.B. die Mitglieder eines Vereins). Weisen Sie einer neuen Nachricht den Gruppennamen als Empfänger zu, schickt Outlook Express allen Personen dieser Gruppe eine Kopie der E-Mail. Outlook Express kann auch von mehreren Personen genutzt werden. Diese tragen Sie über den Befehl *Identitäten* im Outlook Express-Menü *Datei* ein. Dann lässt sich über den Befehl *Identität wechseln* des gleichen Menüs ein Name auswählen. Outlook Express wird beendet und sofort wieder gestartet. Anschließend sieht die betreffende Person nur noch ihre eigenen E-Mail-Konten und die an sie gerichteten Nachrichten. Diese und weitere »Profifunktionen« führen aber über den Umfang dieses Buches hinaus und bleiben hier ausgespart.

Adressen nachschlagen

Führen Sie ein umfangreiches Adressbuch und möchten Sie schnell eine Adresse nachschlagen? Sie können natürlich im Outlook-Fenster in der Liste der Kontakte blättern. Die Einträge sind dummerweise alphabetisch nach den Vornamen sortiert. Schneller geht folgender Weg:

1 Wählen Sie im Outlook Express-Menü *Bearbeiten* den Befehl *Suchen* und dann im Untermenü *Personen*. Oder drücken Sie die Tastenkombination [Strg]+[E].

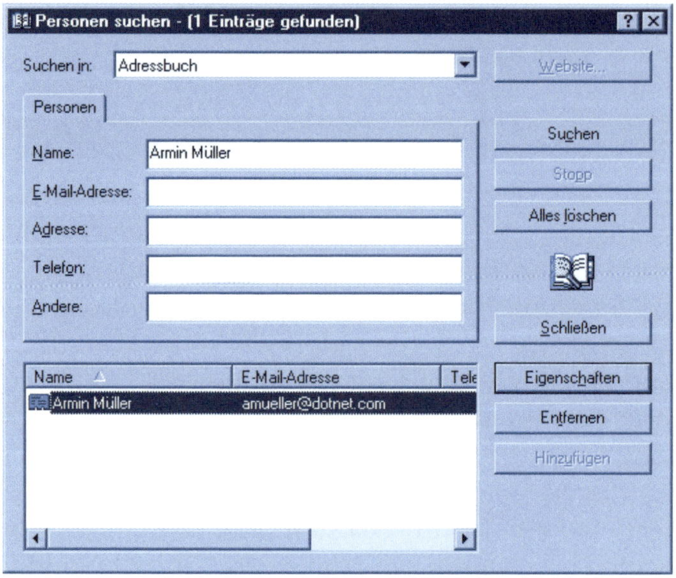

2 Geben Sie im Fenster *Personen suchen* den Namen ein. Prüfen Sie, ob *Suchen in* auf »Adressbuch« steht.

3 Klicken Sie auf die Schaltfläche *Suchen.*

Wird ein Name im Adressbuch gefunden, erscheint dieser im unteren Teil des Fensters.

Über die Schaltfläche *Eigenschaften* können Sie direkt die Registerkarten mit den Daten der Person aus dem Adressbuch anzeigen lassen.

Die Kniffe der E-Mail-Profis

Beim Einstieg in den E-Mail-Verkehr und in Outlook Express ist sicherlich einiges neu und ungewohnt für Sie. Aber schon nach kurzer Zeit wird vieles selbstverständlich. Dann ist es an der Zeit sich einige Erleichterungen zu gönnen. Mit ein paar Kniffen lässt sich manches eleganter lösen. Und es gibt einige interessante Zusatzfunktionen.

Adresse automatisch übernehmen

Beim Eintippen von E-Mail-Adressen passieren mir häufig Tippfehler – und dann kommen die E-Mails als unzustellbar zurück. Leute, mit denen ich häufig E-Mails austausche, sind daher in meinem Adressbuch eingetragen. Beim Schreiben einer neuen E-Mail übernehme ich daher die E-Mail-Adresse des Empfängers aus dem Adressbuch direkt in das Feld *An*.

1 Gehen Sie wie im vorhergehenden Kapitel beschrieben vor, um das Fenster zum Erstellen der neuen E-Mail mit oder ohne Briefpapier zu öffnen.

2 Klicken Sie auf die Schaltfläche des Felds *An*.

Outlook Express öffnet das Dialogfeld *Empfänger auswählen* des Adressbuchs mit Einträgen der Kontaktliste.

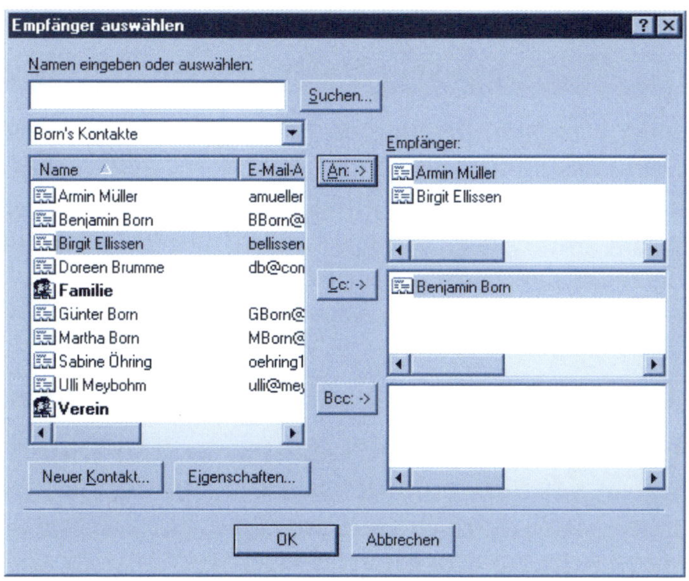

3 Wählen Sie einen Namen mit gültiger E-Mail-Adresse in der Liste *Name* aus.

4 Klicken Sie auf die Schaltfläche *An:* ->.

Die ausgewählte Adresse wird in die Liste *Empfänger* übernommen. Sie können die obigen Schritte durchaus mehrfach ausführen und mehrere Empfänger eintragen. Sobald Sie das Dialogfeld über die *OK*-Schaltfläche schließen, übernimmt Outlook Express die Adressangaben im Nachrichtenfenster.

HINWEIS

Über die Schaltfläche *Cc* tragen Sie einen Empfänger für Kopien im gleichnamigen Feld *Cc* ein. Der oder die Empfänger der Nachrichten können aber erkennen, wer alles über *Cc* eine Kopie bekommen hat. Dies können Sie verhindern, indem Sie die Schaltfläche *Bc* (steht für »Blind Copy«) verwenden. E-Mail-Adressen im Feld *Bc* erscheinen nicht in den Nachrichten, die an die anderen Empfänger verschickt werden.

TIPP

Sofern Sie kein Briefpapier benötigen und die E-Mail lediglich an einen Empfänger versenden möchten, geht es auch einfacher. Wenn Sie in der Kontaktliste (links unten im Outlook Express-Fenster) auf einen Eintrag doppelklicken, wird direkt eine neue E-Mail mit der betreffenden Empfängeradresse im Feld *An:* angelegt.

Absender in Adressbuch übernehmen

Haben Sie eine E-Mail erhalten und möchten die Adresse des Absenders für die zukünftige Korrespondenz im Adressbuch hinterlegen? Natürlich können Sie dazu das Adressbuch öffnen und die neue Adresse eintippen. Eleganter geht es aber folgendermaßen:

1 Klicken Sie in der Nachrichtenleiste die betreffende E-Mail mit der rechten Maustaste an.

2 Wählen Sie im Kontextmenü den Befehl *Absender zum Adressbuch hinzufügen.*

Jetzt wird der Absender automatisch im Adressbuch hinzugefügt. Sie können bei Bedarf das Adressbuch öffnen und die Daten des Absenders ergänzen.

Eine Nachricht beantworten oder weiterleiten

Haben Sie eine Nachricht empfangen, die Sie an Dritte weiterleiten möchten? Möchten Sie auf eine E-Mail direkt antworten? Das alles ist mit Outlook Express kein Problem.

1 Klicken Sie in der *Outlook*-Leiste oder in der Ordnerliste auf den Posteingang.

Outlook Express zeigt in der Nachrichtenleiste die im Posteingang gespeicherten Nachrichten an.

2 Doppelklicken Sie in der Nachrichtenleiste auf die betreffende Nachricht.

Outlook öffnet jetzt das Fenster zum Bearbeiten der Nachricht. Der Kopfbereich der Nachricht enthält die Angaben über den Absender, den Betreff etc. Am oberen Fensterrand sehen Sie eine Symbolleiste mit Schaltflächen.

Über die drei linken Schaltflächen *Antworten, Allen antworten* und *Weiterleiten* der Symbolleiste können Sie jetzt die Nachricht zur Beantwortung oder Weiterleitung vorbereiten.

Die Nachricht soll nun zuerst beantwortet werden.

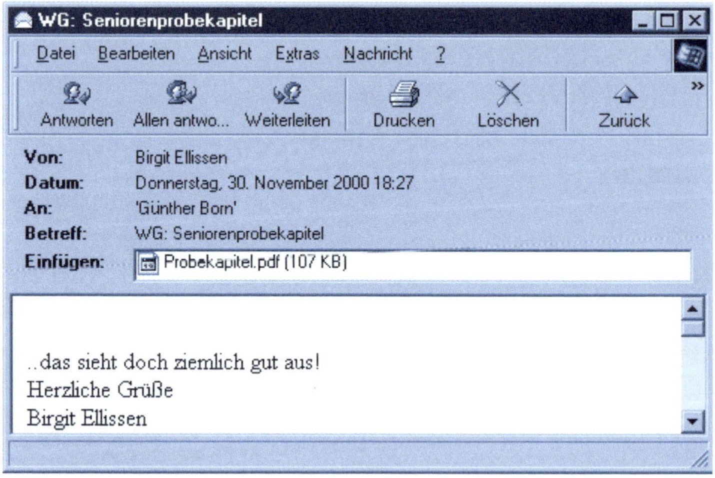

3 Klicken Sie auf die Schaltfläche *Antworten.*

Outlook Express öffnet ein neues Fenster, in dem bereits die Empfängeradresse und der Betreff eingetragen sind. Der Vorspann »Re:« im Betreff kennzeichnet die Nachricht als Antwort.

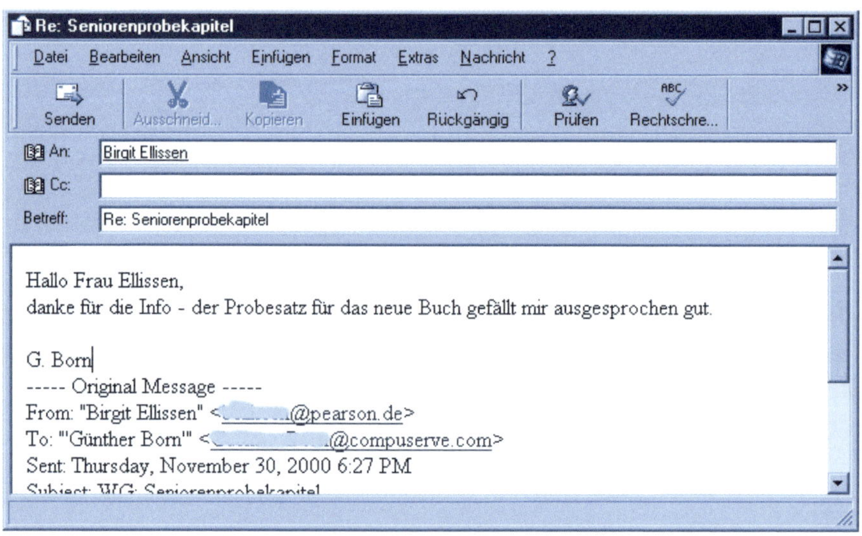

Weiterhin wird der Text der empfangenen Nachricht bereits als Zitat in der Antwort übernommen. Im obigen Beispiel finden Sie den zitierten (bzw. an die Antwort angehängten) Text der empfangenen Nachricht am Ende der neuen E-Mail.

4 Fügen Sie jetzt den Antworttext zur Nachricht hinzu.

5 Klicken Sie in der Symbolleiste auf die Schaltfläche *Senden*.

Outlook Express schließt das Fenster mit der Nachricht und legt diese im Postausgang ab.

HINWEIS

Manchmal werden auch nur Textausschnitte als Zitate in die Antwort übernommen und durch Zeichen wie > am Zeilenanfang hervorgehoben. Oder die Zitatstelle wird mit einer anderen Schriftfarbe versehen. Solche Passagen erleichtern jemandem, der täglich eine Menge E-Mails erhält, die Arbeit ungemein, da der Bezug auf seine Nachricht gleich mitgeliefert wird.

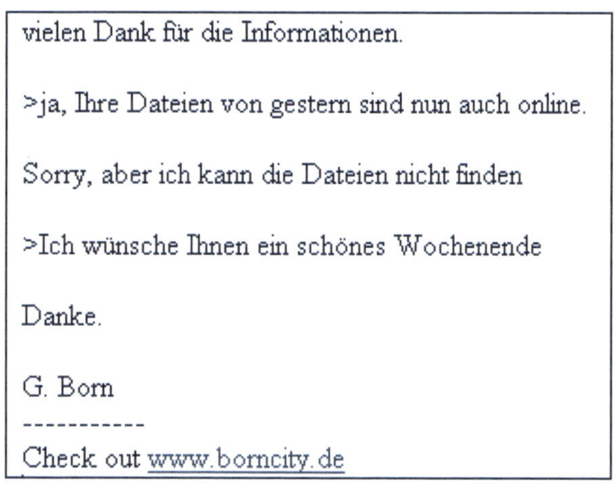
vielen Dank für die Informationen.

>ja, Ihre Dateien von gestern sind nun auch online.

Sorry, aber ich kann die Dateien nicht finden

>Ich wünsche Ihnen ein schönes Wochenende

Danke.

G. Born

Check out www.borncity.de

TIPP

Wenn eine Nachricht mehrfach zwischen zwei Personen pendelt, wird der zitierte Teil der vorhergehenden Nachrichten immer länger. Im Hinblick auf die **Netiquette**: Kürzen Sie daher nicht mehr relevante Teile im Anhang vor dem Versenden heraus.

Bei privaten Briefwechseln ist das Zitieren unüblich bzw. nicht erforderlich; Sie sollten daher die automatisch kopierten Textstellen vor dem Versenden herauskürzen (einfach mit der Maus markieren und die Taste [Entf] drücken).

Neben der Schaltfläche *Antworten* weist die Symbolleiste noch zwei weitere Schaltflächen zur Bearbeitung der Nachricht auf. Eine elektronische Nachricht kann an mehrere Empfänger verschickt werden (Sie müssen nur mehrere Empfänger getrennt durch Semikolons (;) in der Zeile *An* eintragen). Erhalten Sie eine solche Nachricht, können Sie ggf. allen auf dem Verteiler stehenden Empfängern eine Antwort zukommen lassen.

Hierzu dient die Schaltfläche *Allen antworten.*

Wählen Sie diese Schaltfläche, zeigt Outlook Express wieder das Fenster zum Bearbeiten der Nachricht an. Das Feld *An* enthält dann aber mehrere Empfänger, die alle eine Kopie erhalten.

Die Schaltfläche *Weiterleiten* erlaubt Ihnen dagegen, die Nachricht an einen weiteren Empfänger zu schicken.

Klicken Sie auf diese Schaltfläche, wird die empfangene Nachricht in dem neuen Fenster automatisch übernommen. Sie müssen dann aber die Empfängeradresse im Feld *An* explizit wählen. Wie das funktioniert, wissen Sie ja bereits vom Schreiben einer E-Mail.

Nachrichten mit Anlagen versehen

Jetzt kommen wir noch zu einer ganz besonderen Funktion. Mit Digitalkameras aufgenommene Fotos lassen sich direkt in Grafikdateien übertragen. Fotoabzüge können Sie mit einem Scanner in den Computer einlesen. Oder Sie lassen die Abzüge von einem Fotolabor direkt auf eine Foto-CD speichern. Haben Sie ein solches Foto als Grafikdatei auf dem Computer vorliegen und möchten Sie diese Datei oder eine andere Datei (ein Programm, ein Musikstück etc.) per E-Mail an Ihre Enkel, Kinder oder Freunde verschicken? Mit E-Mail ist das ganz leicht möglich, Sie schicken die Datei einfach als Anhang mit dem eigentlichen Brief mit. Nehmen wir an, die Datei liegt schon auf Ihrem Computer vor und soll mit einer E-Mail verschickt werden. Hier die einfachste Variante.

1 Schreiben Sie wie gewohnt die E-Mail, klicken Sie aber noch nicht auf die Schaltfläche *Senden*.

2 Öffnen Sie in Windows das Ordnerfenster, das die als Anlage zu versendende Datei enthält (z.B. per Doppelklick auf das Desktop-Symbol *Arbeitsplatz*; siehe Anhang).

3 Positionieren Sie das Ordnerfenster mit der Datei und das Fenster mit der neuen Nachricht nebeneinander.

4 Ziehen Sie die als Anlage vorgesehene Datei bei gedrückter linker Maustaste aus dem Ordnerfenster in das Nachrichtenfenster.

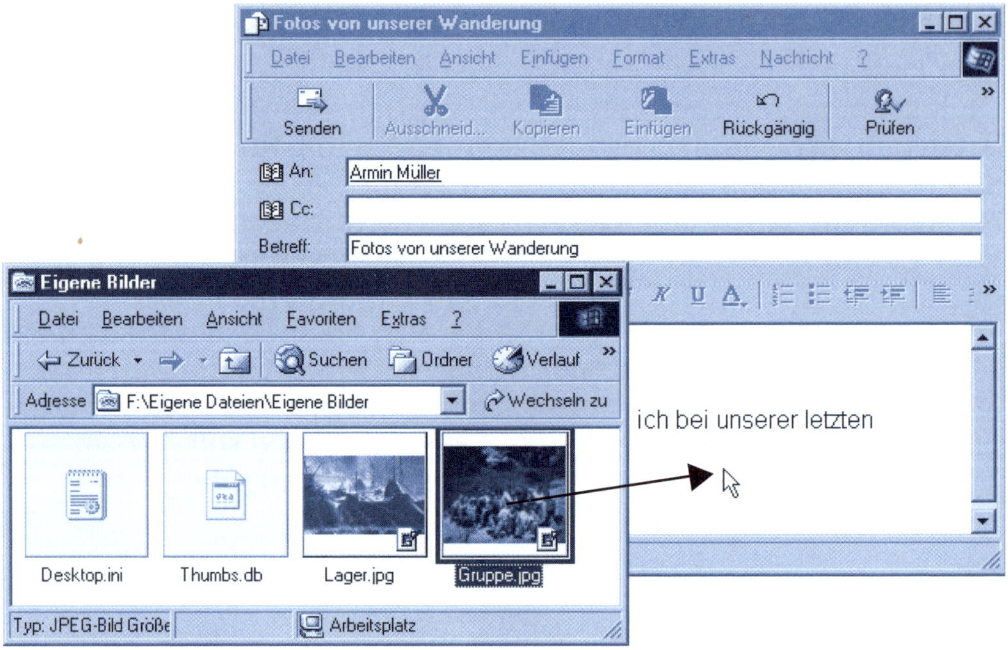

Sobald Sie die linke Maustaste loslassen, wird die Anlage eingefügt und im Feld *Einfügen* angezeigt.

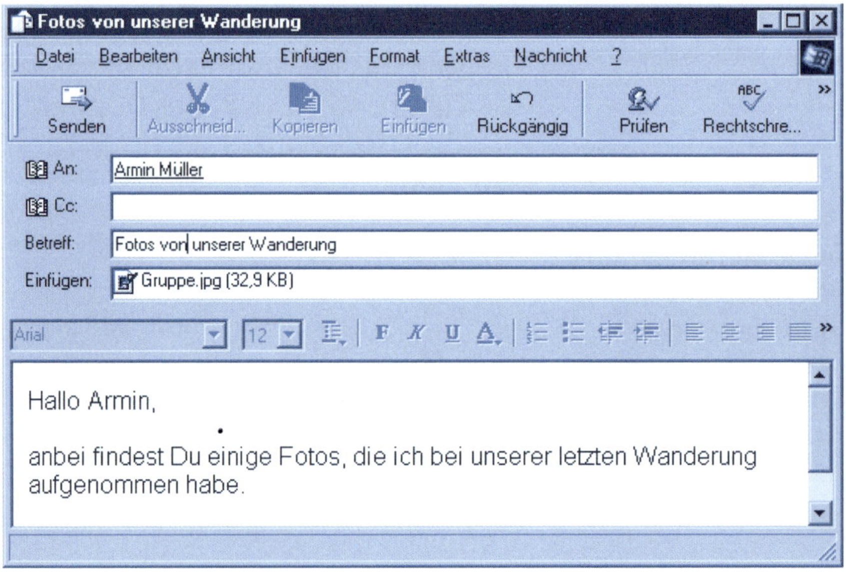

Sie können jetzt wie gewohnt die Schaltfläche *Senden* anklicken, um die Nachricht samt Anlage in den Postausgang zu speichern.

HINWEIS

Alternativ lassen sich Anlagen auch über die Schaltfläche *Einfügen* bzw. über den Befehl *Anlage* im Menü *Einfügen* des Nachrichtenfensters hinzufügen.

TIPP

Wenn Sie eine Datei als Anlage versenden wollen, können Sie diese vorher mit einem Komprimierprogramm verkleinern. Windows stellt mit »Komprimierte Ordner« eine solche Funktion bereit. Je nach Inhalt ist die Datei in der gepackten Form um den Faktor 10 bis 100 kleiner. Dadurch verkürzt sich die Übertragungszeit beim Versenden der Nachrichten. Schicken Sie aber niemandem eine Anlage zu, wenn Sie sich nicht sicher sind, dass dies erwünscht ist!

Eine Anlage zur Nachricht auspacken

Einer Nachricht lassen sich eine oder mehrere Dateien als Anlage anheften. Erhalten Sie selbst solche Nachrichten mit Anlage, werden diese im Nachrichtenfenster bzw. in der Nachrichtenleiste mit einer stilisierten Büroklammer markiert. Wie können Sie nun diese Anlage auspacken und als Datei speichern?

1 Öffnen Sie die Nachricht durch Doppelklicken auf die betreffende Zeile in der Nachrichtenleiste.

2 Wählen Sie im Nachrichtenfenster den Befehl *Anlagen speichern* im Menü *Datei*.

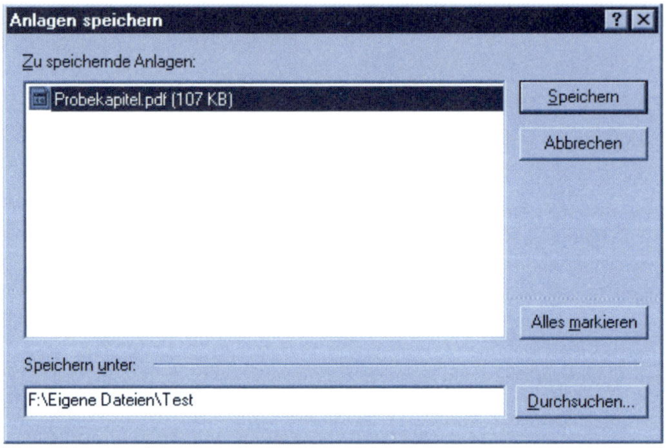

3 Wählen Sie im Dialogfeld *Anlagen speichern* den Zielordner und klicken Sie dann auf die Schaltfläche *Speichern.*

Den Zielordner können Sie über die Schaltfläche *Durchsuchen* wählen. Nach dem Speichern wird das Fenster geschlossen. An einer Nachricht können mehrere Anlagen hängen. Sie müssen daher ggf. die zu speichernden Anhänge per Mausklick markieren.

ACHTUNG

Anhänge zu E-Mails bergen das Risiko, dass sie mit einem Virus behaftet sind. Löschen Sie daher E-Mails von unbekannten Absendern, die mit Anhängen versehen sind und deren Nachrichtentext Ihnen seltsam vorkommt. Öffnen Sie nie einen E-Mail-Anhang, indem Sie das betreffende Symbol im Nachrichtenfenster per Doppelklick anwählen. Speichern Sie den Anhang stattdessen. Abgespeicherte Dateien sollen Sie vor dem Öffnen mit einem Virenprüfprogramm (gibt es im Fachhandel) auf Viren testen. Wenn Sie die nötige Vorsicht walten lassen, können Sie damit die Gefahr, sich einen Virus zu holen, auf ein Minimum reduzieren.

HINWEIS

Sie erkennen übrigens am Symbol des Anhangs den Dateityp. Fehlt das Programm zum Bearbeiten auf Ihrem PC, wird das Symbol einer unbekannten Datei angezeigt. Manche Nachrichtenanhänge sind auch als ZIP-Archiv gespeichert. Dann müssen Sie den Inhalt mit einem so genannten Packprogramm (siehe auch Kapitel 3, Abschnitt »Das Herunterladen von Webseiten«) oder der Funktion »Komprimierte Ordner« entpacken.

Nachrichten drucken, löschen, kopieren etc.

Eingegangene Nachrichten werden in der Nachrichtenliste aufgeführt. Ausgehende Nachrichten tauchen im Ordner *Postausgang* auf. Irgendwann einmal möchten Sie bestimmt nicht mehr benötigte Nachrichten löschen, den Inhalt einer E-Mail ausdrucken oder wichtige Nachrichten in getrennten Ordnern ablegen. Diese Aufgaben können Sie auf verschiedene Arten lösen. Nachfolgend möchte ich Ihnen kurz einige Techniken der Handhabung von E-Mails zeigen, die ich selbst benutze.

Um die Nachrichten zu bearbeiten, müssen Sie als Erstes den Inhalt des gewünschten Ordners rechts in der Nachrichtenleiste abrufen.

1 Hierzu klicken Sie in der Outlook-Leiste oder in der Ordnerleiste auf das gewünschte Symbol (z.B. *Posteingang, Postausgang, Gelöschte Objekte, Entwürfe*).

Hier sehen Sie das Fenster mit dem Posteingang. Auf ähnliche Weise können Sie auch die anderen Optionen wie den Postausgang anwählen.

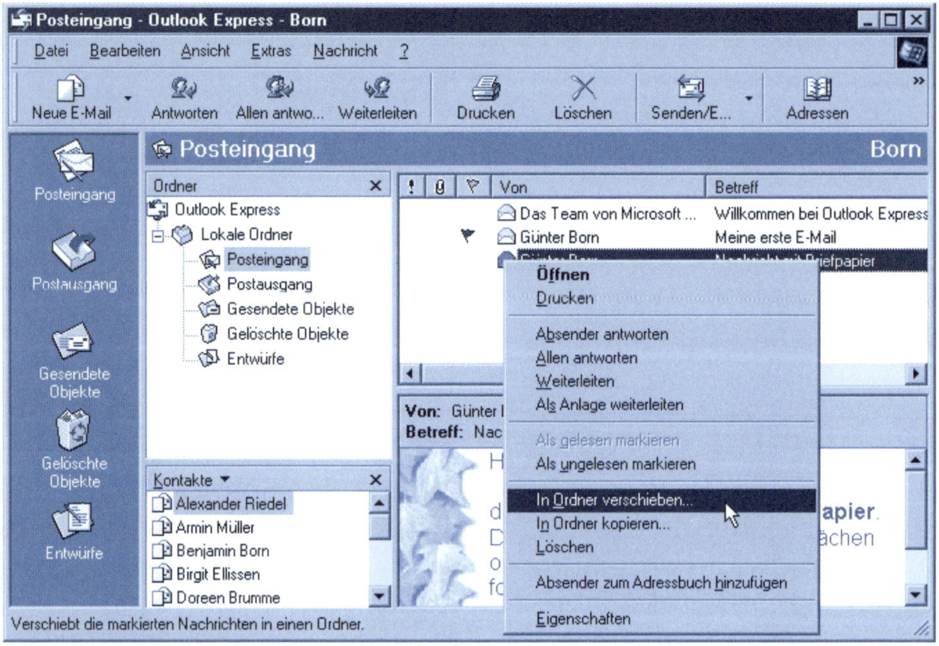

2 Dann markieren Sie per Mausklick die zu bearbeitende Nachricht in der Nachrichtenliste.

Und nun haben Sie verschiedene Möglichkeiten zur Bearbeitung der einzelnen Einträge in der Nachrichtenleiste.

- Sie können die gewünschten Funktionen (z.B. Drucken oder Löschen) über Schaltflächen in der Symbolleiste des Outlook-Fenster abrufen.
- Oder Sie öffnen die Menüs der Menüleiste und wählen den gewünschten Befehl (z.B. *Drucken* im Menü *Datei*).
- Ich arbeite auch häufig mit so genannten Kontextmenüs – Sie klicken einfach mit der rechten Maustaste auf den markierten Eintrag und Outlook Express zeigt daraufhin in einem Menü die gerade verfügbaren Befehle an. Dann müssen Sie nur noch einen Befehl im Kontextmenü anwählen.

Welche Variante Sie verwenden, bleibt Ihnen überlassen. Die Schaltflächen der Symbolleiste bieten sich beispielsweise zum Drucken oder Löschen von Nachrichten an.

- Zum Drucken der markierten Nachricht klicken Sie auf diese Schaltfläche. Oder Sie drücken die Tastenkombination [Strg]+[P] bzw. wählen den Befehl *Drucken* im Menü *Datei*. In einem Dialogfeld *Drucken* können Sie die verfügbaren Druckoptionen wählen und dann den Ausdruck über die *OK*-Schaltfläche starten.

- Klicken Sie in der Symbolleiste auf die Schaltfläche *Löschen*. Outlook Express verschiebt die markierte Nachricht in den Ordner *Gelöschte Objekte*.

TIPP

Natürlich können Sie die betreffenden Befehle *Drucken* und *Löschen* auch über das Kontextmenü abrufen. Wird eine Nachricht mit einem Doppelklick in einem eigenen Fenster geöffnet, stehen Ihnen die gleichen Schaltflächen auch in diesem Fenster zur Verfügung.

Möchten Sie eine neue Nachricht nicht sofort versenden, sondern erst einmal zur Überarbeitung als Entwurf aufheben? Oder soll eine eingetroffene Nachricht als Entwurf aufgehoben werden? Kein Problem.

1 Markieren Sie die gewünschte Nachricht in der Nachrichtenleiste.

2 Klicken Sie mit der rechten Maustaste auf die markierte Nachricht und wählen Sie im Kontextmenü den Befehl *In Ordner verschieben* oder *In Ordner kopieren*.

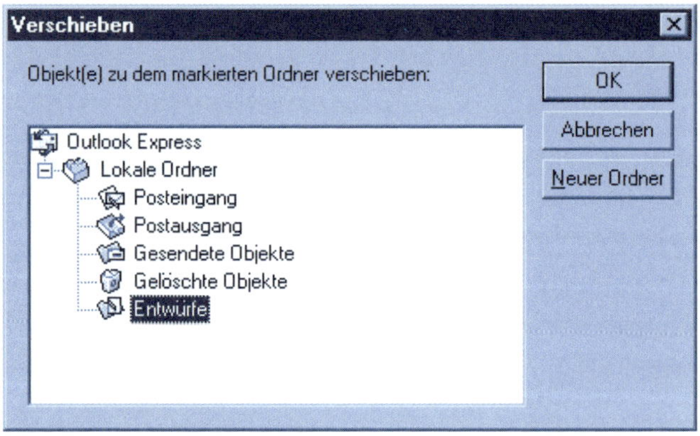

3 Anschließend wählen Sie im Dialogfeld *Verschieben* bzw. *Kopieren* den Zielordner und klicken auf die *OK*-Schaltfläche.

HINWEIS

Über die Schaltfläche *Neuer Ordner* können Sie Ihre eigenen Ordner in Outlook anlegen.

Das Programm verschiebt bzw. kopiert anschließend die Nachricht in den gewählten Ordner.

TIPP

Das Verschieben geht in den meisten Fällen sogar noch einfacher.

Ziehen Sie eine markierte Nachricht einfach bei gedrückter linker Maustaste aus der Nachrichtenleiste zum gewünschten Ordnersymbol der Ordnerleiste oder der Outlook-Leiste.

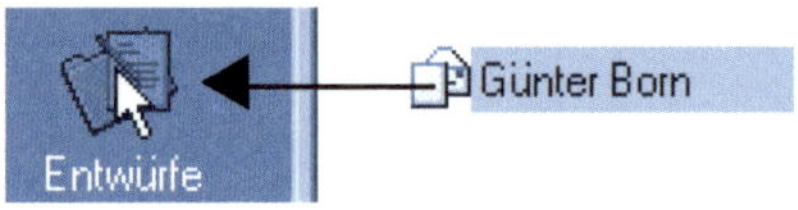

Sobald Sie die linke Maustaste über dem betreffenden Ordnersymbol loslassen, verschiebt Outlook Express die Nachricht in diesem Ordner.

HINWEIS

Gesendete Nachrichten werden in der Grundeinstellung von Outlook-Express als Kopie im Ordner *Gesendete Nachrichten* abgelegt. Somit können Sie immer mal wieder nachsehen, ob und welche E-Mails Sie verschickt haben. Wenn dieser Ordner aber zu voll und daher unübersichtlich wird, löschen Sie einfach die Kopien (wie oben beschrieben), die Sie nicht mehr brauchen.

Outlook Express verschiebt alle gelöschten Nachrichten (gelegentlich auch als Objekte bezeichnet) in den Ordner *Gelöschte Objekte*. Dieser Ordner dient als eine Art Papierkorb. Sie können eine irrtümlich gelöschte Nachricht übrigens wieder aus dem Papierkorb zurückholen – klicken Sie auf das Ordnersymbol des Papierkorbs und »schieben« Sie die betreffenden Nachrichten wie oben gezeigt aus der Nachrichtenleiste in einen der Ordner zurück.

Da Outlook Express die gelöschten Nachrichten im Ordner *Gelöschte Objekte* aufbewahrt, sollten Sie diesen Papierkorb gelegentlich leeren, um freien Speicherplatz auf der Festplatte zu schaffen.

1 Um den Ordner *Gelöschte Objekte* zu leeren, klicken Sie mit der rechten Maustaste auf das Ordnersymbol.

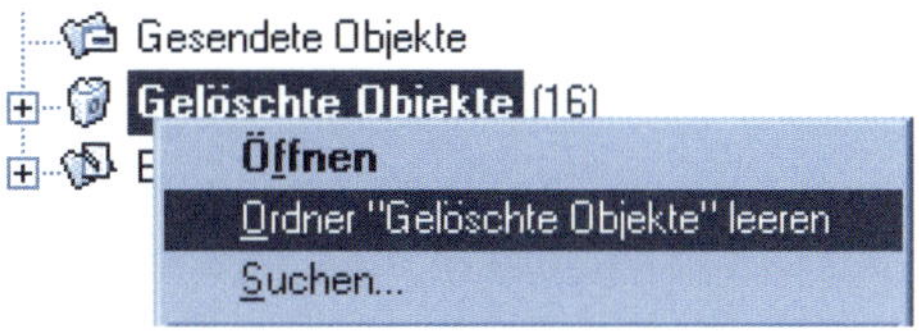

2 Wählen Sie im Kontextmenü den Befehl *Ordner "Gelöschte Objekte" leeren.*

Jetzt wird der betreffende Ordner geleert und die Nachrichten werden endgültig von der Festplatte entfernt.

Sicherheitsfragen

E-Mail stellt eine bequeme und schnelle Möglichkeit der Kommunikation dar. Sie haben auf den vorhergehenden Seiten die wichtigsten Funktionen zum Verschicken von E-Mails kennen gelernt und werden dieses Medium sicherlich bald zu schätzen wissen. Nun kennen wir alle aus dem täglichen Leben Nepp und Schlimmeres – warum sollte es im Internet im Allgemeinen und bei E-Mail im Besonderen anders sein? Nun gut, wir werden zwar nicht ständig betrogen, geneppt oder überfallen, trotzdem kann eine gewisse Vorsicht nicht schaden. Damit Sie zukünftig unbeschwert elektronische Post nutzen können, möchte ich Ihnen noch einige Hinweise zum Thema Sicherheit mit auf den Weg geben.

Achtung! Viren, Trojanische Pferde und mehr

Der Fall ist zwar höchst unwahrscheinlich, aber ein missliebiger Zeitgenosse könnte Ihnen durchaus eine Briefbombe per Post zukommen lassen. Im Internet ist es nicht anders: Es gibt Leute, die sich mit krimineller Energie daran machen, so genannte Viren – also Programme, die Computerfunktionen blockieren – zu schreiben und zu verbreiten. Solche Virenprogramme werden mittlerweile gerne als Anhang zu einer E-Mail verschickt. Unbekümmerte Anwender öffnen einen solchen Anhang und führen dadurch automatisch das Programm aus. Schon ist der eigene PC geschädigt!

HINWEIS

Es gibt sogar Viren, die das Adressbuch des PCs auslesen und sich selbst automatisch an alle gefundenen Einträge per E-Mail versenden. Der im Mai 2000 in die Schlagzeilen gekommene Virus I LOVE YOU fiel in diese Kategorie.

Ich hatte bereits an anderer Stelle darauf hingewiesen: mit etwas Umsicht können Sie sich als Nutzer recht wirksam gegen Viren schützen. Hier noch einmal einige Verhaltensregeln:

- Erhalten Sie eine E-Mail von einem unbekannten Absender mit einem Anhang, öffnen Sie diesen Anhang auf keinen Fall. Ich selbst lösche solche Nachrichten rigoros (im Übrigen ist es ein Unding, einem Fremden ungefragt einen Anhang zu schicken, der zur Übertragung vielleicht mehrere Minuten benötigt).
- Erhalten Sie von bekannten Absendern Nachrichten mit Anhängen, öffnen Sie niemals die Anhänge (z.B. Programme), bevor diese nicht durch ein Virenprüfprogramm getestet und für einwandfrei erklärt wurden.

Ich hatte es bereits erwähnt, Virenprüfprogramme gibt es im Fachhandel zu kaufen und im Internet lassen sich auf den Seiten der Anbieter Testversionen solcher Programme herunterladen.

HINWEIS

Es wird immer beliebter, Weihnachts- oder Neujahrsgrüße als E-Mail zu versenden. Manche Zeitgenossen meinen dann, einen zusätzlichen Anhang in Form eines Programms mitschicken zu müssen. Wird das Programm ausgeführt, zeigt es eine Art »Postkarte« oder spielt Musik ab – und kann still und heimlich einen Virus enthalten, der dabei Ihren PC schädigt. Ich lösche solche Anhänge konsequent. Wer mir einen solchen Gruß senden möchte, soll dies in Textform tun – das ist sicherer, geht schneller und birgt keine Gefahren.

Neben Viren, die den PC schädigen, sind Trojanische Pferde das zweite Risiko, welches in Programmen lauern kann. Trojanische Pferde spiegeln Ihnen eine meist nützliche Programmfunktion vor, spionieren aber im Hintergrund Ihren Computer aus. So können beispielsweise Benutzernamen und Kennwörter ins Internet übertragen werden (fatal bei Homebanking). Was für den Schutz vor Viren gesagt wurde, gilt auch für Trojanische Pferde: Öffnen Sie niemals E-Mail-Anhänge, die nicht auf Viren geprüft sind.

Spam-Mails, Kettenbriefe und mehr

Wir kennen das alle von unserem Briefkasten – regelmäßig quillt er von Gewinngutscheinen, Prospekten und anderen unerbetenen Werbesendungen über. Das ist ärgerlich, kostet Zeit und vielleicht auch noch Ihr Geld, wenn Sie diesen Müll entsorgen müssen. Leider ist das bei der elektronischen Post nicht anders. Wenn Sie schon einige Zeit im Internet unterwegs sind und über eine E-Mail-Adresse verfügen, bleiben solche »Belästigungen« nicht aus. Sie leeren Ihr Postfach und finden plötzlich Nachrichten vor (meist in englischer Sprache), die riesige Gewinnchancen, tolle russische Sexseiten und anderes versprechen. Diese Art von E-Mail wird auch als »Spam-Mail« bezeichnet. Spam ist die Bezeichnung für ein amerikanisches (ziemlich unappetitliches) Dosenfleisch. Irgendwann hat sich dieser Begriff für unerwünschte Werbung per E-Mail eingebürgert. Und auch Spam-Mail kostet Ihr Geld, schließlich zahlen Sie für die Onlinezeit. Hier einige Hinweise und Anregungen:

- **E-Mail-Kettenbriefe**, die Sie auffordern die Nachricht an mindestens fünf weitere Empfänger zu schicken, **sollten Sie sofort löschen**! Drohungen, dass bei Missachtung der Anweisungen im Brief Krankheit oder Ungemach drohen, sind natürlich blanker Unsinn. Schieben Sie diesen Mist ungelesen in den Papierkorb und leeren Sie ihn anschließend.
- Manchmal erhält man auch **E-Mails**, in denen **um Unterstützung für** eine schwer kranke **Person** gebeten wird und Sie werden aufgefordert, eine Webseite zu besuchen oder Ihre E-Mail-Adresse zur Solidarität in einem Formular zurückzuschicken. Auch hier gilt: **Ungelesen** in den **Papierkorb**! Gerade der Trick mit der E-Mail-Adresse führt dazu, dass diese »schmutzigen« Kanäle mit Adressmaterial gefüttert werden.
- In einer so genannten **Hoax** (eine bestimmte E-Mail; hoax heißt Falschmeldung) wird vor angeblichen Gefahren wie Viren gewarnt. Eine solche Nachricht ist aber Unsinn oder gefälscht, wird allerdings von wohlmeinenden Zeitgenossen gerne an Bekannte weitergeschickt. Löschen Sie solche Nachrichten umstandslos.

TIPP

Taucht ein neuer Virus auf, findet sich auf vielen Webseiten von Webportalen ein Hinweis. Sie können aber auch mit einer Suchmaschine nach dem Stichwort »Viren« suchen lassen.

Bekommen Sie solche unerbetenen E-Mails? Sie müssen vor solchen Problemen nicht kapitulieren. Lassen Sie sich stattdessen einige Ratschläge mit auf den Weg geben. Zuerst einmal die Frage: Wie kommen die Leute an Ihre E-Mail-Adresse heran?

- Es gibt Verzeichnisse für E-Mail-Adressen (z.B. *www.bigfoot.de* oder *www.suchen.de*). Privatleute sind aber selten in diesen Verzeichnissen ausgeführt, es sei denn, Sie tragen sich selbst ein. Verzichten Sie lieber auf einen entsprechenden Eintrag.
- Beim Surfen hinterlassen Sie Spuren! Das stellt normalerweise kein Problem dar, da dabei keine E-Mail-Adresse mitgegeben wird. Wenn Sie aber auf Webseiten Gewinnspiele nutzen, auf die oben erwähnten Kettenbriefe etc. hereinfallen oder sich für andere Sachen anmelden, wird häufig nach einer E-Mail-Adresse gefragt. Geben Sie in Webseiten nur dann Ihre E-Mail-Adresse an, wenn Sie von der Seriosität der Anbieter überzeugt sind!
- Bei manchen Webseiten wird eine E-Mail-Adresse benötigt, um Zugang zu den Angeboten zu erhalten. Für solche Fälle habe ich eine zweite kostenlose E-Mail-Adresse, die ich angebe. Diese Adresse wird nicht für private oder geschäftliche Korrespondenz genutzt und das Postfach leere ich nur bei Bedarf oder lösche die Nachrichten bereits auf dem Server.

Erhalten Sie ungebetene Werbung, antworten Sie auf keinen Fall (auch nicht, um sich zu beschweren). Häufig schicken die Versender Millionen E-Mails »ins Blaue«, um zu prüfen, ob die angegebenen E-Mail-Postfächer noch existieren oder benutzt werden. Kommt eine Antwort zurück, weiß der Versender, dass das Konto in Benutzung ist – Ihre Adresse wird dann erst recht mit solchen Mails überflutet. Besser ist es so genannte SPAM-Filter zu aktivieren, die den Müll bereits auf dem E-Mail-Server löschen (siehe unten).

ACHTUNG

Lesen und bearbeiten Sie E-Mails in Outlook Express immer offline. Fragt Outlook Express, ob eine Lesebestätigung verschickt werden darf, lehnen Sie dies ab! Über die Funktion der Lesebestätigung (ist ab Outlook Express Version 5 als Option nutzbar) erhält der Absender eine kurze Rückmeldung, wenn Sie die Nachricht lesen (also quasi ein Einschreiben mit Rückschein). Versucht Outlook Express beim Lesen einer E-Mail Verbindung zum Internet aufzunehmen, ist der Absender aber unbekannt, sollten Sie die Nachricht sofort löschen. Dadurch verhindern Sie, ausgetrickst zu werden! Manche Versender verstecken ein kleines Bild unsichtbar in der Nachricht. Outlook Express überträgt beim Lesen des Bildes verschiedene Daten Ihres Rechners ins Internet (die der Versender zum Ausspionieren nutzen kann). Sind Sie offline, fällt so etwas auf und Sie können eine solche Nachricht schnell löschen.

HINWEIS

Manche Webseiten (z.B: *www.bundestag.de*) bieten Ihnen als besonderen Service die Teilnahme an **Mailinglisten** oder das Zusenden von **Newslettern** an. Bei Newslettern informiert Sie der Betreiber einer Seite per E-Mail über Neuerungen. Mailinglisten verteilen eine E-Mail an alle Teilnehmer der Liste. Dadurch können bestimmte Themen per E-Mail diskutiert werden. Bei beiden Angeboten müssen Sie Ihre E-Mail-Adresse hinterlassen. Achten Sie daher darauf, dass Sie nur bei seriösen Anbietern Abonnements eingehen. Die Modalitäten zum Abbestellen eines Abonnements finden Sie auf den Webseiten des Anbieters.

Spam-Filter setzen

Wenn es mal passiert ist und Sie erhalten eine SPAM-Mail, löschen Sie diese einfach. Kommt von diesem Absender häufiger Post, können Sie dessen Nachrichten blockieren. Dies gilt natürlich auch, falls Sie sich einmal von einem penetranten Zeitgenossen belästigt fühlen, der Ihnen immer wieder unerwünschte E-Mails schickt.

1 Wählen Sie in Outlook Express im Menü *Extras* die Einträge *Regeln* und dann E-*Mail.*

Outlook Express öffnet ein Dialogfeld, in dem Sie E-Mail-Regeln aufstellen können. Outlook Express wendet diese Regeln an, sobald Post aus Ihrem Internetpostfach abgeholt wird.

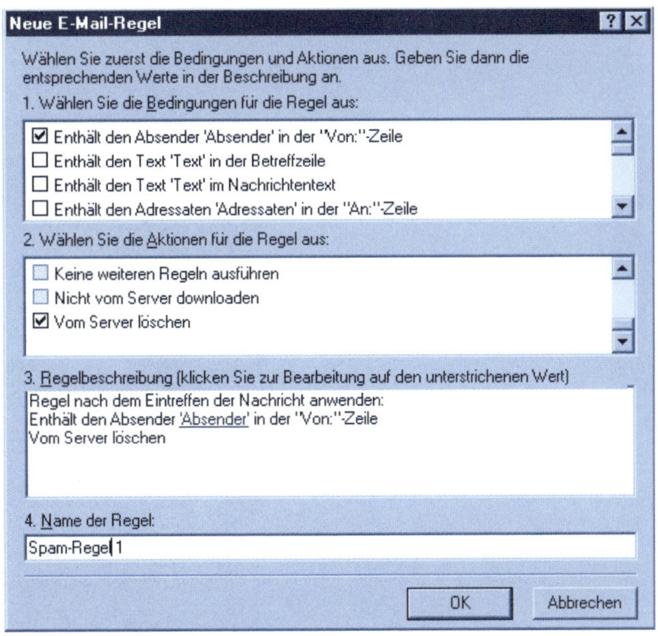

2 Markieren Sie als Erstes durch einen Mausklick das Kontrollkästchen mit der Bedingung, die anzuwenden ist.

Outlook Express zeigt diese Regel anschließend unter *3. Regelbeschreibung* an.

3 Markieren Sie unter *2. Aktionen* das Kontrollkästchen mit der auszuführenden Aktion.

Hier wurde *Vom Server löschen* markiert. Trifft die Regel also zu, wird die Nachricht bereits vor dem Herunterladen gelöscht. Bei den meisten Regeln müssen Sie das Filterkriterium noch verfeinern.

4 Klicken Sie unter *3. Regelbeschreibung* auf den dort angezeigten Hyperlink (hier ist das der Hyperlink *Absender*).

Outlook Express öffnet ein weiteres Dialogfeld, in dem Sie den oder die Absender, auf die die Regel anzuwenden ist, eintragen.

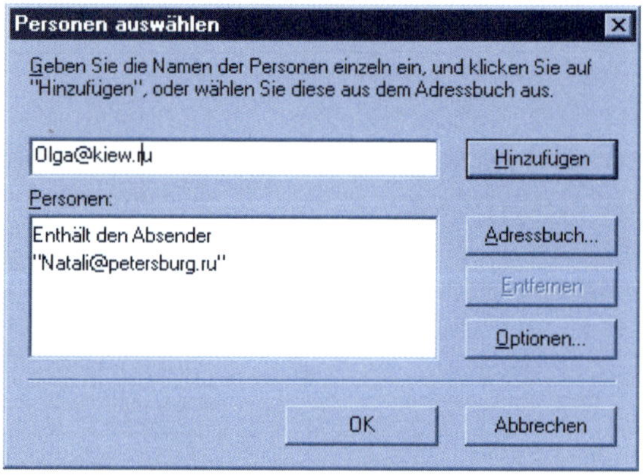

5 Tippen Sie die Bedingungen (hier die E-Mail-Adresse des Absenders) ein und klicken Sie auf die Schaltfläche *Hinzufügen*.

Bei Bedarf können Sie diese Schritte wiederholen und mehrere Adressen angeben. Schließen Sie dann die Dialogfelder. Die Regeln werden beim nächsten Abholen der Post angewandt.

HINWEIS

Viele Anbieter von E-Mail-Konten setzen bereits automatisch Spam-Filter ein, in denen Adressen bekannter unerwünschter Versender enthalten sind. Bei manchen E-Mail-Konten können Sie auch auf der Webseite des Kontos die Liste mit dem Spam-Filter anpassen.

HINWEIS

Bei WEB.DE melden Sie sich beispielsweise mit Ihrem Benutzernamen auf der FreeMail-Seite an. Auf der Webseite Ihres Postfachs finden Sie den Verweis »Extras«, der Sie zu einer Seite bringt, in der Sie über den Eintrag »Filter« Absenderadressen für unerwünschte E-Mails eintragen können.

E-Mails signieren und verschlüsseln

Zum Schluss dieses Kapitels möchte ich noch kurz auf die Themen digitale Unterschrift und Verschlüsselung eingehen. Besonders bei der Kommunikation mit Behörden und offiziellen Stellen wird die digitale Unterschrift zukünftig wichtig werden. Zu der Zeit, als dieses Buch überarbeitet wurde, steckte die ganze Sache noch etwas in den Anfängen. Trotzdem kann etwas Wissen über die Materie nicht schaden.

Um eine E-Mail mit einer elektronischen Signatur als Unterschrift zu versehen, wird dieser vom E-Mail-Programm ein Zertifikat angehängt. Diese Zertifikate werden von besonderen als Trust-Center bezeichneten Stellen erteilt. Solche Stellen gewährleisten, dass sich der Inhaber des Zertifikats gegenüber der ausstellenden Stelle identifiziert hat. Hierbei lassen sich zurzeit zwei Varianten unterscheiden:

- Vom Trust-Center erhalten Sie per E-Mail eine Zertifikatdatei, die anschließend auf Ihrem Computer installiert und zur Verwendung mit E-Mails verwendet wird.

- Das Trust-Center gibt eine Chipkarte zur Identifizierung sowie ein entsprechendes Lesegerät aus. Das Lesegerät muss an den PC angeschlossen werden.

  Die Lösung des Zertifizierungsproblems mit Chipkarte und Lesegerät dürfte wohl die bequemste und sicherste Variante sein, kostet aber auch einige hundert Euro (für das Lesegerät, die Chipkarte etc.) und hat sich bisher kaum durchgesetzt.

HINWEIS

Zertifikate zur Identifizierung erhalten Sie von Trust-Centern, die von einer Regulierungsbehörde überwacht und auch zertifiziert werden. In Deutschland sind Anfang 2003 nur wenige Trust-Center (Telesec als Tochter der Telekom, Signtrust, ein Unternehmen der Deutschen Post) zugelassen. Diese Unternehmen arbeiten mit Lesegerät und Chipkarte (Kosten einmalig ca. 90 Euro sowie pro Jahr 50 Euro Grundgebühr).

Über WEB.DE können Sie sich zurzeit ein kostenloses Zertifikat ausstellen lassen. Besonders einfach geht das, wenn Sie bei WEB.DE bereits ein freigegebenes E-Mail-Konto besitzen, da dann Ihre Kenndaten schon vorliegen. Besuchen Sie im Internet die Webseite *trust.web.de* und beantragen Sie das Zertifikat für Ihre E-Mail-Adresse. Sie werden in den betreffenden Webseiten durch diese Schritte geführt. Dieses Zertifikat wird probeweise für 30 Tage und nach Überprüfung Ihrer Daten für ein Jahr erteilt. Auf den Webseiten des WEB.DE-Trust-Centers sowie auf den Webseiten Ihres WEB.DE E-Mail-Kontos finden Sie Hinweise, wie das Zertifikat zu installieren und in Outlook Express zu nutzen ist.

Haben Sie ein solches Zertifikat erworben und der E-Mail-Adresse zugeordnet, können Sie beim Schreiben der Nachricht im Menü *Extras* den Befehl *Digital signieren* wählen. Dem Empfänger wird dann die signierte E-Mail in Outlook Express mit dem Symbol eines Briefumschlags mit Siegel angezeigt. Öffnet der Empfänger die Nachricht, kann er

über eine Schaltfläche bzw. Menübefehle prüfen lassen, ob die

Nachricht bei der Übermittlung verfälscht wurde (z.B. kann man in Outlook Express die Nachricht in der Nachrichtenleiste mit der rechten Maustaste anklicken und im Kontextmenü den Befehl *Eigenschaften* wählen – die Registerkarte *Sicherheit* enthält Informationen zum Absender und zur Nachricht). Zur Prüfung signierter Nachrichten muss das Programm aber online sein.

Der zweite Aspekt betrifft die Sicherheit gegen unbefugtes Lesen. E-Mails sind in etwa mit Postkarten zu vergleichen. Beim Versenden der Nachricht wird diese über verschiedene Rechner geleitet. Die Betreiber dieser Rechner könnten sich Kopien dieser Nachrichten anfertigen und sie mit bestimmten Hilfsmitteln lesen (ob sie dies bei den vielen Millionen Nachrichten täglich tun, bleibt dahingestellt). Ein Benutzer hat daher die Möglichkeit, E-Mails mit vertraulichen Daten vor dem Senden zu verschlüsseln – dann kann nur der Empfänger, der einen speziellen Code besitzt, den Inhalt auch entschlüsseln und lesen.

HINWEIS

Ich selbst habe bisher weder eine digitale Signatur noch eine Verschlüsselung meiner Nachrichten benötigt. Mir sind auch noch wenige solcher E-Mails zugegangen. Da eine tiefergehende Behandlung dieses Themas sehr umfangreich und technisch sein würde, möchte ich auf die Darstellung weiterer Details verzichten.

An dieser Stelle möchte ich die Einführung in Outlook Express beenden. Sie haben eine Reihe grundlegender und auch professioneller Funktionen des Programms kennen gelernt. Es bietet Ihnen aber noch viele andere Optionen. Stöbern Sie einfach mal in der Programmhilfe, die sich über das Hilfemenü abrufen lässt!

Lernkontrolle

- **Wie können Sie einen E-Mail-Anhang ansehen?**
  (Nachricht öffnen und im Menü *Datei* den Befehl *Anlagen speichern* wählen.)
- **Wie erstellen Sie selbst einen Anhang zu einer E-Mail?**
  (Ziehen Sie die zu versendende Datei aus einem Ordnerfenster in den Dokumentbereich der gerade geschriebenen Nachricht.)
- **Wie löschen Sie eine E-Mail?**
  (Nachricht in der Nachrichtenleiste anklicken und dann die Schaltfläche *Löschen* betätigen.)
- **Wie können Sie Ihrem Adressbuch eine neue Adresse hinzufügen?**
  (Öffnen Sie das Adressbuch. Klicken Sie auf die Schaltfläche *Neu* und im Menü auf den Befehl *Neuer Kontakt*).

Chat, Foren und mehr

Websurfen und E-Mail beherrschen Sie jetzt schon. Aber das Internet hält noch mehr für Sie bereit. In diesem Kapitel möchte ich mit Ihnen einen kurzen Streifzug durch andere Funktionen unternehmen. Möchten Sie einfach mal wieder mit anderen Menschen »plaudern«, können aber aus verschiedenen Gründen das Haus nicht (mehr) verlassen? Oder möchten Sie ganz einfach unabhängig von Raum und Zeit mit anderen Menschen Kontakt aufnehmen? Dann ist »Chatten« vielleicht genau das Richtige für Sie.

Das lernen Sie in diesem Kapitel **7**

- Chat – Smalltalk im Internet
- Gedankenaustausch in Foren
- Faxen Sie doch mal
- Auch Sie können SMS

Oder Sie besuchen ein Forum. Brauchen Sie gelegentlich Zugang zu einem Fax? Bevor Sie sich ein solches Gerät zulegen, mit einem WEB.DE-E-Mail-Konto verfügen Sie bereits über eine solche Funktion. Wollten Sie Ihren Enkeln nicht längst mal eine SMS aufs Handy schicken? Die Kids werden Augen machen, wenn Oma oder Opa Geburtstagsgrüße aufs Handy »beamen«. Auch das ist per Internet möglich.

Chat – Smalltalk im Internet

Die Welt ist durch das Internet mittlerweile zu einem globalen Dorf geworden. Daher ist es nur folgerichtig, dass man sich gelegentlich zum Plaudern an bestimmten (virtuellen) Treffpunkten in diesem Dorf trifft.

Da im Internet alles mit englischen Begriffen belegt wird, hält man keine »Kaffekränzchen« oder »Plauderstunden« ab, sondern »chattet«. Die virtuellen Treffpunkte im Internet werden als **Chatraum** bezeichnet. Die Teilnehmer eines Chatraums tippen, wenn sie sich unterhalten wollen, kurze Texte per Tastatur ein, die dann in einem Fenster allen Teilnehmern der »Konferenz« angezeigt werden. Dieses **Chatten** erfolgt in Echtzeit, d.h., die Teilnehmer müssen zur gleichen Zeit an ihrem Computer sitzen und online sein. Um ein heilloses Durcheinander zu verhindern (wenn sich weltweit plötzlich Tausende von Chattern treffen) und das Ganze etwas zu strukturieren, gibt es die genannten Chaträume. Chaträume werden dabei nach Themengebieten geordnet, um Leute mit gleichen Interessen zusammenzubringen. Nachfolgend möchte ich Ihnen zeigen, wie auch Sie an solchen Chatrunden teilnehmen können.

HINWEIS

Ob das Chatten für Sie persönlich interessant ist, vermag ich nicht zu beurteilen. Ich weiß aber, dass es eine wachsende Fangemeinde gibt. Im Rahmen dieses Buchprojekts habe ich verschiedene Chatrunden besucht und sehr nette Leute getroffen. Es ist schon interessant, wenn sich Reni aus Kalifornien meldet und mit Leuten aus der alten Schweizer Heimat plaudert. Oder Bella berichtete mir, dass Sie gerade zwei Monate in Australien und einen Monat in Neuseeland verbracht hat. Dann gab es da noch die Seniorin, die sich von einem jungen Studenten Tipps zum Einrichten ihres Computers geben ließ. Für Leute, die ans Haus gebunden sind, kann das Chatten auch den Weg aus der Einsamkeit bilden. Sie bestimmen, ob und wann Sie an solchen Runden teilnehmen. Niemand kennt Ihre wahre Identität, Ihr

Alter, Ihr Aussehen und so weiter, wenn Sie dies nicht von sich aus preisgeben. Sie können einen Chatraum »betreten« und einfach nur »zuhören«, was die Leute so erzählen. Wenn Sie sich einen Überblick verschafft haben, tippen Sie einfach Ihre Wortbeiträge ein. Das ist kinderleicht und kann großen Spaß machen. Gerade im Seniorenbereich gibt es lokal organisierte Chatrunden, deren Teilnehmer sich auch im realen Leben an Stammtischen treffen. Also, was hält Sie davon ab, die ganze Sache einmal selbst zu probieren?

Was braucht man zum Chatten?

Zum Chatten brauchen Sie heutzutage nur einen Internetzugang sowie einen Browser wie den Internet Explorer. Beides dürfte nach Lektüre der bisherigen Kapitel auf Ihrem Computer vorhanden sein. Natürlich können Sie auch im Internet-Café chatten.

Chaträume erreichen Sie über verschiedene Webseiten. Dort werden dann die Chatfunktionen einmalig als Java-Modul (auch als **IRC-Chat-Client** bezeichnet) im Browser installiert (worauf Sie hingewiesen werden). Anschließend geben Sie auf dieser Seite einen so genannten **Nicknamen**, also Spitznamen, ein und »betreten« bzw. wählen dann den Raum, der Sie interessiert.

HINWEIS

Chaträume werden meist nach bestimmten **Interessengebieten** (Flirt, Senioren, Flower-Power, Sport, Religion, Weltanschauung etc.) organisiert. An den Namen der Chaträume erkennt man oft, welche Interessen die Teilnehmer haben. Jeder Teilnehmer eines Chatraums erhält einen Namen, über den er von anderen Teilnehmern angesprochen werden kann. Der Name darf frei gewählt werden. Häufig werden dann Spitznamen (**Nicknames)** gewählt. Dadurch können Sie sicher gehen, dass andere über Sie nur so viel erfahren, wie Sie freiwillig von sich preisgeben wollen.

Jetzt müssen Sie nur noch wissen, wie Sie an Chatseiten gelangen. Auch das ist nicht sehr schwierig.

Sind Sie bei WEB.DE angemeldet und besitzen Sie dort ein E-Mail-Konto? Dann besuchen Sie die Webseite *chat.web.de*. Dort finden Sie eine Anmeldeseite, auf der Sie sich über Benutzername und Passwort Ihres E-Mail-Kontos anmelden können.

HINWEIS

Vor dem ersten Besuch müssen Sie noch einen Nicknamen (Spitzname oder Pseudonym, unter dem Sie im Chatbereich erscheinen) in einem Formular angeben. Sobald Sie dieses Formular und die Geschäftsbedingungen bestätigt haben, gelangen Sie in den Chatbereich. Beim erstmaligen Zugriff auf einen Chatraum wird automatisch ein Chatprogramm im Browser installiert. Diese Installation müssen Sie explizit über Dialogfelder bestätigen. Dieses Chatprogramm fungiert als Browsererweiterung, ohne die eine Teilnahme an den Diskussionen in einem Chatraum nicht möglich ist.

Sobald Sie angemeldet sind, gelangen Sie zur Hauptseite, die verschiedene Kategorien zur Auswahl bietet. Nebenstehend sehen Sie den Aufbau dieser Hauptseite, wie sie sich beim Schreiben dieses Buches darstellte.

Durch Anklicken der Hyperlinks können Sie zu den einzelnen Kategorien wechseln. Versuchen Sie doch einmal *Regionales* oder *Chatcafé*. Gerade unter *Chatcafé* findet sich die Gruppe *Chatcafè55*, die unter dem Motto »Mit 55 Jahren, da fängt das Leben an« fungiert.

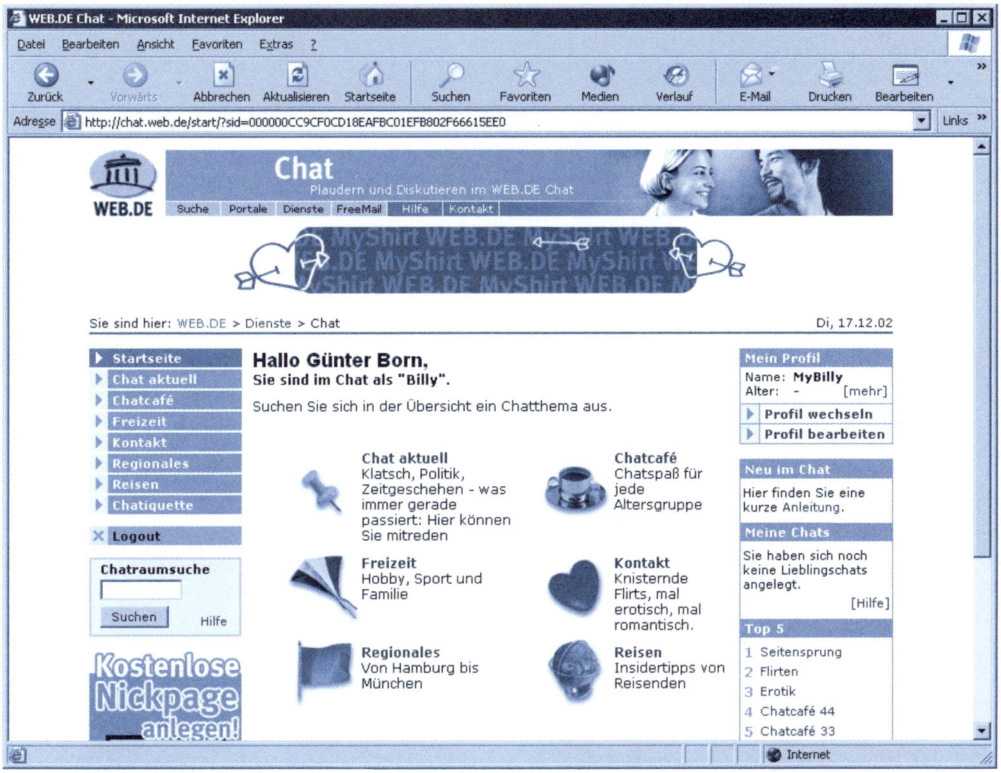

WEB.DE begrenzt die Teilnehmerzahl pro Chatraum. Daher werden pro Thema meist mehrere Chaträume (z. B. »Chatcafé 55« mit den Räumen 1 bis 10) bereitgestellt. In einer Liste werden Ihnen die verfügbaren Räume samt der anwesenden Teilnehmerzahl angezeigt. Räume, die noch neue Besucher aufnehmen können, lassen sich durch Anklicken des Raumnamens anwählen. Das im Browser integrierte Chatprogramm versucht nun, Kontakt mit dem Raum aufzunehmen. Dies kann einige Sekunden dauern. Gelingt die Kontaktaufnahme, wird der Inhalt des Chatraums mit den Diskussionsbeiträgen in einem Fenster angezeigt. Die Namen der Teilnehmer finden sich dabei am rechten Rand des Fensters. Hier sehen Sie einen Schnappschuss eines solchen Raums. Die Beiträge werden im Textfeld unterhalb des Diskussionsraums eingetippt, über die Schaltflächen *F, K* und *U* formatiert und anschließend mit *Senden* abgeschickt. Die Farbpalette sowie die angezeigten Gesichter erlauben Ihnen, die Textbeiträge mit Farbe und so genannten Smileys zu versehen.

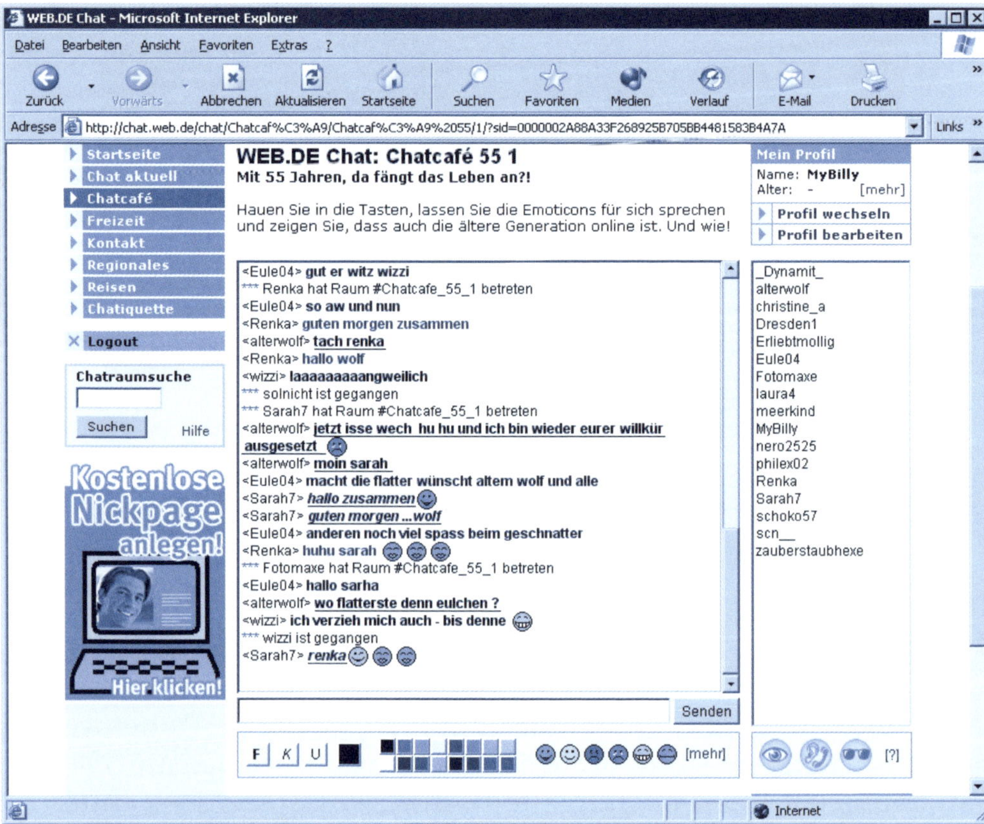

Auf der betreffenden Chatseite finden Sie Links, um zu anderen Chaträumen zu wechseln. Möchten Sie nicht mehr chatten, melden Sie sich über die Schaltfläche *Logout* ab.

Hier gibt's weitere Chatangebote

Gefällt Ihnen der WEB.DE-Chat nicht oder ist Ihnen das Ganze noch zu kompliziert? Kein Problem, ich habe beim Schreiben dieses Buchs verschiedene Chats besucht und führe nachfolgend einige Adressen auf.

Adresse	Bemerkung
www.seniorentreff.at www.seniorentreff.ch www.seniorentreff.de	Hier sehen Sie die Webadressen für Webseiten mit Themen für Menschen im zweiten Lebensabschnitt. Auf den Seiten finden Sie auch ein Angebot zum Chatten.
www.cafegarten.de	Eine Webseite mit Themen für Senioren, auf der sich auch Chaträume finden lassen.
www.feierabend.de	Eine Webseite, die Senioren anspricht und Chatbereiche anbietet.

HINWEIS

Bei vielen Chaträumen müssen Sie sich vor einer Teilnahme registrieren, d.h., Sie geben in einem Formular Ihren Namen und Ihre E-Mail-Adresse sowie den Nickname ein. Der Betreiber des Chatraums schickt Ihnen dann ein Passwort per E-Mail zu. Diese Registrierung wird meist von den Teilnehmern der Chatrunden gewünscht, da freie Chatrunden häufig durch Störer heimgesucht werden. Über das Kennwort hat der Verwalter des Chatraums die Möglichkeit, solche Personen von der Teilnahme auszuschließen. Achten Sie bei einer Anmeldung aber darauf, dass die Teilnahme am Chat kostenlos ist und bleibt.

Welche Chaträume Sie besuchen, bleibt natürlich Ihnen überlassen. Auf den folgenden Seiten zeige ich Ihnen am Beispiel eines Schweizer Chatraums für Senioren, wie so etwas ablaufen kann. Ich bin durch Zufall an diesen Raum geraten, der sogar noch ohne Passwort als Gast betreten werden darf, und habe dort sehr nette Leute getroffen.

Mein erster Chat?

Haben Sie noch nie gechattet? Sorge, dass es nicht klappt? Brauchen Sie nicht zu haben. In Bezug aufs Chatten war ich auch mal ein blutiger Anfänger. Ich habe es trotzdem versucht, es hat Spaß gemacht und mir ist nur Gutes widerfahren. Unternehmen wir doch einfach mal einen Ausflug in einen solchen Chatraum.

TIPP

Damit Sie in einem Chatraum nicht allein auf weiter Flur sind, sollten Sie ihn zu bestimmten Uhrzeiten besuchen. Tagsüber ist meist nichts oder wenig los. So ab 18:00 werden die Telefontarife billiger und ab 20:00 kann es dann ziemlich voll werden. Wenn Ihnen dann die Sache zu bunt wird, können Sie sich ja wieder zurückziehen.

Fangen wir also einfach mit unserem Abstecher in einen Chatraum an. Hier sehen Sie, wie der Besuch in einem bestimmten Chatraum abläuft; bei Chaträumen anderer Betreiber ist der Ablauf ähnlich.

1 Starten Sie den Microsoft Internet Explorer und stellen Sie eine Verbindung zum Internet her.

2 Rufen Sie die Webseite *www.oldies.ch* im Browser auf.

3 In der Webseite »Grazy for Oldies« klicken Sie auf den Hyperlink *Grazy for Oldies.*

Im nächsten Fenster finden Sie einige Hinweise zur gewünschten Bildschirmauflösung.

4 Wählen Sie im rechten Fenster der Webseite Ihre Auflösung (groß, mittel oder klein), indem Sie auf den betreffenden Hyperlink klicken.

Nachdem das Java-Programm, welches die Funktionen bereitstellt, (automatisch aus dem Internet) geladen wurde, erscheint ein Begrüßungsbildschirm, in dessen Formular Sie sich jetzt anmelden müssen. Die meisten Felder sind bereits ausgefüllt.

TIPP

Blättern Sie die Seite bis zum Ende durch. Sie finden dort schon die ersten Tipps zum Verhalten im Chatraum.

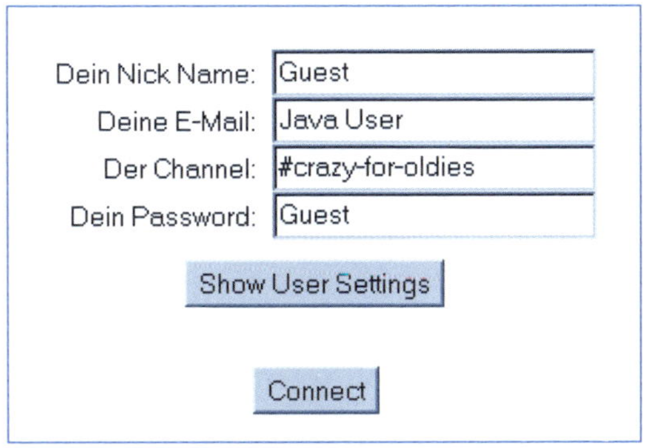

5 Geben Sie den Namen »Guest« ein und klicken Sie auf die Schaltfläche *Connect*, um den Chat als Gast zu betreten.

Falls Sie einen (registrierten) Nickname samt Kennwort für diesen Chatraum besitzen, geben Sie die betreffenden Daten im Formular ein. Sobald Sie auf *Connect* klicken, wird das Java-Programm geladen. Dies kann einige Sekunden dauern.

HINWEIS

Einen Nickname mit Kennwort erhalten Sie in den meisten Chaträumen bei der Anmeldung. Im nachfolgend gezeigten Chatraum blättern Sie einfach zum Seitenende. Dort finden Sie ein Formular, in dem Sie diesen Namen ändern und ein Kennwort vergeben können. Bei der nächsten Anmeldung werden Sie dann nach dem Kennwort gefragt. Das verhindert einen Missbrauch Ihres Nickname durch andere.

Dann zeigt der Browser die verfügbaren Chaträume (linke Spalte), den gerade besuchten Chatraum (mittlere Spalte) sowie die im Raum anwesendenden Besucher (rechte Spalte). Einige Anwesende sind durch das vorangestellte @-Zeichen als Operatoren oder Roboter zu erkennen.

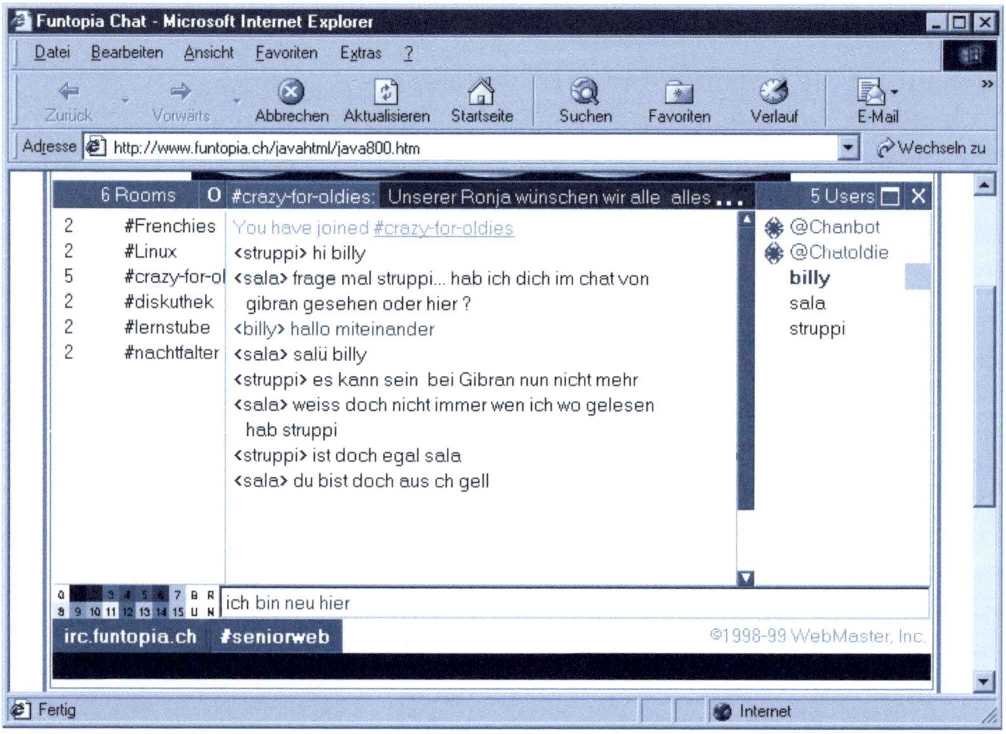

Wenn Sie den Chatraum »betreten«, werden Sie üblicherweise durch einen Channelroboter (das ist ein Programm) begrüßt. Manchmal kommen auch Operatoren (dies sind Menschen) in den Chatraum und greifen helfend bei Problemen ein.

Im mittleren Teil sehen Sie dann die Mitteilungen der einzelnen Chatter. Vor jedem Text wird der Name des Teilnehmers in spitze Klammern <...> gesetzt. Der obige Ausschnitt zeigt einen Chat zwischen den Teilnehmern, die sich zufällig im Seniorweb getroffen haben.

»Sala« begrüßt »Billy« und stellt verschiedene Fragen. Die Chatter tippen die Antworten einfach im Feld am unteren Bildschirmrand ein und drücken dann die [↵]-Taste, um den Text abzuschicken. Billys Eingaben, die wir hier sehen, erscheinen dann anschließend mit seinem Namen versehen in der mittleren Spalte.

HINWEIS

Chatten lebt von den einzelnen Menschen, die den Chatraum betreten. Im **Chat wird** zwar **gedutzt**, **aber gutes Benehmen** und die Einhaltung gewisser Umgangsformen gelten **natürlich** auch im Chatraum. Für Chats gibt es die schon erwähnte **Netiquette**, die einige Grundregeln – eigentlich Selbstverständlichkeiten – beschreibt. Höfliches und freundliches Benehmen wird vom Gegenüber erwartet, Beleidigungen, Verletzungen religiöser, weltanschaulicher oder ethischer Art, rassistische Äußerungen etc. sind tabu!

Beim Betreten eines Chatraums sollte der Neuankömmling die Teilnehmer begrüßen (z.B. »Hallo an alle«). Ist vielleicht etwas schwierig, wenn man noch ganz neu und etwas ängstlich ist. Aber ein »Guten Tag« oder ein »Hallo« kriegt eigentlich jeder zustande. Sagen Sie notfalls: »Hallo, ich bin neu hier und möchte erst einmal zuhören.« Das wird von den meisten Teilnehmern akzeptiert. Wenn Sie sich sicherer geworden sind, können Sie ja aktiv am Chat teilnehmen.

Auch das Verlassen des Chatraums sollte mit einer netten Geste angekündigt werden (z.B. »ich muss jetzt gehen - bis bald«). Warten Sie dann noch eine Minute, um die Antworten der anderen Chatter zu lesen.

TIPP

Zum Verlassen des Chatraums schließen Sie nicht einfach das Browserfenster. Vielmehr benutzen Sie das entsprechende Symbol oder die dafür vorgesehene Schaltfläche. Im hier gezeigten Chatraum klicken Sie auf die Schaltfläche, die sich in der rechten oberen Ecke des Chatbereichs befindet.

Ähnlich wie bei E-Mails kursieren auch in Chaträumen einige Abkürzungen. Am Anfang ist es sicherlich ungewohnt (geht mir zumindest so), die vielen Abkürzungen richtig zu deuten. Glücklicherweise gehen Menschen höheren Alters mit solchen Kürzeln sparsam um. Die folgende Tabelle zeigt Ihnen einige der häufigsten verwendeten Kürzel.

:-)	Lächeln, Freude	:-(	Traurigkeit
;-)	Augenzwinkern	**:-o**	Erstaunen
.-*	Küsschen	**:-V**	Flüstern
bbb	Bye bye baby	**g *gg***	Grinsen
cu	See you (Tschüss)	**cul**	See you later (Bis bald)
hand	Have a nice day (Schönen Tag noch)	**hant**	Have a nice time (Viel Spaß)
lol	Laughing out loud (lautes Lachen)	**thx**	Thanks (Danke)

HINWEIS

Häufig werden Abkürzungen durch zwei Sternchen *cu* vom restlichen Text abgesetzt. Die meisten Chatseiten bieten im Eingangsbereich Links, über die Sie Informationen zur Handhabung des Chats, zur Netiquette und auch zu den Smileys und den Abkürzungen abrufen können.

TIPP

Mein persönlicher Tipp: Gehen Sie sparsam mit Smileys um, Missverständnisse passieren leicht (das Symbol :-x bedeutet »Schweigen wie ein Grab«, während .-x für ein Küsschen stehen kann). Mit *g*, *lol* und *cu* kommen Sie eigentlich ganz schön weit.

Privates und flüstern

Mit der Zeit lernen Sie einige Chatter besser kennen und dann möchten Sie vielleicht mit einer bestimmten Person privatere Dinge austauschen, ohne dass alle Teilnehmer des Chatraums die Mitteilungen mitlesen können. Oder im Chatraum ist zu viel los und es wird schwierig, die Beiträge zu verfolgen. Für diesen Zweck gibt es in den meisten Chaträumen die Funktion des »Flüsterns« (manchmal auch als »Whisper« bezeichnet). Meist genügt ein Doppelklick auf den betreffenden Nickname, um ein eigenes Chatfenster zu öffnen.

Darin können Sie eine private Unterhaltung mit Ihrem »Gegenüber« führen. Ihre Nachrichten werden dann ausschließlich dem Chatter/der Chatterin angezeigt, mit dem/der Sie flüstern, und umgekehrt.

HINWEIS

Solches Flüstern kann aber auch als »Nötigung« empfunden werden. Sie sollten die Teilnehmer daher schon etwas besser kennen, auf jeden Fall sehr behutsam anfragen. Jemand, der neu im Chat ist und nur beobachtet, wird für das Flüstern nicht zu gewinnen sein.

Hier sehen Sie eine solche private Sitzung, die zwischen Billy und Bella stattfindet. Die Beiträge von Bella im Privatchat werden durch Sternchen (*bella*) gekennzeichnet.

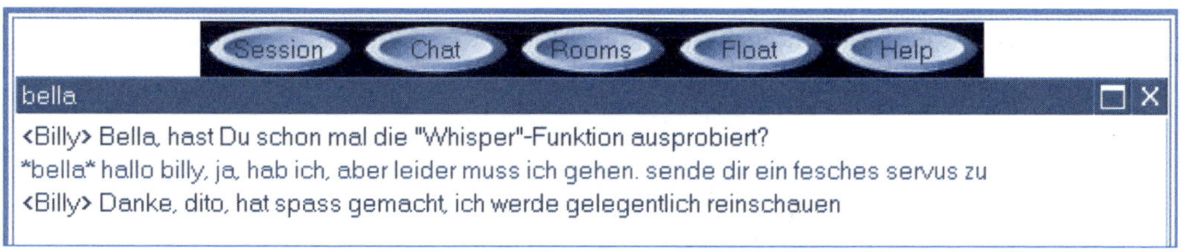

Wie die Funktionen zum Flüstern in den jeweiligen Chaträumen aussehen, wie die Fenster der Chaträume gestaltet sind etc., hängt vom jeweiligen Betreiber ab.

An dieser Stelle möchte ich die Einführung zum Chatten beenden. Sie haben den grundsätzlichen Ablauf kennen gelernt. Suchen Sie sich einen Chatbereich aus, in dem Sie sich registrieren lassen. Zunächst können Sie ja nur einmal beobachten – mit Sicherheit werden Sie aber schnell aktiv mitmachen, nette Leute kennen lernen und viel Spass haben! Hilfe zu den Funktionen der jeweiligen Chaträume bieten die meisten Seiten über Hilfe-Links an.

Gedankenaustausch mit Foren

Beim Chat müssen alle Teilnehmer zur gleichen Zeit anwesend sein, um Gedanken auszutauschen. Bei E-Mail gehen die Nachrichten vom Absender zu vorgegebenen Empfängern. Beides hat Vor- und Nachteile. Bevorzugen Sie einen Gedankenaustausch mit Dritten, ohne vorgegebene Empfänger und Zeiten? Dann sind Foren vielleicht das Richtige für Sie. Ein Forum ist so etwas wie ein »schwarzes Brett«. Ein registrierter Benutzer kann einen Textbeitrag ins Forum stellen. Dieser Beitrag bleibt auf der Webseite des Forums stehen und kann von Dritten gelesen und von angemeldeten Benutzern beantwortet werden. Der Besuch eines Forums ist recht einfach, seit die betreffenden Funktionen über Webseiten zugänglich sind. Die hier gezeigte Forumsseite erreichen Sie, indem Sie auf der Webseite *www.cafegarten.de* auf den Hyperlink *Forum* klicken. Auf der Übersichtsseite mit den einzelnen Foren klicken Sie auf einen Forumsnamen, um die Seite mit den Beiträgen abzurufen.

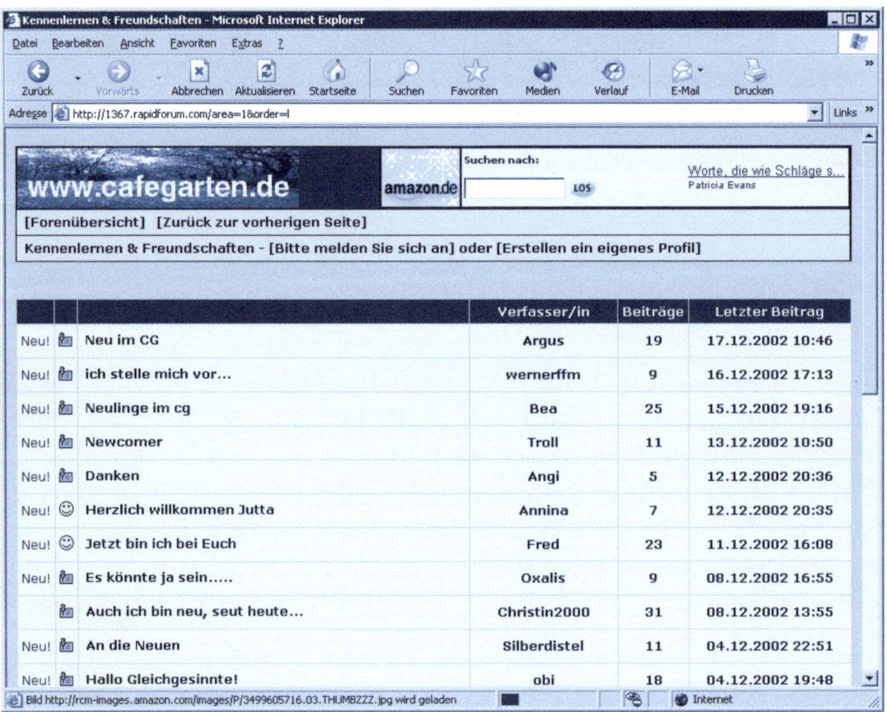

Die Forumeinträge werden durch einen als Hyperlink ausgeführten Titeltext in einer Liste geführt. Sie sehen das Pseudonym des Verfassers bzw. der Verfasserin, die Zahl der Antworten zum Beitrag und ein Datum. Beiträge lassen sich auch von unregistrierten Benutzern durch einen Klick auf die betreffende Titelzeile abrufen und ansehen. Zur Beantwortung eines Beitrags ist in vielen Fällen aber eine Anmeldung im Forum erforderlich. Näheres finden Sie auf der betreffenden Forumsseite.

HINWEIS

Es gibt eine Vielzahl an Foren, die ich hier nicht alle vorstellen kann. Unter *www.seniorentreff.de*, *www.seniorentreff.at* oder *www.seniorentreff.ch* erreichen Sie ebenfalls ein Forumsangebot. Vielleicht geben Sie auf der Webseite *www.web.de* die Stichwörter »Foren + Senioren« ein. Sie werden eine umfangreiche Liste mit Foren erhalten.

Faxen Sie doch mal

Faxgeräte spielen vor allem im Geschäftsbereich zur schnellen Übermittlung von Nachrichten eine wichtige Rolle. Ein Fax schlägt den Brief, was Schnelligkeit, Bequemlichkeit und Kosten betrifft. Mittlerweile nutzen aber auch immer mehr Privatleute das Fax. Und auch sonst ändern sich die Zeiten. Als ich mich 1993 selbstständig machte, habe ich mir neben einem Onlineanschluss ein Faxgerät mit Telefon und Anrufbeantworter für viel Geld angeschafft. Das Gerät war in den ersten Jahren häufig in Gebrauch. Mit der Zeit aber verlagerte sich die Kommunikation hin zum Austausch von E-Mails, da dort auch Dateien angehängt werden können. 1998/1999 wurde das Faxgerät während eines privaten Bauvorhabens noch mal verstärkt genutzt – die Baufirmen verfügten über keine E-Mail-Adresse und einiges musste auch schriftlich dokumentiert werden. Da ich nun das Fax seit fast einem Jahr kaum mehr benutzt habe, ist es mittlerweile abgeschaltet. Bei Bedarf kann ich es ja problemlos wieder in Betrieb nehmen.

Vielleicht geht es Ihnen ähnlich. Manchmal wäre es ja schön, wenn man ein Faxgerät zum Empfang von Mitteilungen hätte. Oder Sie möchten ein Fax an einen Empfänger schicken. Soll man sich wirklich für den Fall der Fälle ein solches Gerät anschaffen, das dann doch die meiste Zeit nutzlos in der Ecke herumsteht? Diese Entscheidung kann ich Ihnen abnehmen – sofern Sie ein kostenloses E-Mail-Konto bei WEB.DE eingerichtet haben, steht Ihnen auch eine Faxfunktion zur Verfügung. Diese ist zwar nicht ganz so komfortabel wie ein eigenes Faxgerät, aber einem geschenkten Gaul schaut man schließlich nicht ins Maul. Nachfolgend möchte ich Ihnen zeigen, wie Sie die WEB.DE-Faxfunktion Ihres E-Mail-Kontos nutzen.

So geht's – ein Fax versenden

Das Versenden von Faxnachrichten kann nur auf der Webseite Ihres E-Mail-Kontos bei WEB.DE erfolgen – eine Vorbereitung in Outlook Express ist leider nicht möglich.

1 Rufen Sie im Internet Explorer die WEB.DE-Webseite Ihres E-Mail-Kontos ab (*freemail.web.de* als Adresse eintippen und dann mit Benutzernamen und Kennwort anmelden).

2 Klicken Sie in der linken Spalte des Browserfensters auf den Eintrag *Fax* der Gruppe »Neu«.

Im Browser wird Ihnen jetzt die Webseite mit dem Formular zum Entwurf eines Faxes gezeigt. Im Kopf der Seite erscheinen bereits Ihre Absenderangaben samt Adresse, E-Mail-Adresse und Ihrer Faxnummer bei WEB.DE.

3 Tippen Sie in den betreffenden Feldern die Faxnummer des Empfängers sowie dessen Namen etc. ein.

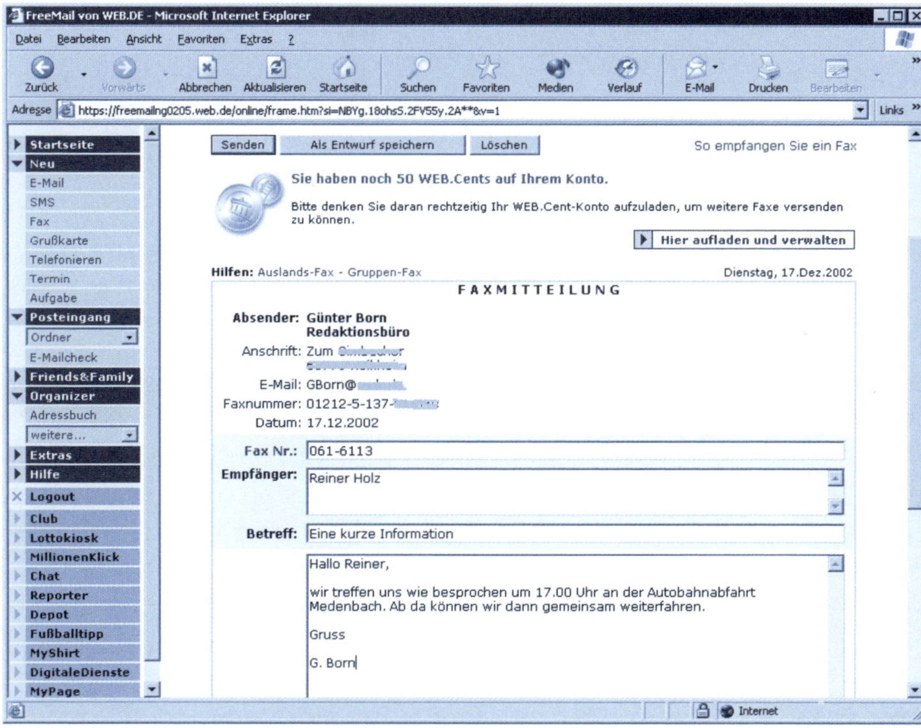

4 Geben Sie einen Betreff im entsprechenden Feld ein und tippen Sie anschließend den gewünschten Text.

5 Blättern Sie zum Seitenende und markieren Sie dort das Kontrollkästchen *Ja, ich akzeptiere die Nutzungsbedingungen des kostenpflichtigen FreeMail FAX-Dienstes.*

6 Bei Bedarf können Sie den Text der Nachricht auf Tippfehler überprüfen, indem Sie im Listenfeld eine Sprache einstellen und dann auf die Schaltfläche *Rechtschreibung prüfen* klicken.

7 Klicken Sie dann auf die Schaltfläche *Senden.*

Die Seite mit dem Faxentwurf verschwindet. Sie erhalten dann den Hinweis, dass das Fax für den Versand vorbereitet wurde. Ein erfolgreicher Versand wird Ihnen über eine entsprechende E-Mail mitgeteilt.

HINWEIS

Der Versand der Faxnachrichten ist ein kostenpflichtiger Dienst von WEB.DE, dass zugehörige WEB.DE-Konto muss ein entsprechendes Guthaben aufweisen. Dann können Sie FAX- und SMS-Nachrichten versenden. Jedes Mal wird ein entsprechender Betrag vom WEB.DE-Konto abgebucht. Ein leeres WEB.DE-Konto können Sie jederzeit (wie eine Geldkarte) neu aufladen. Im Kopf des FAX-Formulars finden Sie hierzu den Verweis *Hier aufladen und verwalten.* Über den betreffenden Hyperlink gelangen Sie zu einer Seite, auf der Sie Guthaben mit festen Eurobeträgen (10, 20 Euro etc.) nachladen können. Die Abbuchung der betreffenden Beträge erfolgt per Kreditkarte, Paypal-Service, Abbuchung oder Überweisung. Details entnehmen Sie der betreffenden Webseite. Die Kosten pro FAX oder SMS sind in den Preislisten des Anbieters WEB.DE zu finden (abrufbar über die betreffenden Webseiten).

TIPP

Wenn Sie ein Modem oder eine ISDN-Karte für den Internetzugang besitzen, haben Sie ebenfalls eine Art Faxgerät. Die meisten Geräte werden mit einer Zusatzsoftware ausgeliefert, die Ihnen den Versand von Faxnachrichten direkt von Ihrem Computer ermöglicht. Dies ist in der Regel preiswerter als der FAX-Versand über WEB.DE. Wegen der vielen unterschiedlichen Programme kann ich hier leider nicht auf diese Funktion eingehen. Schauen Sie sich ggf. die Handbücher zum Modem bzw. zur ISDN-Karte an.

ACHTUNG

Verzichten Sie auf die Nutzung von Internetseiten, die das kostenlose Versenden von FAX- oder SMS-Nachrichten anpreisen. Einige Seiten versuchen heimlich, einen (als Zugangssoftware getarnten) 0190-Dialer einzuschmuggeln, der dann die teure Zugangsnummer dieses Anbieters bei jeder Internetverbindung anwählt. Oder die Anbieter verlangen die Angabe Ihrer E-Mail-Adresse, ohne jedoch eine Verpflichtung zum Versenden der Nachricht einzugehen. Im besten Fall kommt Ihre Nachricht nie an, im schlimmsten Fall geben die Anbieter Ihre E-Mail-Adresse an obskure Adresshändler weiter. Dann brauchen Sie sich nicht mehr zu wundern, wenn Ihr Postfach zukünftig durch Spam-Mails verstopft ist.

Und der Faxempfang – wie geht der?

Sobald Sie bei WEB.DE ein E-Mail-Konto beantragen, wird Ihnen auch eine Faxnummer zum Empfang zugeordnet. Diese Faxnummer sehen Sie beim Schreiben einer Faxnachricht im Kopfteil der Seite. Zudem finden Sie auf den Seiten einen Hyperlink »So empfangen Sie ein Fax«. Klicken Sie auf den Link, erscheint eine Webseite, auf der Ihre persönliche Faxnummer fett hervorgehoben angezeigt wird.

An diese (gebührenpflichtige) Nummer kann Ihnen jeder ein Fax schicken. Mit diesen Gebühren kann WEB.DE einen Teil der Kosten für das Postfach finanzieren.

Das unter dieser Nummer eintreffende Fax wird dann in eine Grafikdatei im so genannten TIFF-Format umgewandelt und im E-Mail-Posteingang gespeichert. Zum Ansehen des Faxes können Sie den Posteingang der Webseite verwenden. Eleganter ist aber folgendes Vorgehen:

1 Benutzen Sie wie gewohnt das Programm Outlook Express zum Herunterladen der Post (siehe vorhergehendes Kapitel).

2 Öffnen Sie den Posteingang, um die Nachrichtenleiste anzeigen zu lassen.

Ein Fax wird in der Nachrichtenleiste entsprechend dargestellt und mit dem Zeichen für einen Anhang versehen.

3 Klicken Sie auf die betreffende Zeile und speichern Sie den Anhang wie in Kapitel 6 gezeigt mit dem Befehl *Anlagen speichern* des Menüs *Datei.*

Ein Fax besteht aus zwei Anlagen, einer Datei *fax.tif* und einer Protokolldatei *FaxLogFile.txt*. Den Inhalt der Datei *fax.tif* lassen Sie in einem Grafikprogramm, das TIFF unterstützt, anzeigen. Oft reicht es schon, die TIFF-Datei im Ordnerfenster per Doppelklick anzuwählen, um deren Inhalt in einem Programmfenster anzuzeigen.

TIPP

Viele Windows-Versionen werden mit dem Programm *Kodak Imaging* ausgeliefert, das TIFF-Dateien anzeigen kann. Das Programm lässt sich über die Registerkarte *Windows Setup* in der Gruppe *Zubehör* nachträglich installieren. Die Registerkarte öffnen Sie über das Symbol *Software* im Ordner der Systemsteuerung (im Startmenü auf *Einstellungen/Systemsteuerung* klicken). Ab Windows XP steht die Bild- und Faxanzeige für diesen Zweck bereit.

HINWEIS

Unter der für den Faxempfang aufgeführten Nummer können Ihnen auch Sprachnachrichten übermittelt werden. Sie können dann den Anhang als Audiodatei speichern und über die Soundkarte Ihres PCs anhören. Das ist aber eine technische Spielerei, die ich hier nicht weiter beschreiben möchte

Auch Sie können SMS

Bei Handybesitzern, insbesondere bei den Kids, sind sie ja sehr beliebt: SMS, die kurzen Nachrichten (»Was machst Du gerade?«), die zwischendurch ausgetauscht werden. Das Kürzel SMS steht für **S**hort **M**essage **S**ervices, einen Dienst, mit dem kurze Textzeilen an bestimmte Geräte wie Handys verschickt werden können.

Entstanden ist SMS aus der Überlegung heraus, dass mit dem Handy kurze geschriebene Texte (z.B. »Termin findet bereits um 14:00 statt - Hugo«) preiswerter als mit einem Telefonat übermittelt werden können. Irgendwann wurde die Kommunikation per SMS dann zum Kult und viele Eltern erblassen regelmäßig, wenn sie die horrenden Rechnungen, die ihre Kinder für das Versenden von SMS-Nachrichten auf dem Handy verursachen, sehen.

Möchten Sie Ihre Enkel und Kinder mal mit einer SMS überraschen? Ist Ihnen das Ganze per Handy viel zu kompliziert oder besitzen Sie gar kein Handy? Wollen Sie selbst auch per SMS erreichbar sein?

HINWEIS

Der Versand von SMS-Nachrichten ist mittlerweile kostenpflichtig. Machen Sie im eigenen Interesse einen großen Bogen um die Anbieter kostenloser SMS-Dienste. Bei meinen Recherchen zu diesem Buch geriet ich an Anbieter, die heimlich 0190-Dialer installieren wollten. Zudem gibt der Anbieter im ungünstigsten Fall die Handy-Nummer an Adresshändler weiter. Der arme Handy-Besitzer wird dann künftig mit Werbe-SMS bombardiert, die im ungünstigsten Fall noch den Rückruf einer teuren 0900er oder 0190er Nummer fordern. Besitzen Sie beim Anbieter WEB.DE ein E-Mail-Konto, können Sie dieses auch zum Verschicken von SMS nutzen. Wie bei FAX-Nachrichten muss Ihr WEB.DE-Konto ein entsprechendes Guthaben aufweisen.

Eine SMS verschicken

Sie werden es schon geahnt haben: Um eine SMS zu verfassen und kostenlos zu verschicken, benötigen Sie wieder Zugang zu den Webseiten Ihres E-Mail-Kontos bei WEB.DE.

1 Rufen Sie im Internet Explorer die WEB.DE-Webseite Ihres E-Mail-Kontos ab (*freemail.web.de* als Adresse eintippen und dann mit Benutzernamen und Kennwort anmelden).

2 Klicken Sie in der linken Spalte des Browserfensters auf den Link *SMS* der Gruppe »Neu«.

Im Browser wird Ihnen jetzt die Webseite mit dem Formular zum Verfassen der SMS zeigen

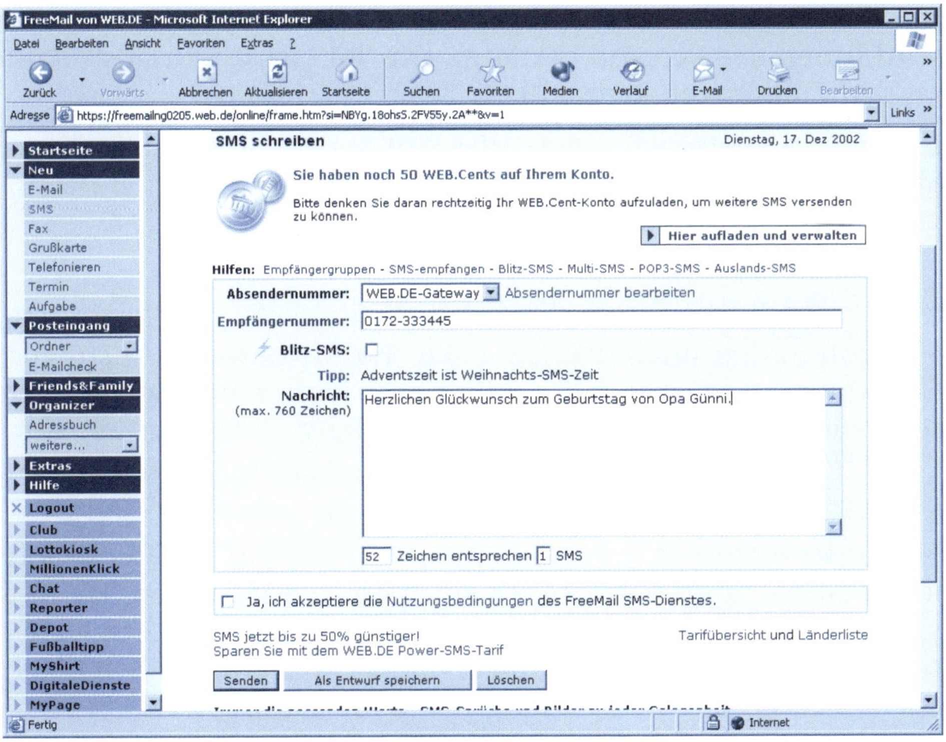

3 Tippen Sie im betreffenden Feld die Nummer des Mobiltelefons (die Handynummer) ein.

4 Tippen Sie anschließend die bis zu 720 Zeichen lange Nachricht im entsprechenden Feld ein.

5 Markieren Sie das Kontrollkästchen zur Anerkennung der Nutzungsbedingungen.

6 Klicken Sie auf die am Seitenende oder im Seitenkopf gezeigte Schaltfläche *Senden*.

Anschließend wird die SMS verschickt. In Ihrem E-Mail-Postfach wird Ihnen der Versand bestätigt. Die SMS wird schnellstmöglich an den Empfänger zugestellt.

Ist doch ganz einfach, oder? Was hält Sie davon ab, selbst einmal SMS auszuprobieren? Ihre Enkel werden Augen machen, wenn ganz unerwartet der Gruß von Oma oder Opa erscheint.

Der Clou – auch Sie können SMS empfangen

SMS soll für Sie, auch wenn Sie kein Handy besitzen, nicht zur Einbahnstrasse werden. Ein Empfänger kann eine von Ihnen verschickte SMS natürlich beantworten. Mangels Handynummer verwendet der Sender dabei Ihre E-Mail-Adresse bei WEB.DE, die gleichzeitig als SMS-Adresse dient.

- Erhält die betreffende Person eine SMS, muss sie zur Rückmeldung lediglich die Option *Antworten* an ihrem Gerät wählen. Dann gibt sie Ihre WEB.DE-E-Mail-Adresse, gefolgt von einem Leerzeichen und dem Antworttext ein. Dabei darf sie anstelle des Zeichens @ auch ein Sternchen * verwenden (z.B. hbach*web.de).
- Alternativ können Ihre Bekannten Ihnen eine SMS über Ihre E-Mail-Adresse bei WEB.DE zukommen lassen. Hierzu schreibt der Absender die SMS gemäss obigen Angaben mit vorangestellter WEB.DE-E-Mail-Adresse (z.B. *hbach*web.de Treffen wir uns um 14 Uhr zum Kaffee - Heidi*). Dann ist abhängig vom Mobilfunknetz eine der in folgender Tabelle aufgeführten Nummern zu wählen.

Nummer	Mobilfunknetz
0172-7366042	D1 und D2-Netz
0163-3432945	E-Plus

Die SMS wird Ihnen dann als E-Mail zugestellt. Sie können die Nachricht wie gehabt in Outlook Express aus dem Postfach herunterladen und wie eine E-Mail ansehen.

HINWEIS

SMS lässt sich natürlich nicht nur für Grüße an Kinder oder Enkel, sondern auch für die Kommunikation mit Bekannten nutzen. Eine kurze SMS aufs Handy und schon ist die Verabredung fürs Kino oder zum Kaffee getroffen.

TIPP

Bei WEB.DE gibt es zudem die Möglichkeit, Blitz-SMS und POP3-SMS zu nutzen. Blitz-SMS werden direkt auf dem Handy angezeigt, der Empfänger braucht keine Tasten zu drücken. POP3-SMS erlaubt Ihnen, die SMS direkt in Outlook Express zu verfassen, Sie sparen sich den Umweg über das Freemail-Postfach im Web. Details zu diesen Funktionen finden Sie in den Hilfeseiten von WEB.DE, die Sie aus den betreffenden Formularen abrufen können. Die WEB.DE-Freemail-Seite bietet darüber hinaus weitere nette Funktionen wie die Möglichkeit zum Versenden von Grußkarten etc.

Neben WEB.DE gibt es viele weitere Anbieter (z.B. GMX), die SMS-Versand als kostenpflichtige Leistung anbieten. Leser aus der Schweiz oder aus Österreich sollten prüfen, welche Mobilfunkanbieter mit SMS-Versand verfügbar sind. Geben Sie in einer Suchmaschine das Stichwort »SMS« ein. Dann werden mit Sicherheit entsprechende Anbieter ausgeworfen.

Lernkontrolle

- **Was bedeutet der Nickname beim Chat?**
  (Dies ist ein Spitzname und dient als Pseudonym, unter dem Sie im Chatraum geführt werden.)
- **Wie können Sie ein Fax versenden?**
  (Sie benötigen einen Anbieter, z.B. WEB.DE, der Ihnen diese Funktion auf einer Webseite anbietet.)
- **Kann man eine SMS ohne Handy versenden?**
  (Ja, Sie benötigen nur einen Anbieter, der Ihnen diese Funktion auf einer Webseite anbietet.)

Anhang A: Kleine Hilfe bei Problemen

Öffnen der Systemsteuerung

Da Sie auf den folgenden Seiten häufiger gebeten werden, das Ordnerfenster der Systemsteuerung zu öffnen: hier ist der Weg.

1 Klicken Sie auf die Schaltfläche *Start* (links unten in der Taskleiste).

2 Klicken Sie im Startmenü (ggf. auf *Einstellungen* und im Untermenü) auf *Systemsteuerung*.

Im Ordnerfenster der Systemsteuerung sehen Sie Symbole zur Verwaltung der Windows-Optionen. Durch einen Doppelklick auf ein solches Symbol öffnen Sie das Eigenschaftenfenster, auf dessen Registerkarten sich die Optionen anzeigen bzw. anpassen lassen.

TIPP

Je nach Windows-Version (z.B. Windows Millennium, Windows XP) werden einige Symbole standardmäßig ausgeblendet. Fehlt eines der nachfolgend angesprochenen Symbole? Dann suchen Sie in der linken Spalte des Ordnerfensters den Hyperlink »zeigen Sie alle Optionen der Systemsteuerung an« (bzw. »zur klassischen Ansicht wechseln« bei Windows XP) und klicken Sie darauf. Windows schaltet dann zur Detaildarstellung um, in der alle verfügbaren Symbole angezeigt werden. Beachten Sie auch, dass einige der nachfolgend gezeigten Registerkarten im Aufbau von der Windows-Version abhängen.

Probleme beim Rechnerstart

Nach dem Einschalten tut sich nichts

Prüfen Sie bitte folgende Punkte:

- Sind alle Stecker an Steckdosen angeschlossen?
- Ist der Bildschirm eingeschaltet?
- Fließt überhaupt Strom?

Der Rechner meldet: Keyboard Error, Press <F1> Key

Prüfen Sie bitte folgende Punkte:

- Ist die Tastatur angeschlossen?
- Liegt ein Gegenstand auf der Tastatur?
- Klemmt vielleicht eine Taste der Tastatur?

Drücken Sie anschließend die Funktionstaste [F1].

Der Rechner meldet: Kein System oder Laufwerksfehler...

Vermutlich enthält das Diskettenlaufwerk A: noch eine Diskette. Entfernen Sie die Diskette und starten Sie den Rechner neu.

Probleme mit Tastatur und Maus

Nach dem Start funktionieren die Tasten auf der numerischen Tastatur nicht richtig

Am rechten Rand enthält die Tastatur einen Tastenblock (den so genannten **Zehnerblock**), über den Sie **Zahlen eingeben** können. Lassen sich mit diesen Tasten keine Zahlen eingeben, drücken Sie die Taste [Num]. Diese wird auch **NumLock**-Taste genannt und befindet sich in der linken oberen Ecke des Zehnerblocks. Sobald die Anzeige *Num* auf der Tastatur leuchtet, können Sie Zahlen eintippen. Ein weiterer Tastendruck auf die [Num]-Taste schaltet die Tastatur wieder um und Sie können die Cursortasten dieses Tastenblocks nutzen.

Beim Drücken einer Taste erscheinen plötzlich mehrere Zeichen

Die Tastatur besitzt eine Wiederholfunktion. Drücken Sie eine Taste etwas länger, wiederholt der Rechner das betreffende Zeichen. Vielleicht drücken Sie die Taste zu lange. Sie können die Zeit, bis die Wiederholfunktion von Windows aktiviert wird, ändern.

1 Doppelklicken Sie im Fenster der Systemsteuerung auf das Symbol *Tastatur.*

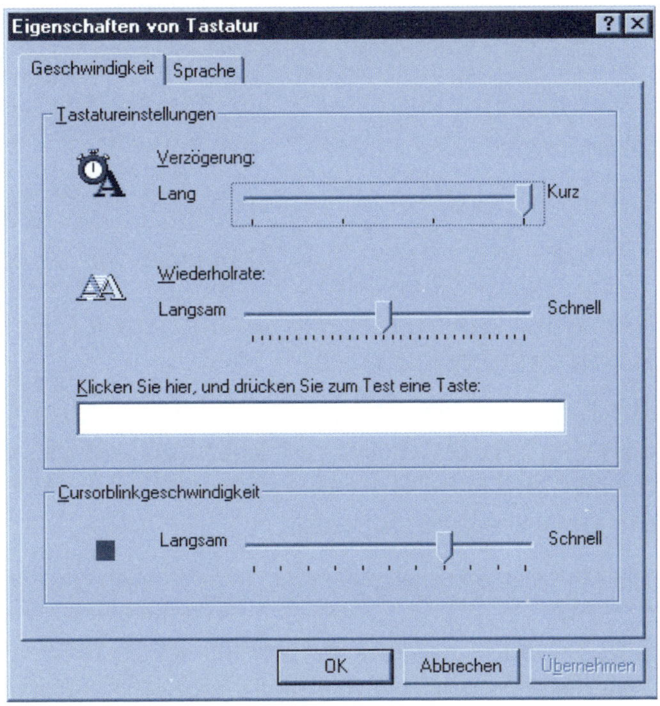

2 Aktivieren Sie die Registerkarte *Geschwindigkeit* und ändern Sie die Einstellungen für *Verzögerung* und *Wiederholrate.*

Sie können die Einstellungen im Testfeld überprüfen und anschließend das Fenster über die *OK*-Schaltfläche schließen. Lässt sich das Problem auf diese Weise nicht beheben, prüfen Sie bitte, ob vielleicht eine Taste klemmt oder die Tastatur beschädigt ist.

Die Tasten Y und Z sind vertauscht und die Umlaute fehlen

Sie haben keinen deutschen **Tastaturtreiber** (dies ist das Programm zum Steuern der Tastatur) installiert.

1 Doppelklicken Sie im Fenster der Systemsteuerung auf das Symbol *Tastatur.*

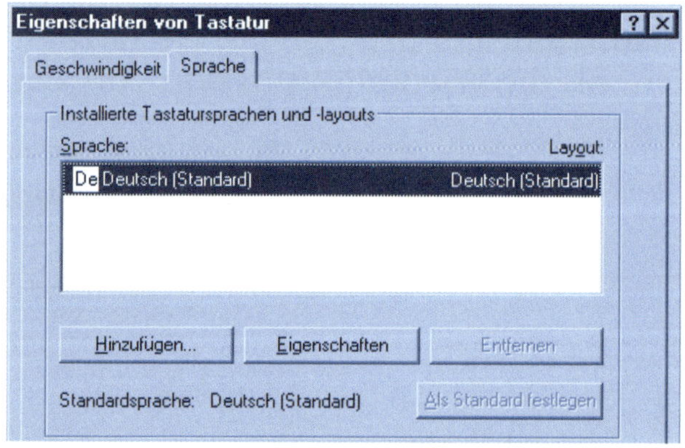

2 Aktivieren Sie die Registerkarte *Sprache.*

Hier muss die installierte Tastatursprache und das -layout auf *Deutsch* eingestellt sein.

Sind mehrere Sprachen verfügbar, wählen Sie *Deutsch* und schließen das Fenster. Fehlt der Eintrag *Deutsch*, müssen Sie diesen über die Schaltfläche *Hinzufügen* installieren. Windows führt Sie durch die notwendigen Schritte.

HINWEIS

Sind Sie in der Motorik eingeschränkt und können die Tastatur (z.B. Tastenkombinationen wie Alt+Strg+Entf) nur schwer bedienen? In Windows lässt sich über die Systemsteuerung (Symbol *Software,* Registerkarte *Windows Setup*) die optionale Komponente *Eingabehilfen* installieren. Dann finden Sie in der Systemsteuerung das Symbol *Eingabehilfen.* Doppelklicken Sie auf das Symbol, öffnet sich ein Eigenschaftenfenster, auf dessen Registerkarten Sie Optionen zur alternativen Bedienung von Windows einstellen können. Über die Direkthilfe des Eigenschaftenfensters (rechts oben zuerst auf die Schaltfläche mit dem Fragezeichen und dann auf die Option klicken) können Sie zusätzliche Informationen zu den einzelnen Optionen abrufen.

Der Mauszeiger bewegt sich gar nicht oder nicht richtig

Prüfen Sie bitte folgende Punkte:

- Ist die Maus korrekt am Rechner angeschlossen?
- Liegt die Maus auf einer Mausunterlage (Mauspad)?
- Ist die Kugel an der Maus vielleicht verschmutzt?

Bei längerem Gebrauch der Maus verschmutzt der Teil zum Erkennen der Mausbewegungen. Entfernen Sie die Kugel an der Unterseite der Maus. Dann sehen Sie einige kleine Rädchen. Sind sie schmutzig, säubern Sie sie (z.B. mit einem Wattestäbchen). Sie sollten die Maus auch nicht auf eine glatte Unterlage stellen, da dann die Kugel nur schlecht rollt.

Maustasten vertauscht, Doppelklicks klappen nicht

Es ergibt sich folgendes Fehlerbild: Klicken Sie mit der linken Maustaste, erscheint ein Kontextmenü, die rechte Taste markiert dagegen etwas. Die Wirkung der linken und der rechten Taste ist also vertauscht.

1 Doppelklicken Sie in der Systemsteuerung auf das Symbol *Maus*.

2 Aktivieren Sie die Registerkarte *Tasten* und stellen Sie die *Tastenkonfiguration* auf *Rechtshändig* ein.

Sobald Sie das Fenster schließen, sollten die Maustasten wieder richtig funktionieren.

Haben Sie **Probleme mit** dem **Doppelklick**?

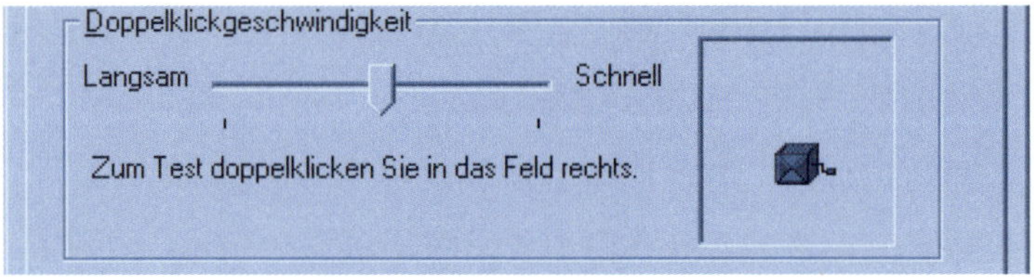

3 Passen Sie im selben Fenster über den Schieberegler die Doppelklickgeschwindigkeit an.

Ziehen Sie den Regler je nachdem zu *Langsam* oder *Schnell*. Sie können anschließen die Einstellung durch Doppelklicken auf das Testfeld rechts neben dem Regler testen. Beim Doppelklick öffnet sich die kleine Schachtel bzw. schließt sich wieder.

TIPP

Arbeiten Sie mit einem Laptop oder haben Sie Schwierigkeiten, den Mauszeiger zu erkennen? Dann aktivieren Sie die Registerkarte *Zeigeroptionen* und markieren Sie das Kontrollkästchen *Mausspur anzeigen*. Weiterhin können Sie auf dieser Registerkarte auch einstellen, wie schnell sich der Mauszeiger bewegt. Auf der Registerkarte *Zeiger* können Sie über das Listenfeld *Schema* einen anderen Satz an Mauszeigern wählen. Sind Ihnen die normalen Zeiger zu klein, setzen Sie das Schema beispielsweise auf »Windows-Standard (extragroß)«.

Probleme mit dem Windows-Desktop

Die Symbole lassen sich auf dem Desktop nicht verschieben

Falls die Desktop-Symbole nach dem Verschieben per Maus automatisch an die alte Position zurückspringen, führen Sie folgende Schritte aus:

1 Klicken Sie mit der rechten Maustaste auf eine freie Stelle des Desktop und wählen Sie im Kontextmenü den Befehl *Symbole anordnen.*

2 Heben Sie die Markierung des Befehls *Automatisch anordnen* im Untermenü mit einem Mausklick auf.

Jetzt können Sie die Symbole verschieben.

Die Windows-Elemente sind zu klein und schlecht zu erkennen

Haben Sie Schwierigkeiten die Symbole auf dem Windows-Desktop gut zu erkennen? Können Sie die Texte in Menüs oder unter Symbolen nur schlecht lesen? Vielleicht ist die Grafikauflösung für den Bildschirm zu hoch gesetzt. Dann passt zwar viel auf den Bildschirm, aber das Arbeiten am Computer strengt die Augen ziemlich an. Probieren Sie, ob eine andere Grafikauflösung hilft.

1 Klicken Sie mit der rechten Maustaste auf eine freie Stelle des Desktops und wählen Sie im Kontextmenü den Befehl *Eigenschaften.*

Windows öffnet das Eigenschaftenfenster der Anzeige mit verschiedenen Registerkarten.

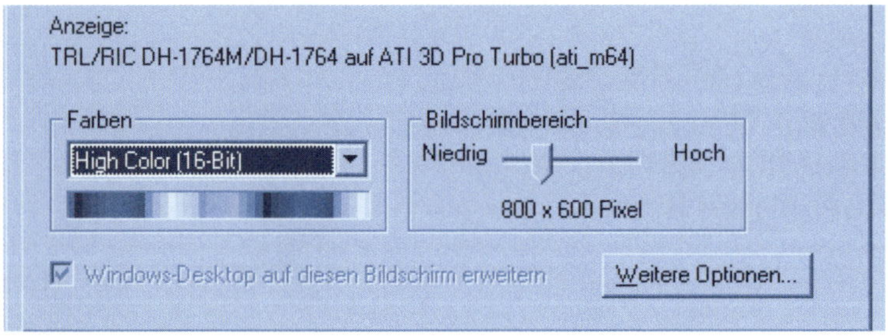

2 Ziehen Sie den Schieberegler *Bildschirmbereich* auf der Registerkarte *Einstellungen* zum Wert *Niedrig*.

Der Regler kann auf unterschiedliche Stufen gesetzt werden, die die Grafikauflösung in Punkten (Pixel) festlegt. Die Einstellung hängt von der Größe des verwendeten Monitors ab; große Bildschirme können mit höherer Auflösung betrieben werden, ohne dass die Erkennbarkeit leidet.

Sobald Sie die Registerkarte über die *OK*-Schaltfläche schließen, schaltet Windows die Auflösung um. Das wird durch verschiedene Dialoge begleitet, in denen Sie jeden Schritt bestätigen. Bleibt der Bildschirm nach der Änderung der Auflösung dunkel, warten Sie 15 Sekunden. Dann kehrt Windows einfach zur alten Auflösung zurück.

HINWEIS

Für Personen mit starker Beeinträchtigung der Sehkraft gibt es die so genannte Bildschirmlupe. Dieses Programm wird mit den optionalen Windows-Eingabehilfen installiert (in der Systemsteuerung auf das Symbol *Software* doppelklicken und die optionale Komponente *Eingabehilfen* auf der Registerkarte *Windows Setup* einstellen lassen). Sie finden das Programm *Bildschirmlupe* anschließend im Startmenü unter *Programme/Zubehör/Eingabehilfen*. Sobald das Programm gestartet wird, teilt sich der Desktop und im oberen Bereich wird ein vergrößerter Ausschnitt des Bildschirms als Kopie in der Lupe angezeigt. Bewegen Sie den Mauszeiger in der unteren Hälfte des Desktops, passt Windows automatisch den betreffenden Ausschnitt in der Bildschirmlupe an. Über ein Dialogfeld können Sie die Anzeigeoptionen einstellen.

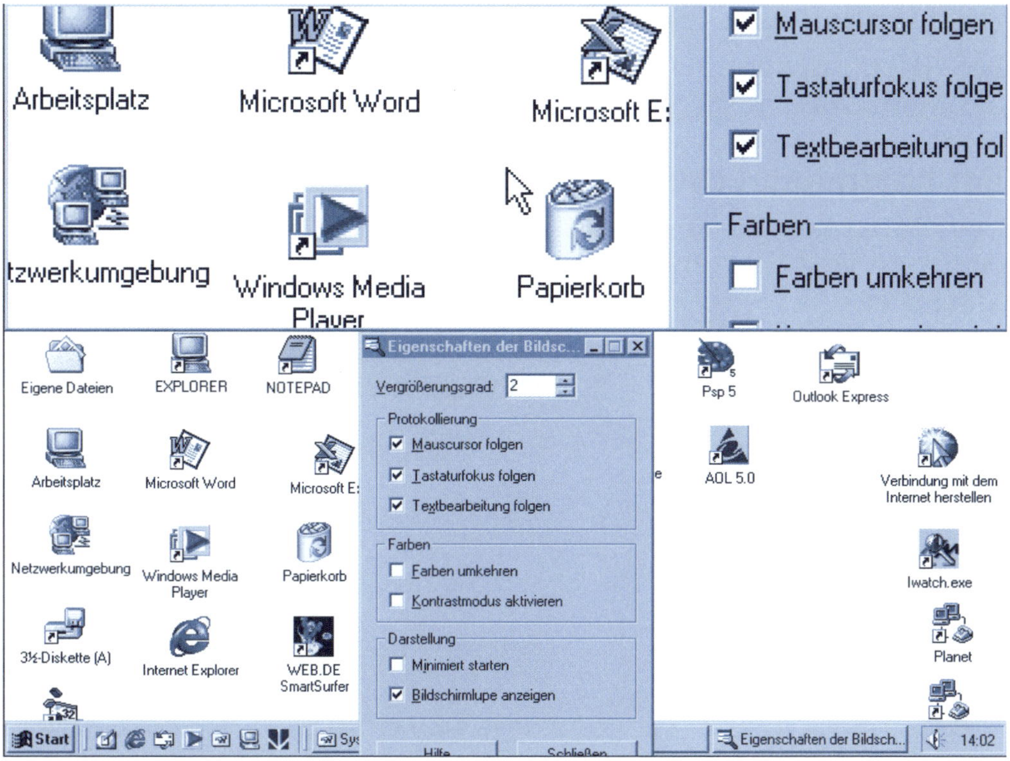

Die Taskleiste fehlt, ist verschoben oder zu groß

Die Taskleiste lässt sich auf dem Desktop verschieben. Sie können sie mit der Maus an eine der vier Seiten des Bildschirms ziehen. Weiterhin lässt sich die Taskleiste an den Rand schieben. Dann sehen Sie nur noch einen grauen Strich. Ziehen Sie die Taskleiste per Maus an die gewünschte Position. Manchmal verschwindet die Taskleiste, sobald Sie ein Fenster auf volle Bildschirmgröße setzen. Sie können diese Einstellungen der Taskleiste über den Befehl *Einstellungen/Taskleiste und Startmenü* im Startmenü anpassen. Markieren Sie auf der Registerkarte *Allgemein* das Kontrollkästchen *Immer im Vordergrund*.

Die Symbolleiste fehlt im Programmfenster

Bei vielen Programmen können Sie Symbol- und Statusleisten über das Menü *Ansicht* (Befehl *Symbolleisten*) ein- und ausblenden.

Ein Programm lässt sich nicht mehr bedienen

Manchmal kommt es vor, dass sich ein Programm nicht mehr bedienen lässt. Es reagiert weder auf Tastatureingaben noch auf Mausklicks.

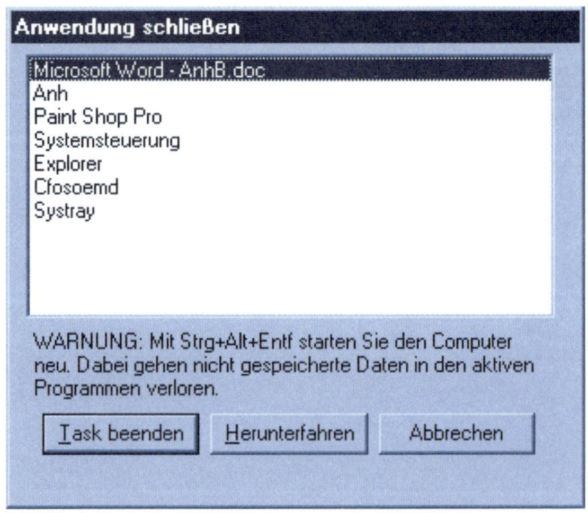

1 Drücken Sie gleichzeitig die Tastenkombination Strg+Alt+Entf.

2 Klicken Sie im Fenster *Anwendung schließen* auf die betreffende Anwendung. In Windows XP heißt das Fenster *Windows Task-Manager* und die Anwendung ist auf der Registerkarte *Anwendungen* zu markieren.

3 Klicken Sie anschließend auf die Schaltfläche *Task beenden*.

Windows versucht jetzt, das Programm zwangsweise zu beenden. Geht das nicht, erscheint ein weiteres Fenster mit dem Hinweis, dass das Programm nicht reagiert. Sie müssen dann die Schaltfläche zum Beenden des Programms wählen.

Ordner und Dateien

Dateierweiterungen erscheinen nicht

Fehlen in den Ordnerfenstern oder im Explorer die Erweiterungen für einige Dateinamen?

1 Wählen Sie im Menü *Extras* den Befehl *Ordneroptionen* (bei einigen Windows-Versionen finden Sie den Befehl auch im Menü *Ansicht*).

2 Auf der Registerkarte *Ansicht* löschen Sie die Markierung des Kontrollkästchens *Dateinamenerweiterung bei bekannten Dateitypen ausblenden.*

3 Schließen Sie die Registerkarte über die *OK*-Schaltfläche.

Diskette oder CD-ROM lässt sich nicht lesen

Beim Doppelklicken auf das Symbol des Laufwerks erscheint ein Meldungsfeld mit dem Hinweis, dass das Laufwerk nicht bereit ist. Überprüfen Sie in diesem Fall die folgenden Punkte:

- Befindet sich eine Diskette oder eine CD-ROM im Laufwerk?
- Bei einer CD-ROM öffnen und schließen Sie das Laufwerk und warten einige Sekunden. Meist erkennt Windows dann den Wechsel der CD.
- Ist die Diskette auch mit der richtigen Seite in das Laufwerk eingelegt? Sehen Sie notfalls in Anhang A nach, wie eine Diskette in das Laufwerk eingelegt wird.

Auf eine Diskette lässt sich nichts speichern

Beim Versuch, eine Datei auf eine Diskette zu speichern, erscheint ein Fenster mit der Fehlermeldung, dass die Diskette schreibgeschützt ist.

Entfernen Sie die Diskette aus dem Laufwerk und deaktivieren Sie den Schreibschutz (siehe Anhang A).

Eine Datei lässt sich nicht ändern

Sie haben eine Dokumentdatei in einem Programm geladen, den Inhalt geändert und die Funktion *Speichern* gewählt. Das Programm öffnet jedoch das Dialogfeld *Speichern unter* und schlägt einen neuen Dateinamen vor. Geben Sie den Namen der alten Datei ein, meldet das Programm, dass die Datei schreibgeschützt ist. Bei den Dateien einer CD-ROM ist das immer so, da Sie den Inhalt einer CD-ROM nicht ändern können. Werden Dateien von CD-ROM kopiert, erhalten die Dateien einen Schreibschutz. Sie können diesen Schreibschutz bei solchen Dateien aufheben.

1 Klicken Sie mit der rechten Maustaste auf das Symbol der Datei.

2 Klicken Sie im Kontextmenü auf den Befehl *Eigenschaften*.

3 Entfernen Sie die Markierung des Kontrollkästchens *Schreibgeschützt*.

4 Schließen Sie das Dialogfeld über die *OK*-Schaltfläche.

Probleme beim Drucken

Der Drucker funktioniert nicht

Beim Ausdruck erscheint vielleicht die hier gezeigte Meldung. Die Druckausgabe ist gestört. Beheben Sie die Störung und wählen Sie die Schaltfläche *Wiederholen*.

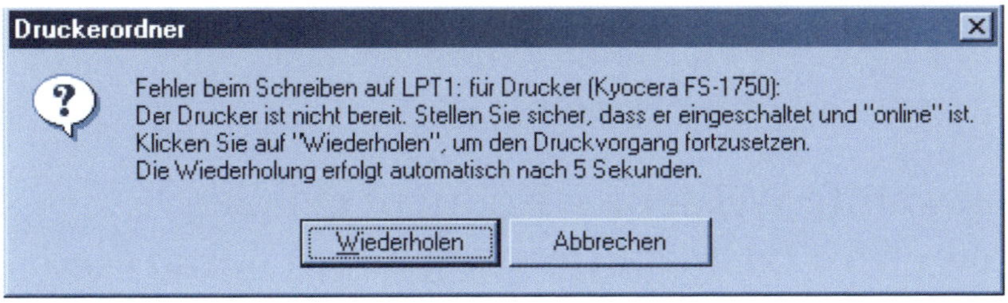

Sie können den Ausdruck auch über die Schaltfläche *Abbrechen* beenden. Zum Beheben der Druckerstörung sollten Sie die folgenden Punkte überprüfen:

- Ist der Drucker eingeschaltet und erhält er Strom?
- Ist das Druckerkabel zwischen Rechner und Drucker richtig angeschlossen?
- Ist der Drucker auf online gestellt?
- Hat der Drucker genügend Papier, Toner, Tinte?
- Gibt es eine Störung am Drucker (z.B. Papierstau)?

Prüfen Sie bei einem neuen Drucker oder bei Änderungen an Windows, ob der Druckertreiber richtig eingerichtet ist.

Querdruck beheben

Die Druckausgaben erfolgen quer auf dem Blatt. In diesem Fall müssen Sie die Druckoptionen von Querformat auf Hochformat umstellen. Sie können dies auf der entsprechenden Registerkarte umstellen, die Sie aus dem Dialogfeld *Drucken* über die Schaltfläche *Eigenschaften* erreichen.

Onlineprobleme

Die Verbindung zum Internet klappt nicht

Überprüfen Sie die folgenden Punkte:

- Sind alle Kabel richtig angeschlossen und ist das Modem eingeschaltet?
- Ist die DFÜ-Verbindung richtig konfiguriert?
- Ist der Browser auf online gestellt?

Die angewählte Webseite wird nicht geladen

Prüfen Sie, ob der Internet Explorer online ist (Menü *Datei*). Überprüfen Sie, ob die Adresse richtig geschrieben ist – geben Sie ggf. die Adresse einer anderen Webseite zum Test ein. Wird diese Seite angezeigt, liegt eine Störung im Internet vor; probieren Sie es zu einem späteren Zeitpunkt nochmals mit der Adresse.

Der Internet Explorer versucht beim Start online zu gehen

Sie haben vermutlich eine Webseite als Startseite eingestellt. In Kapitel 3 wird gezeigt, wie Sie das ändern.

Outlook Express versucht beim Start online zu gehen

Korrigieren Sie die Einstellungen gemäß Kapitel 5, damit Outlook Express die E-Mails sammelt.

Die Post kann nicht abgeholt oder ausgeliefert werden

Prüfen Sie, ob das E-Mail-Konto in Outlook Express richtig eingetragen ist (siehe Kapitel 5). Bei einigen Anbietern kann die Post nur verschickt werden, nachdem das Postfach geleert wurde. Dann müssen Sie die Funktion *Senden/ Empfangen* zweimal nacheinander aufrufen.

> **TIPP**
>
> Lesen Sie ggf. in den entsprechenden Kapiteln nach, was es bei bestimmten Schritten zu beachten gibt.

Lexikon

Access

Microsoft Access ist der Name für eine Windows-**Datenbank**.

Account (Zugang)

Berechtigung, sich an einen Computer per Datenleitung anzumelden und z.B. im Web zu surfen.

Adresse

Speicherstelle im Adressbereich (Hauptspeicher) des Computers oder Angabe zur Lage einer **Webseite** bzw. zum Empfänger einer **E-Mail**.

ANSI-Zeichen

ANSI ist die Abkürzung für American National Standards Institute. ANSI-Zeichen definieren die unter Windows verwendeten Zeichen.

Anwendungsprogramm

Programme, die zum Arbeiten am Computer benutzbar sind (z.B. Word für die Textverarbeitung, Excel für die Tabellenkalkulation etc.).

Arbeitsspeicher

Dies ist der Speicher (RAM) im Computer. Die Größe wird in Megabyte angegeben.

ASCII-Zeichen

ASCII ist die Abkürzung für American Standard Code for Information Interchange. Der ASCII-Zeichensatz legt 127 Zeichen (Buchstaben, Ziffern und einige Sonderzeichen) fest, enthält jedoch keine Umlaute (ä, ö, ü und ß).

AT (@)

Name für das in E-Mail-Adressen verwendete Zeichen @.

Ausgabeeinheit

Gerät, das Ausgaben des Computers vornehmen kann (z.B. Bildschirm, Drucker).

Backslash

Der Schrägstrich \ (wird z.B. zum Trennen von Ordnernamen benutzt).

Backup

Bezeichnung für die Datensicherung (Dateien werden auf Diskette/Band gesichert).

Baud

Geschwindigkeitsangabe bei der Datenübertragung über serielle Leitungen.

Befehl

Eine Anweisung an den Computer.

Benutzeroberfläche

Darunter versteht man die Art, wie der Rechner Informationen vom Benutzer annimmt und seinerseits Informationen anzeigt. Windows besitzt zum Beispiel eine grafische Oberfläche mit Symbolen und Fenstern.

Betriebssystem

Dies ist das Betriebsprogramm (z.B. Windows Me bzw. Millennium, Windows 2000), das sich nach dem Einschalten des Computers meldet.

Bildauflösung

Dieses Maß gibt die Zahl der Punkte zum Aufbau einer Grafik an (die als Punktreihen angeordnet sind). Die Bildauflösung bestimmt die Zahl der Punkte pro Zeile und die Zeilen pro Bild, es gilt: je höher, desto besser.

Bildschirmschoner

Programm, das ein »Einbrennen« des Bildschirminhalts in den Monitor verhindert, wenn man den Rechner gerade nicht benutzt.

Bit

Dies ist die kleinste Informationseinheit in einem Computer (kann die Werte 0 oder 1 annehmen). 8 Bit werden zu einem Byte zusammengefasst.

Bitmap

Format, um Bilder oder Grafiken zu speichern. Das Bild wird wie auf dem Bildschirm in einzelne Punkte aufgeteilt, die zeilenweise gespeichert werden.

Booten

Starten des Computers.

Browser

Dies ist das Programm, mit dem der Computer die Seiten im World Wide Web anzeigt.

Bug
Englische Bezeichnung für einen Softwarefehler in einem Programm.

Byte
Ein Byte ist die Informationseinheit, die aus 8 Bit besteht. Mit einem Byte lassen sich Zahlen von 0 bis 255 darstellen.

Cache
Schneller Zwischenspeicher, in dem Daten zwischengespeichert werden.

Chat
Englischer Ausdruck für »schwatzen« oder »plaudern«. Bezeichnet einen Internetdienst, bei dem sich Teilnehmer in so genannten Chaträumen unterhalten können.

Chip
Allgemeine Bezeichnung für einen elektronischen Baustein.

Client
Rechner oder Programm, die mit einem Server Kontakt aufnehmen und Daten austauschen.

COM
Name der seriellen Schnittstellen des Computers (z.B. COM1:).

CPU
Englische Abkürzung für Central Processing Unit, die Recheneinheit des Computers.

Cursor
Dies ist der Positionszeiger auf dem Bildschirm (Symbol: Pfeil, Hand, senkrechte Linie, Sanduhr etc.).

Datei
In einer Datei (englisch File) werden Daten auf Disketten oder Festplatten gespeichert.

Datenbank
Programme zur Speicherung, Verwaltung und Abfrage von Daten.

Desktop Publishing (DTP)
Aufbereitung von Dokumenten (Prospekte, Bücher etc.) am Rechner.

DFÜ
Abkürzung für Datenfernübertragung.

Dialogfeld

Fenster in Windows, in dem Eingaben abgefragt werden.

Download

Herunterladen von Daten per Modem z.B. aus dem Internet auf Ihren Rechner.

Editor

Programm zum Erstellen und Bearbeiten einfacher Textdateien.

E-Mail (Electronic Mail)

Nachrichten, die auf elektronischem Wege verschickt werden.

Error

Englische Bezeichnung für einen Programmfehler.

Ethernet

Technik zur Übertragung von Daten in Netzwerken.

Excel

Name eines Tabellenkalkulationsprogramms von Microsoft.

FAT

Englische Abkürzung für File Allocation Table. Besagt, wie Windows Dateien auf der Diskette oder Festplatte ablegt.

Floppy-Disk

Dies ist ein anderer Name für eine Diskette.

Font

Englischer Name für eine Schriftart.

Freeware

Software, die kostenlos benutzt und nur kostenlos weitergegeben werden darf.

FTP

FTP steht für File Transfer Protocol. Dies ist eine Funktion im Internet, mit der sich Dateien zwischen Computern übertragen lassen.

Gbyte

Abkürzung für Gigabyte (entspricht 1.024 Megabyte).

GIF

Grafikformat, das für Grafiken in Webseiten benutzt wird.

Gopher

Name für einen Suchdienst im Internet.

Grafikkarte

Steckkarte in einem PC zur Ansteuerung des Bildschirms.

Hardware

Als Hardware werden alle Teile eines Computers bezeichnet, die sich anfassen lassen (das Gegenteil ist Software).

Homepage

Startseite einer Person/Firma im World Wide Web. Von der Startseite führen Hyperlinks zu weiteren Webseiten.

HTML

Steht für Hypertext Markup Language, dem Dokumentformat im World Wide Web.

HTTP

Akürzung für Hypertext Transfer Protocol, ein Standard zum Abrufen von Webseiten.

Hyperlink

Verweis in einem HTML-Dokument zu einer anderen Webseite.

IMAP

Standard (wie POP3) zur Verwaltung von E-Mail-Konten.

Internet

Weltweiter Verbund von Rechnern in einem Netzwerk.

Joystick

Ein Joystick ist eine Art Steuerknüppel zur Bedienung von Spielprogrammen.

JPEG

Grafikformat, das für Grafiken in Webseiten benutzt wird.

Junk-Mail

Unerwünschte E-Mail, die meist Müll enthält.

Kbyte

Abkürzung für Kilobyte (entspricht 1.024 Byte).

LAN

Abkürzung für Local Area Network; bezeichnet ein Netzwerk innerhalb einer Firma.

LCD

Spezielle Anzeige (Liquid Crystal Display) auf Laptop-Computern.

Linux

Unix-Betriebssystem, das von einer internationalen Gemeinde weiterentwickelt wird und frei verfügbar ist. Konkurrenz bzw. Alternative zu Microsoft Windows.

Mailbox

Englischer Name für einen elektronischen Briefkasten.

Mbyte

Abkürzung für Megabyte (1 Million Byte).

Modem

Zusatzgerät, mit dem ein PC Daten über eine Telefonleitung übertragen kann. Wird z.B. zum Internetzugriff benötigt.

MP3

Standard zur Komprimierung und Speicherung von Musik in Dateien.

MS-DOS

Von Microsoft vertriebenes älteres Betriebssystem.

Multimedia

Techniken, bei denen auf dem Computer Texte, Bilder, Video und Sound integriert werden.

Netzwerk

Verbindung zwischen Rechnern, um untereinander Daten austauschen zu können.

Newsgroups

Diskussionsgruppen zu bestimmten Themen im Internet.

Onlinedienst

Dienste für den Zugang zum Internet wie T-Online, AOL oder CompuServe.

Outlook Express

Windows-Programm zum Erstellen, Versenden, Lesen und Empfangen von E-Mails.

Parallele Schnittstelle

Anschluss zwischen einem Computer und einem Gerät (meistens einem Drucker).

Path (Pfad)

Gibt den Weg von einer Festplatte zu einer Datei in einem bestimmten Ordner an (z.B. C:\Text\Briefe).

Prozessor

Anderer Name für die CPU.

Public Domain

Public Domain ist Software, die öffentlich zugänglich ist und mit Erlaubnis des Autors frei kopiert oder weitergeben werden darf (siehe auch Freeware).

QWERTY-Tastatur

Dieser Name bezeichnet eine englische Tastatur (die ersten sechs Tasten der zweiten Reihe ergeben QWERTY).

RAM

Abkürzung von Random Access Memory; bezeichnet die Bausteine, aus denen der Hauptspeicher eines Rechners besteht.

Scanner

Ein Zusatzgerät, mit dem sich Bilder oder Schriftstücke in den Computer einlesen lassen.

Schriftgrad

Größe eines Buchstabens in einem Text.

Serielle Schnittstelle

Schnittstelle zur Anschaltung eines Geräts (Modem, Maus).

Server

Hauptrechner in einem Netzwerk.

Shareware

Software, die kostenlos weitergegeben und zum Prüfen ausprobiert werden darf. Bei einer weiteren Benutzung muss die Software beim Programmautor gegen eine meist geringe Gebühr registriert werden. Damit hat der Benutzer die Möglichkeit, die Software vorher ausgiebig zu testen. Der Autor kann auf aufwändige Vertriebswege verzichten und daher die Software meist preiswert anbieten.

Software

Das ist ein anderer Name für Programme.

Tabellenkalkulation

Das sind Programme, mit denen sich Berechnungen in Tabellenform sehr einfach vornehmen lassen.

Textverarbeitung

Das sind Programme für das Schreiben von Briefen, Berichten, Büchern (z.B. WordPad oder Microsoft Word).

Trojaner

Programme zum Ausspionieren eines Rechners. Gaukeln im Vordergrund dem Benutzer eine Funktion vor und übertragen im Hintergrund Kennwörter an eine Internetadresse.

Unix

Unix ist ein Betriebssystem, das insbesondere für Großrechner (Mainframes) eingesetzt wird.

URL

Abkürzung für Uniform Resource Locator (Adresse einer Webseite).

USB

Universal Serial Bus, Technik zum Anschließen von Geräten (Maus, Modem etc.) über eine serielle Leitung.

VGA

Grafikstandard (16 Farben und 640 x 480 Bildpunkte). Heute wird Super-VGA mit mehr Farben und Bildpunkten benutzt.

Viren

Programme, die sich selbst verbreiten und in andere Programme kopieren, wobei häufig Schäden an anderen Programmen, an Daten oder an der Hardware auftreten. Meist wird die Verbreitung von Viren durch ein bestimmtes Ereignis ausgelöst (z.B. an einem bestimmten Tag).

Webseite

Dokument im HTML-Format.

WWW

World Wide Web, auch Web genannt, Teil des Internets, über den sich Texte und Bilder mit einem Browser sehr leicht abrufen lassen.

XML

Abkürzung für Extended Markup Language, eine Spezifikation zur Speicherung von Daten in Webseiten.

Zeichensatz

Die Zeichencodes, die auf dem Rechner zur Verfügung stehen (ASCII, ANSI).

Zertifikat

Dient im Web zur Bestätigung der Echtheit eines Dokuments.

Stichwortverzeichnis

D

E

F

G

H

I

K

L

M

N

V

W

Y

Z